本书出版得到国家社会科学重大项目（11&ZD029）和教育部哲学社会科学重大项目（JZD0322）的资助

The Politics in Ordinary People's Discourses
A Study on Peasants' Political Psychology in Transitional China

普通人话语中的政治

| 转型中国的农民政治心理透视 |

刘 伟 ◎ 著

图书在版编目（CIP）数据

普通人话语中的政治：转型中国的农民政治心理透视/刘伟著. —北京：北京大学出版社，2015.11

ISBN 978-7-301-26474-4

Ⅰ. ①普… Ⅱ. ①刘… Ⅲ. ①农民—政治心理学—研究—中国 Ⅳ. ①D422.62

中国版本图书馆 CIP 数据核字（2015）第 259693 号

书　　名	普通人话语中的政治：转型中国的农民政治心理透视 Putongren Huayu Zhong de Zhengzhi：Zhuanxing Zhongguo de Nongmin Zhengzhi Xinli Toushi
著作责任者	刘　伟　著
责任编辑	高桂芳
标准书号	ISBN 978-7-301-26474-4
出版发行	北京大学出版社
地　　址	北京市海淀区成府路 205 号　100871
网　　址	http://www.pup.cn
电子信箱	zyjy@pup.cn
新浪微博	@北京大学出版社
电　　话	邮购部 62752015　发行部 62750672　编辑部 62754934
印刷者	三河市北燕印装有限公司
经销者	新华书店
	965 毫米×1300 毫米　16 开本　16.75 印张　256 千字 2015 年 11 月第 1 版　2015 年 11 月第 1 次印刷
定　　价	45.00 元

未经许可，不得以任何方式复制或抄袭本书之部分或全部内容。
版权所有，侵权必究
举报电话：010-62752024　电子信箱：fd@pup.pku.edu.cn
图书如有印装质量问题，请与出版部联系，电话：010-62756370

序

在中国的政治话语体系中,经常会提到"民心所向""民心向背"。但将"民心"作为政治学研究的对象,却十分少见,也非常不易。本书便是作者在这方面进行的一个有益尝试。

农民作为一个社会群体,是传统农业社会的主要成员。在传统政治结构下,农民在日常生活中微不足道,表现出的是老实巴交。但正是这些"沉默的大多数"往往会做出惊天动地的政治举动,甚至造成不可一世的王朝崩溃。进入现代化过程之中,农民日益减少。但作为传统社会的因子,农民的状态往往决定着现代化的进程和特性。正是农民反叛,大大弱化了清王朝的统治能力,辛亥革命才可能一举推翻帝制。正是农民革命,促成了中华人民共和国的建立。正是农村改革,开启了中国改革开放的大门。而中国现代化的最终成功,也取决于农民问题的基本解决。因此,农民的所思所想及其行动,关系着国家的命运和走向。

20世纪末21世纪初,正是中国从传统农业社会向现代工业社会的转变时期。这一深刻的历史转变必然会深深影响和改变着农民的政治心理,反之,农民的政治心理也会深深影响着历史的变革进程。由此需要我们去研究农民这一普通,甚至是边缘群体的政治心理,了解他们的政治认知、政治态度、政治情感和政治评价。坦率地讲,农民的政治心理研究十分困难。一则缺乏学科积累。中外政治学很少将农民作为一个社会群体进行专门的政治心理研究。二则历史转变中的农民政治心理充满着变化性和复杂性。马克思在《路易·波拿巴的雾月十八日》一文中,对法国从农业社会向工业社会转变中的农民政治心理的复杂性作了十分深刻的论断。他刻画了农民在历史转变中的矛盾心态:"他们不能代表自己,一定要别人来代表他们。""波拿巴王朝所代表的不是农民的开化,而是农民的迷信;不是农民的理智,而是农民的偏见;不是农民的未来,而是农民的过去;不是农民的现代的塞文,而是农民的现代的旺代。"但是,马克思当时还未能从政治心理学的角度对农民政治心理的复杂性作详细的描述。三是政治心理不像政治制度那样容易把握,也缺乏现存的文本资料可以利用,只能依靠研究者与研究对象的接触,获得研究信息。本书正是在这样的学术背景下进行研究的,难能可贵。

本书的重要特点是从严格的政治学科的角度研究中国转型期的农民政治心理。其中,既有定性分析,也有量化分析,力求做到精确化,而不是一般的泛泛而谈。为了充分了解农民的政治心理,作者组织进行了大量的访谈,获得第一感觉,掌握第一手信息。只有在此基础上,作者才有足够的学术研究底气。

在中国,大量受到政治学专业训练的学者擅长和爱好的是规范研究,注重的是学术内在的自洽性。作为一门科学,这种专门的学术门槛是必要的。但政治学作为一门实践性很强的学科,仅仅满足于学术的自洽又是远远不够的。毕竟,政治寓于日常生活之中。日常生活中的政治是政治学不可规避的。这就需要政治学从学术殿堂走向田野,了解变化多端的政治生活。本书作者受到良好的政治学理论的规范训练。但变化着的农民政治生活将其研究视角拉向田野,使他从浩如烟海的书山中走进农民大众的日常生活,走向农民的政治心理之中。这是作者研究生涯的一个重要跨越。本书则是这一跨越的成果。

我和我供职的单位长期以农村调查作为基本方法。作者因为做农民政治心理研究而成为我的博士后。在博士后工作期间,作者经常参与我们的学术研究活动,既发挥出学术专业训练的长处,又进一步掌握了田野调查方法,使他得以以优异的成绩出站。本书便是在其出站报告的基础上修改加工而成的。

良好的开端是学术发展的基础。希望作者在新的起点上,充分发挥学术专业训练与田野调查相结合的优势,产出更优质的成果。

徐 勇

2015 年 7 月 9 日于武汉

目 录
Contents

导 论 ... 001
  一、研究缘起 ... 001
  二、问题意识 ... 003
  三、研究进路与范式反思 ... 004
  四、已有研究的不足 ... 016
  五、研究方法与访谈对象 ... 020
  六、研究内容与研究思路 ... 026

第一章 中国农村地区的治理转型与合法性基础变迁 ... 029
  一、政治合法性理论及其适用性 ... 029
  二、农村政治合法性基础的变迁 ... 031

第二章 治理转型背景下的农民政治心理（上）... 046
  一、政治认知 ... 049
  二、政治情感 ... 081
  三、政治信任 ... 101

第三章 治理转型背景下的农民政治心理（下）... 115
  一、政治评价 ... 115
  二、政治期待 ... 140
  三、政治人格 ... 151

第四章 农民政治心理的结构性紧张 ... 156
  一、认知局限与反思能力缺乏 ... 156
  二、主导观念与治理现实紧张 ... 159
  三、情感化与理性化的不平衡 ... 161

四、个体化与公共性的不平衡　　162
　　五、自由度与主体性的不平衡　　165
　　六、代际、阶层与干群差异性　　167

第五章　基于农民政治心理,促进乡村政治发展　　172
　　一、重塑农民的基层政治信任　　173
　　二、重构基层的治理与自治　　175
　　三、重建国家、精英与农民的关系　　177
　　四、以政治建设促进农民现代化　　181

余　论　农民的政治心理与中国人的政治心理　　186

附　录　　190
　　一、访谈提纲　　190
　　二、访谈对象基本情况一览表　　193
　　三、基本问题回答简表　　205
　　四、1978年以来中国主要的涉农文件　　231
　　五、对于村里的发展还有什么想说的?　　233
　　六、对于中央和县乡政府还有什么想说的?　　242
　　七、时代评价的影响因素分析　　249

参考文献　　252

后　记　　262

导 论

一、研究缘起

长期以来,中国都是作为一个典型的农业大国而存在着。这其中,众多的小农构成中国社会的主体,乡土性成为中国社会的底色。①乡土性不仅成为理解乡村社会的关键概念,也成为理解中国农民群体直至普通中国人的关键概念。而就政治统治与乡村治理而言,传统乡村处在"皇权—官僚"体系治理的最末端,其中的农民形成了独特的政治人格和政治思维倾向,如皇帝情结、崇拜权威、渴望清官、求稳拒变,等等。但近代以来特别是新中国成立以来,中国乡村社会受到现代化进程的冲击和改造,乡村社会的内在结构发生着深刻变化,乡村的精英和普通农民的思想观念与行为模式也发生了或深或浅的嬗变。

改革开放以来,中国乡村社会更是发生了翻天覆地的变化。显然,这种变化更多地是由执政党与政府主导和推动,并通过政策变革实现的。虽然也有社会和市场自发演进的因素在其中,但中国乡村的变革和农民群体的变化更多受到外力的拉扯和裹挟。因此,这一变化过程显得比较突兀和急切。身处巨变之中的农民,其观念和行为模式与表面上日益现代化的政治社会环境往往存在着诸多不协调,却又在

---

① 费孝通先生在《乡土中国》的开篇"乡土本色"中这样写道:"从基层上看去,中国社会是乡土性的。"这句话对理解"乡土中国"极具概括性。参见费孝通:《乡土中国 生育制度》,北京大学出版社1998年版,第6页。梁鸿也认为:"乡土中国不仅是地理意义的农村,而且是整个中国社会文化的基本特性。"(梁鸿:《中国在梁庄》,江苏人民出版社2010年版,第193页。)

深层与后者存在着互相依赖的共生关系。这一悖论现象需要我们的解释。否则,我们就无法阐明转型期中国乡村发展所取得的成就,也无法揭示乡村社会特别是其治理领域存在的诸多尴尬和困境。

当前我国的乡村社会,不仅向国家政权全面敞开,而且向市场和城市全面敞开。在此背景下,农民对政治(国家)诸面向的想象、情感、看法和期待到底是什么样的? 在由城市、权力和知识精英操纵的各类话语幻像下面,这些"没有声音"的人群到底是怎么思考我们的国家(政治)和他们所面对的政府(政治)的? 一般的看法都强调,当前中国正处于一个转型时代,农民的政治心理存在传统性和现代性交叠的格局,但缺乏有说服力的实证材料来证明。因此,有必要让历史演进中的普通个体自己说话,我们则进入他们的观念世界,理解他们的政治想象和期待,以作为理解庞大中国的心理基础,也作为我们反思未来中国政治转型路径的前提。

上述这些判断和设问的形成,缘于本人长期以来的调查和研究。1997年,我开始尝试乡村调研。当时调查的主题是颇为"热闹"的"村民自治"问题。1999年,我开始发表乡村研究方面的调研报告和学术论文,其中就发现影响村级民主建设的诸多经济因素。[①] 自2005年起,围绕博士论文的写作,我组织了近三年的乡村持续调研,其中已涉及农民政治心理的部分内容。研究发现:在不同类型的村民群体性活动中,农民的心理特征呈现差异。一方面,村民总体上对群体性活动尤其是涉及村落公共事务的活动信心不足;另一方面,村民对各类精英的期待与精英现实之间存在落差,村民对现有精英的信任不足,并在一定程度上期待不同类型的自生性精英;而从内在的信任和观念结构上挖掘,可以发现,村民当前的信任状况既延续了传统村落的差序特征,又呈现着转型期村民与外部世界(包括国家)的新型关系的可能。[②]

2009年,我出版了乡村政治方面的研究专著——《难以产出的村

---

① 刘伟:《浅析经济因素对村级民主建设的影响》,载《中国农村观察》1999年第4期。
② 刘伟:《群体性活动视角下的村民信任结构研究》,载《中国农村观察》2009年第4期。

落政治》①,对村民的信任和行为模式展开了比较深入的研究,并将这一分析与乡村政治秩序的构建联系起来。这为我后续的农民政治心理研究打下了一定的基础。也正是从这一年开始,我持续积累农民政治心理方面的深度访谈材料。每学期我都遴选一批武汉大学政治与公共管理学院的本科生,进行阅读积累和访谈方法上的训练。然后,利用每年的假期(主要是寒假和暑假),在自己的家乡作深度访谈。②经过四年的积累,访谈材料已经有200余万字。其中蕴涵的丰富信息和共同倾向,一直激发着我对农民政治心理的持续思考。

二、问题意识

政治心理作为政治体系得以维系或变革的重要基础,在政治学研究中往往被视作"民情"③的一部分。社会各阶级、阶层和群体的政治心理状况,直接影响着政治体系的精神气质和运作绩效。作为一个重要的社会阶层,农民群体及其个体的政治心理对政治体系同样是至关重要的。而对于中国这样一个农民大国和农业大国来说,农民群体作为主要的阶层构成和社会力量,他们的政治心理状况、由来及其效应,更是对当代中国的国家治理起到基础性的作用。但是,对于诸多研究者来说,农民要么是政治世界之外的人,因为政治往往被界定为少数精英甚至是宫廷的事;或是政治世界的边缘人,因为农民即使参与政治也只是处在边缘的位置;要么只是政治过程中的被动方,农民只能被政治影响而不能主动影响政治;甚至是应该予以批判的对象——他们身上集中地体现了我们民族身上的"劣根性"。这一状况自中国共产党推动农民革命以来逐步得到了部分改变,但那时农民主要是作为

---

① 刘伟:《难以产出的村落政治——对村民群体性活动的中观透视》,中国社会科学出版社2009年版。
② 2009年的暑假,围绕建国六十年对农民政治心理的影响,我还另外组织了一批调查员对湖北省红安县的村民作了比较集中的访谈。
③ 关于民情及其与民主共和制之间的关系,国内学界最常援引的经典论述是托克维尔在《论美国的民主》中对民情的界定:"其含意与其拉丁文原字 mores 一样。它不仅指通常所说的心理习惯方面的东西,而且包括人们拥有的各种见解和社会上流行的不同观点,以及人们的生活习惯所遵循的全部思想。因此,我把这个词理解为一个民族的整个道德和精神面貌。"参见:〔法〕托克维尔:《论美国的民主》上卷(董果良译),北京:商务印书馆1995年版,第332页。

政治动员的对象而被整体研究的。

如果要研究影响中国政治进程的观念和思想,知识分子们更愿意选取已有的正式文本来分析。[①] 但是,一方面,普通农民并没有书写的机会,即使有,那也是极个别的。[②] 另一方面,也是更为重要的。即,经历了近代以来的政治社会变迁,农民无论作为群体还是其个体,都越来越与外部世界的政治活动发生着直接的关联,也就具有愈加不可忽视的政治能动性,农民作为"政治人"的色彩也越来越深。特别是,经历了建国以后一系列深刻的政治社会转型的农民,他们现在到底采用什么样的概念(语词),以什么样的思维方式,基于什么样的道德原则,持什么样的心态和情感,来表述政治,看待政治,分析政治,评价政治和期待政治的?是哪些因素造成了这一系列的心理倾向?又是怎样造成的?国家不同时期的乡村治理模式(体现为不同时期标志性的涉农政策),在普通农民的人生历程中造成了什么样的影响?为什么造成了这种影响?这种影响对我国已有的乡村治理产生了哪些影响,又将对未来我国的乡村治理和政治发展构成什么影响?诸如此类的问题,我们都应予以严肃探讨。而在展开实体性的研究之前,回顾并反思现有的相关研究是必需的。

三、研究进路与范式反思

1978 年全面改革从农村开启之后,随着国家与农民关系的不断调整,农民群体在乡村治理转型的大背景下所发生的深刻变化,才逐渐

[①] 这方面的代表作是金观涛、刘青峰:《观念史研究:中国现代重要政治术语的形成》,法律出版社 2010 年版。在该书中,作者建立并利用含有一亿两千万字文献的"中国近现代思想史专业数据库"(1830—1930),以关键词如"权利""个人""公理""民主""社会""科学""经济""革命"等政治术语的统计分析为基本素材,并辅以相关的统计图表,探讨它们对应的西方现代政治观念在中国的引进、演变以及定型过程。显然,不了解这些重要政治观念,就无法理解支配 20 世纪中国人的思想以及意识形态的建构和变迁方式。但是,他们所分析的毕竟是书面语言,普通中国人的所思所想、所运用的词汇和表达方式,与书面语是存在重大差别的。

[②] 因为有历史学者、报告文学作者和人类学或社会学者的介入,部分普通农民或乡村精英的话语进入到知识分子的书面写作中。如黄树民人类学著作中的"叶书记"。也有极个别的农民或乡村精英保持着写作的习惯,他们的记录在适当的时机也得以发表,并为知识分子所研究。如侯永禄:《农民日记——一个农民的生存实录》,中国青年出版社 2006 年版。

从学术上吸引着来自不同学科研究者的极大关注。国内外学术界围绕农民政治心理的具体问题,先后展开了相关的学术研究,共同构成了这一研究论题的学术积累。特别是20世纪90年代以来,国内外学术界逐步聚集了围绕我国农民政治心理的大量研究文献。在这个背景下,回顾和反思既有的研究进路和研究范式,总结既有研究的成绩与局限,对于推进和深化我国农民政治心理的学术研究将是必要而及时的。而至今为止,学界除了少量的呼吁①,尚未有围绕这一主题的系统性反思。

1. 研究进路

针对农民群体的学术研究,首先就意味着研究者的到场,即以某种方式与农民发生联系。在现代社会科学的意义上,对农民政治心理的学术研究首先应该是实证性的。也正是在这个意义上,我们可以梳理出1978年以来特别是90年代以来相关的研究文献。而从学术研究的脉络上分类,关于我国农民政治心理的研究文献,大致是沿着三条不同但又有所交叉的学术进路展开的。

第一条是社会心理的研究路数,在社会心理学的学科背景下部分触及农民社会心理中的政治面向。社会心理学的研究进路,往往强调以群体或阶层为分析单位,致力于对一个社会中具有普遍性的心理趋向和心理逻辑的挖掘,农民个体本位的分析相对薄弱。现有研究中一部分是基于历史演变的视角所作的社会心理分析,对理解当前我国农民的政治心理具有一定的参考价值。如张鸣对中国近代化过程中农民意识的变迁作了初步的分析,其中涉及农民传统政治心理的近代嬗变逻辑②;又如周晓虹也从社会心理嬗变的角度对江浙农民作了一个历史性的综合研究③,其中也部分涉及农民政治心理的一些面向;对建国后我国农民社会心理的深度研究,目前只有少数的几篇学术论文,

---

① 刘伟:《农民政治心理研究亟需深化》,载《中国社会科学报》2010年8月26日。
② 张鸣:《乡土心路八十年——中国近代化过程中农民意识的变迁》,上海三联书店1997年版。
③ 周晓虹:《传统与变迁:江浙农民的社会心理及其近代以来的嬗变》,三联书店1998年版,第276页。

其中以郭于华、孙立平的"诉苦"研究①和郭于华的"心灵的集体化"②之类的口述史研究为代表,这些研究具有相当的深度,学术发现也非常新颖,但只能解释建国后我国农民政治心理的形成机理。另一更为重要的部分,即是本土社会心理学视角下的相关研究。对社会心理学研究的本土化呼吁早已成为国内外相当多学者的共识③,但我国真正的本土社会心理学研究,特别是相关的经验研究则是比较晚近的。这场滥觞于海外的华人学术运动,后来影响到国内众多比较有影响的社会心理学者。这一脉络下的相关探讨,往往承续经典研究中的"差序格局"④和"伦理本位"⑤等命题,试图回应不断转型的当前中国社会。他们强调在中国独特的文化传统和现实情境中研究中国人的心理与行为逻辑,部分涉及农民的社会心理。在社会心理学的研究进路中,一般都会涉及主体与权力之间的关系,但社会心理学的关注范围显然要广泛得多,政治心理只是其中的一个问题,而且遵循着社会心理的大逻辑。除了极个别的研究文本,一般的社会心理学著作对农民政治心理自身的独特面向和机制都未能充分呈现。因此,社会心理学的研究进路,可以构成农民政治心理研究的背景和基础,但不能替代明确聚焦于农民政治心理的学术研究。

第二条是乡村政治的研究进路,即立足于乡村政治与治理,从乡村政治的研究框架和学术传统出发,部分触及农民的心理与行为。20世纪90年代以来,中国社会科学领域的乡村政治研究日益成为"显学"。在此背景下,部分三农学者、社会学者、政治学者和法学研究者直接聚焦于村民自治和乡村治理过程,触及农民心理与行为逻辑,并产出了大量的学术作品。乡村政治的研究进路中,涉及农民权利观念的研究比较集中。在此方面,李连江发现,自由公正的选举的引入,激

---

① 郭于华、孙立平:《诉苦:一种农民国家观念形成的中介机制》,载《中国学术》2002年第4辑。
② 郭于华:《心灵的集体化:陕北骥村农业合作化的女性记忆》,载《中国社会科学》2003年第4期。
③ 黄光国:《中国人的权力游戏》,巨流图书公司1988年版;翟学伟:《人情、面子与权力的再生产》,北京大学出版社2005年版;杨国枢、陆洛:《中国人的自我:心理学的分析》,重庆大学出版社2009年版;杨中芳:《如何研究中国人:心理学研究本土化论文集》,重庆大学出版社2009年版。
④ 费孝通:《乡土中国》,北京大学出版社2002年版,第26页。
⑤ 梁漱溟:《梁漱溟全集》第3卷,山东人民出版社2006年版,第83—89页。

活了农民的权利意识,提高了他们的政治效能感。① 欧博文和李连江提出了"依法抗争"的概念,强调农民上访告状不再局限于经济利益,而是进一步要求依法保障他们的选举权与被选举权、监督权和罢免权等政治权利。② 在村民参与选举的动机上,乡村政治进路下的相关研究也比较集中。学者们大都肯定,经济利益是农民政治参与的基本动机。徐勇认为,支配和影响村民选举的因素主要是利益机制,其中的利益既包括集体公利、小团体共利,也包括个人私利。③ 何包钢和郎友兴的研究则发现,选民对投票回报或选举的误工补贴的期望是村民高参选的重要因素。④ 胡荣的案例研究则强调了农村选民的经济理性选择特征。⑤ 海外学者也多从经济发展与民主参与间关系的角度探讨农民政治参与的动力和动机。⑥ 也有从非经济因素来探讨农民政治参与动机的。如于建嵘在湖南的调查就发现:参加选举的农民并不认为选举投票对他们的自身利益很重要,他们寻求的是"做事公道"⑦。郭正林的实证研究也发现,影响农民政治参与的因素开始呈现出非经济性的特征。⑧ 总的来看,已有的乡村政治与治理研究,虽然也有部分涉及某些层面的农民政治心理,但未能系统呈现农民的政治心理逻辑。而随着我国乡村社会的深刻变化,社会自我管理和政府对社会的治理都将作出某些调整,这都要考虑到农民政治心理的复杂现状及其变革方向。进一步系统地把握农民政治心理的结构与机制,是适应我国乡村治理转型的需要。

---

① Lianjiang Li, "The Empowering Effect of Village Elections in China," *Asian Survey*, Vol. 43, No. 4, 2003, pp. 648—662.
② 李连江、欧博文:《当代中国农民的依法抗争》,载吴国光:《九七效应》,(香港)太平洋世纪研究所1997年版。
③ 徐勇:《利益与体制:民主选举背后的变数分析》,载《徐勇自选集》,华中理工大学出版社1999年版,第298—299页。
④ 何包钢、郎友兴:《寻找民主与权威的平衡》,华中师范大学出版社2002年版,第163—165页。
⑤ 胡荣:《理性选择与制度实施》,上海远东出版社2001年版,第57页。
⑥ Oi, Jean C. & Scott Rozelle, "Elections and Power: The Locus of Decision Making in Chinese Village," *The China Quarterly*, Vol. 162, no. 2, 2000, pp. 513—539; Shi, Tianjian, "Economic Development and Village Elections in Rural China," *Journal of Contemporary China*, Vol. 8, no. 22, 1999, pp. 425—442.
⑦ 于建嵘:《岳村政治》,商务印书馆2001年版,第415页。
⑧ 郭正林:《当代中国农民政治参与的程度、动机及社会效应》,载《社会学研究》2003年第3期。

第三条是政治学新兴学科政治心理学的研究进路。在政治心理学的诸多研究议题中，领袖、精英、族群、群众等问题得到了更多的关注，农民群体一般作为阶层的一种而被讨论。① 从表面上看，政治心理学的话语体系主要是基于先发国家的政治实践，若要适用于对我国农民的研究，则需要一个转化的过程。但是，政治心理学中政治认知、政治情感、政治态度、政治评价和政治人格等基本概念，无疑还是为农民政治心理的实体性研究准备了现成的概念工具和基本理论。政治心理学中的群众心理、阶层政治心理、政治社会化等主题，也更能直接地为我们探讨中国农民政治心理的某些切面提供理论资源。运用政治心理学的学理资源，对改革开放以来我国农民政治心理的研究，一部分混杂于总体性的政治心理或政治文化的实证研究中，如对中国政治文化②、中国公民政治意识③、公民文化④、群体心态⑤、各阶层政治心态⑥、中国民意⑦、中国民众政治支持⑧和政治参与的社会心理⑨的综合性研究。这类研究旨在探究中国民众总体或结构性的政治心理，限于篇幅和分析框架，对农民的政治心理大都未能展开深入探究，而且大部分研究都已比较陈旧，不能反映当前我国农民的真实状态，所选取的样本代表性也存在一定的局限。另一部分则主要是从政治文化⑩、政治

---

① 参见尹继武、刘训练：《政治心理学》第七章，高等教育出版社 2011 年版。
② 闵琦：《中国政治文化——民主政治难产的社会心理因素》，云南人民出版社 1989 年版；楚成亚、徐艳玲：《变迁、分化与整合：当代中国政治文化实证研究》，山东大学出版社 2010 年版。
③ 张明澍：《中国"政治人"——中国公民政治素质调查报告》，中国社会科学出版社 1994 年版；张明澍：《中国人想要什么样民主：中国"政治人"2012》，社会科学文献出版社 2013 年版。
④ 严洁等：《公民文化与和谐社会调查数据报告》，社会科学文献出版社 2010 年版。
⑤ 黄建钢：《政治民主与群体心态》，中信出版社 2003 年版。
⑥ 孙永芬：《中国社会各阶层政治心态研究——以广东调查为例》，中央编译出版社 2007 年版。
⑦ 〔美〕唐(Tang, W. F.)：《中国民意与公民社会》（胡赣栋等译），广州：中山大学出版社 2008 年版。
⑧ 〔美〕陈捷：《中国民众政治支持的测量与分析》（安佳译），广州：中山大学出版社 2011 年版。
⑨ 王丽萍、方然：《参与还是不参与：中国公民政治参与的社会心理分析》，载《政治学研究》2010 年第 2 期。
⑩ 于毓蓝：《农村基层民主的政治文化分析——苏南模式》，社会科学文献出版社 2006 年版。

亚文化①、民主意识②等角度展开的专题式研究。除了个别针对农民政治价值观的全方位研究③,大部分研究都未能基于乡村本位和农民本位展开比较全面和有历史纵深感的分析。其他涉及农民政治心理的专题研究,比较有影响的多集中到农民的政治信任研究④或政治认同研究⑤,但除了信任和认同,农民政治心理显然还有其他同样重要的方面。总体上看,现有的政治心理进路的农民政治心理研究,政治学色彩和学术前沿性都比较强,但关注的话题仍然显得比较零散,对农民政治心理内在的系统性构成呈现不够。

2. 范式反思

前文对研究进路的总结,仍是粗线条的。在不同的研究进路和交叉的研究进路下,研究者们凝练出了具有后续对话价值的研究范式。范式意味着相应的核心概念、基本假设、研究框架和价值取向。总结国内外思想界和学术界对我国农民政治心理的相关探讨,可以发现如下几种比较有代表性的研究范式。

其一,国民性(批判)范式。对中国学术界来说,"国民性批判"是清末以来在启蒙话语⑥之下的一个主导范式。该范式滥觞于早期来华

---

① 王沪宁:《当代中国村落家族文化——对中国社会现代化的一项探索》,上海人民出版社1991年版;李艳丽:《政治亚文化:影响当代中国政治发展的特殊因素分析》,武汉大学出版社2008年版。
② Yang, Zhong, *Political Culture and Participation in Rural China*, Routledge, 2012.
③ 肖唐镖、余泓波:《农民政治价值观的变迁及其影响因素——五省(市)60村的跟踪研究(1999—2011)》,载《华中师范大学学报(人文社会科学版)》2014年第1期。
④ Li, Lianjiang and Kevin J. O'Brien, "Villagers and Popular Resistance in Contemporary China," *Modern China*, Vol. 22, No. 1, 1996, pp. 28—61; Bernstein, Thomas P. and Xiaobo Lü, "Taxation without Representation: Peasants, the Central and the Local States in Reform China," *The China Quarterly*, Vol. 163, no. 3, 2000, pp. 742—763; Shi, Tianjian, "Cultural Values and Political Trust: A Comparison of the People's Republic of China and Taiwan," *Comparative Politics*, Vol. 33, No. 4, 2001, pp. 401—419;胡荣:《社会资本与中国农村居民的地域性自主参与——影响村民在村级选举中参与的各因素分析》,载《社会学研究》2006年第2期;肖唐镖、王欣:《中国农民政治信任的变迁——对五省份60个村的跟踪研究(1999—2008)》,载《管理世界》2010年第9期;刘伟:《群体性活动视角下的村民信任结构研究》,载《中国农村观察》2009年第4期。
⑤ 彭正德:《生存政治——国家整合中的农民认同》,中国社会科学出版社2010年版。
⑥ 关于中国近代以来的启蒙话语反思,参见张光芒:《启蒙论》,上海三联书店2002年版。

的传教士基于他们的文化和社会价值观,对中国社会和中国民众所作的反思性观察。其中既有温和而客观的描述者,也有激烈的偏见和批判。明恩溥是其中的代表,他作为美国公理会教士,于1872年来到中国传教,通过对中国各阶层人士特别是底层农民生活的观察,写出了著名的《中国人的素质》。① 该书开创了研究中国国民性的先河,是第一本具有社会学性质的著述,对后世学人影响极深。我们可以看到,近代以来,越来越多留学归来的文人和知识分子,包括部分政治家,基于对中国积贫积弱的焦虑,试图从文化上寻找答案。这其中,比较著名的论断,首当其冲的就是梁启超作出的。他认为,中国国民性格的缺点包括"公共性之缺乏"与"自治力之欠缺"②,中国传统伦理也偏私德而轻公德,因为所谓的五伦之中,三伦纯属家族伦理,朋友和君臣则为极不完全之社会、国家伦理。③ 孙中山所讲的中国人"一片散沙"④,特别是鲁迅先生对中国人"奴性"的挖掘、揭露和批判,更是成为中国国民性批判的代表言论。⑤ 这种国民性批判的观点,依据的大都是他们对农民群体的观察和思考,因为当时中国人的绝大多数都是农民。但若作反思即可发现,国民性批判从一开始就具有殖民主义的话语霸权色彩。同时,由于充满着文人的激越和批判的取向,他们对农民政治心理的某一层面予以放大,未能平和而系统地分析农民政治心理的状况及其成因。中国知识分子对本国国民的"国民性"批判,具有明显的精英主义立场和"他者"心态,具备审视的高度,却缺少理解的丰满。新中国建立以后,文学作品中对农民性的呈现,也可以归入这一思想

---

① 笔者认为,严格地讲,将 characteristics 翻译为"素质"并不如翻译为"国民性格"好。
② 梁启超:《论中国国民之品格》,载《饮冰室合集》,中华书局1989年版。
③ 梁启超:《新民说》,载《饮冰室合集》,中华书局1989年版。
④ 参见孙中山的著名讲话:"用世界上各民族的人数比较起来,我们人数最多,民族最大,文明教化有四千多年,也应该和欧美各国并驾齐驱。但是中国人只有家族和宗族的团体,没有民族精神,所以虽有四万万人结合成一个中国,实在是一片散沙,弄到今日,是世界上最贫弱的国家,处国际中最低下的地位。人为刀俎,我为鱼肉,我们的地位在此时最为危险。如果再不留心提倡民族主义,结合四万万人成一个坚固的民族,中国便有亡国灭种之忧。我们要挽救这种危亡,便要提倡民族主义,用民族精神来救国"。(孙中山:《孙中山选集》,人民出版社1981年版,第621页。)
⑤ 虽然也有部分文人如林语堂基于一个比较平和的立场来分析中国的文化和国民性,但这种看法在国内显然是被批判的声音掩盖。林语堂对中国人的剖析集中体现在他的《中国人》(学林出版社1994年版)一书中。

脉络中,但在立场上由批判转为肯定和理解,看到了农民意识的复杂性。① 但直到现在,仍有不少人文主义取向的学者,秉持国民性批判的范式来看待中国农民的政治心理。

实际上,抛开激越的批判锋芒,如果我们承认每一社会都有其特定的文化类型,我们也能发现每一政治体系中,其成员所具有的众数人格或心理。这就是比较中立客观的"国民性"研究了。在这一点上,人类学家往往有更为深刻的把握。如美国的本尼迪克特就提出了"文化模式"的概念,这是一个整体性和共通性的概括。她认为,文化模式是相对于个体行为来说的。一个部落、一种文化在人类行为的无穷可能性里,只能选择其中的一些,而这种选择有自身的社会价值趋向。在此理论基础上,她写出了经典之作《菊与刀》,深刻地描画并分析了日本人的国民性,其中涉及日本人对权威和等级的心理机制。如果说本尼迪克特的研究更多地具有人类学的色彩,那么社会学家英格尔斯则直接致力于国民性(national character)研究的社会科学化。他采用现代社会科学的分析方法,通过经验调查和态度测试,对不同国家的国民性展开了研究。他所研究的国民性,也就是他界定的作为某一社会文化体系所特有的"众数人格"(modal personality)②,即某个社会中分布的持久的性格特点或模式。英格尔斯对"国民性"这一饱含争议也经常被认作难以准确把握的问题的经典研究,使人们认识到不同社会国民心态差异性的重要,更使人们具备了研究这一差异性的信心。因此,我们可以接续民国以来的国民性批判与反思的话题,结合当下中国农民的实际状况,更多地从客观平和的立场,并在英格尔斯所作的"国民性"研究的路数下,进一步推进农民政治心理的研究。

其二,政治文化范式。西方对政治文化的关心,最早可以追溯到19世纪的社会学,甚至是启蒙时代,但其真正成为政治学研究的

---

① 樊星:《当代文学中的"农民性"问题》,载《文史哲》2009年第6期。
② 在英格尔斯的表述中,与"众数人格"同样含义的还有"社会性格""基本人格结构"。在英格尔斯的中文译本中,译者对"众数人格"的解释是"每一种文化中人们共同具有的心理特征。众数人格是建立在心理统计基础上的一种实证分析,是指在统计分布上具有明显集中趋势点的心理特征值。众数是一个统计学概念,是一组数据中出现次数最多的数值,代表数据的一般水平,众数可以是一个,也可以是多个。"参见〔美〕英格尔斯:《国民性:心理—社会的视角》(王今一译),社会科学文献出版社2012年版,第3页。

一种理论视野,却是第二次世界大战之后的事。勃林特(M. Brint)将西方政治文化研究追溯到三个源头:一是从孟德斯鸠到托克维尔的法国社会学研究传统;二是从康德到韦伯的德国文化哲学传统;三是二战后在美国政治科学领域中形成的对政治文化的"科学"或"行为功能"研究法。[1] 我国政治学界一般都将阿尔蒙德认作政治文化实证研究的首倡者和代表者。阿尔蒙德对"政治文化"的界定也得到国内学界的普遍采用,即"政治文化是一个民族在特定时期流行的一套政治态度、信仰和情感"[2]。阿尔蒙德所作的《公民文化》研究,更成为国内学者进行相关实证研究的参考范本。自阿尔蒙德之后,政治文化与政治价值的变迁,一直是西方政治科学界中颇受欢迎,但同时也饱含争议的学术议题。起初的政治文化实证研究,之所以引起人们的重视,是因为学者们假设了政治文化与民主表现或政治稳定之间的因果联系,因此政治文化问题显得非常重要。但是从20世纪70年代开始,由于西方社会科学界左派思潮和马克思主义研究风气盛行,政治文化研究的方向与焦点,转移到葛兰西的"文化霸权"[3]理论,以及法兰克福学派的"文化批判"理论[4]等以政治哲学为基础的研究。20世纪80年代末,政治文化的实证研究在西方社会科学界又重新崛起,不过此时学者的研究对象多是新兴的民主国家,学者们重点关注的是这些国家在政治文化上的变迁,尤其是民主支持程度、民主的正当性基础以及民主价值发展等议题,而且进行了一系列的跨国比较调查研究。国内学者比较熟悉的包括英格尔哈特主持的"世界价值观调查"(World Values Survey)和以东亚十三国为对象的"亚洲民主趋向调查"(Asian Barometer Survey)。与此相呼应,国内政治学者也有人明确主张"把政治文化找回来"[5]。

---

[1] Michael Brint, *A Genealogy of Political Culture*, Westview, 1991. 此书的中译本《政治文化的谱系》已由社会科学文献出版社于2013年出版。
[2] 〔美〕阿尔蒙德 等:《比较政治学——体系、过程和政策》(曹沛霖 等译),东方出版社2007年版,第26页。
[3] 转引自罗钢 等:《文化研究读本》,中国社会科学出版社2000年版,第17页。
[4] 〔德〕马克斯·霍克海默、西奥多·阿道尔诺:《启蒙辩证法》(渠敬东 等译),上海人民出版社2006年版;〔美〕赫伯特·马尔库塞:《单向度的人》(刘继译),上海译文出版社2006年版。
[5] 徐湘林:《把政治文化找回来——"公民文化"的理论和经验反思》,载《政治学研究》2012年第2期。

关于研究中国政治时文化维度的重要性,穆迪曾经做出了很好的概括。他认为,绝大多数人都同意,只有参照中国文化才能理解中国政治。政治文化会因时代、社会而有所不同。如果不考虑文化背景,理性选择就可能只剩下苍白的陈词滥调,所以有必要考虑文化背景为理性选择理论提供内容。① 国外学者对于中国政治文化的研究,更偏重比较宽泛的文化传统或与政治运行紧密相关的政治文化,对普通人特别是农民的政治心理往往缺乏关注。国内学者对于政治心理包括农民政治心理的已有研究,更多地集中在政治文化(包括政治亚文化)或公民文化的理论范式下,阿尔蒙德的相关理论是他们的基本依据。在此范式下,农民的政治态度(包括政治心态)得到了初步的研究。② 我们现在应该做的,可能不是无视或抛弃阿尔蒙德的相关理论,而是丰富他的理论,并将他的分析思路和测量指标作一些本土转化,从而更加地道地运用于农民政治心理的研究当中。

其三,意识形态范式。此类研究的哲学思辨色彩比较浓厚,相关的经验化支撑并不充分。这一范式主要是受了马克思经典作家关于小农特征的论述③的启发。研究者多是马克思哲学的学术背景,从文本出发,运用抽象和演绎的方式,比较笼统和综合地讨论我国农民的意识和观念体系。关于小农意识,研究者往往从该意识产生的土壤谈起,剖析小农独特的价值观、思维方式和宗教心理;政治心理方面的分析,主要集中在对平均主义、皇权主义、民粹主义的批判上;落脚点是改造小农,以使该群体能更好地适应中国的现代化转型。如袁银传就认为:"小农意识是小农在以自然经济为基础、家庭血缘为本位的环境中形成的并内化于小农头脑中的认知心理、价值观念、思维方式、宗教

---

① 〔美〕彼得·穆迪:《政治文化与中国政治研究》(郭虹霞译),载《国外理论动态》2010年第11期。
② 郭正林:《当代中国农民政治态度的定量研究》,载《学术研究》2005年第5期。
③ 马克思在著名的《路易·波拿巴的雾月十八日》中,对19世纪中叶的法国农民曾作过如此概括:"小农人数众多,他们的生活条件相同,但是彼此间并没有发生多种多样的关系……法国国民的广大群众,便是由一些同名数简单相加形成的,就像一袋马铃薯是由袋中的一个个马铃薯汇集而成的那样。数百万家庭的经济生活条件使他们的生活方式、利益和教育程度与其他阶级的生活方式、利益和教育程度各不相同并互相敌对,就这一点而言,他们是一个阶级。"(《马克思恩格斯文集》第2卷,人民出版社2009年版,第566—567页。)这一对小农特征的权威概括,被国内学者广为接受,并适用到对中国农民的心理分析上。

意识等的总和。"小农意识产生的重要原因在于生产和生活的封闭与狭隘,其"最本质特征是非主体性",其表现为经济上的平均主义意识、政治上的皇权主义意识、人格上的依附意识等,其自闭、偏狭、保守甚至蒙昧的特点都是与自立、开放、交往的现代性特征格格不入的。① 即使是结合了具体的个案进行实证研究②,也多让人觉得抽象的色彩浓厚,未能明确地将农民政治心理拆分为若干可以具象化的方面。意识形态的研究范式,其批判色彩与国民性批判倾向如出一辙,虽然可以给予我们一些高屋建瓴的思想启迪,却并不一定能真正有助于我们理解农民内在的政治心理和行为逻辑。

其四,本土社会心理范式。本土社会心理学研究范式滥觞于我国台湾地区的一些社会心理学者。他们强调中国文化和社会心理的特殊性,并对西方的社会心理学理论予以改造和调适,以期更为切近地解释中国人的心理与行为。他们的相关研究大都围绕一般性的社会心理范畴和理论展开。③ 但也有部分学者明确地将分析聚焦到权力运作层面。④ 从他们的分析中可以看出,中国人更多强调情境取向,从特殊主义的关系准则出发,基于人情和面子,建构、运作和评价权力。这其中的心理机制值得我们关注,也可以适用于对农民群体面临政治现象时的心理分析。但本土社会心理的范畴并不能涵盖农民政治心理的主要方面,也未能完全揭示农民政治心理的独特机制。当然,国内也有政治社会学者,如张静,对中国人的社会公正观和身份认同展开了实证研究,呈现了社会变迁中中国人对公正理解独特的内在机制,以及转型期中国人身份认同的复杂性。这样的深度研究为我们理解转型期包括农民在内的中国人的心理与行为逻辑,提供了非常有益的启示。⑤

---

① 袁银传:《论农民意识现代化的具体道路》,载《毛泽东邓小平理论研究》2002年第3期。另详见袁银传:《小农意识与中国现代化》,武汉出版社2008年版。
② 牟成文:《中国农民意识形态的变迁——以鄂东A村为个案》,湖北人民出版社2008年版;牟成文:《大变迁:转型期我国农村建构社会主义意识形态研究》,中国社会科学出版社2012年版。
③ 杨国枢、陆洛:《中国人的自我:心理学的分析》,重庆大学出版社2009年版;杨中芳:《如何研究中国人:心理学研究本土化论文集》,重庆大学出版社2009年版。
④ 黄光国:《中国人的权力游戏》,巨流图书公司1988年版;翟学伟:《人情、面子与权力的再生产》,北京大学出版社2005年版。
⑤ 张静:《身份认同研究》,上海人民出版社2006年版;张静:《转型中国:社会公正观研究》,中国人民大学出版社2008年版。

其五，日常心理范式。这一范式往往强调相对于国家主流政治观的普通人的日常性政治心理，倡导基于普通人和日常生活的立场作研究，并看到普通人的政治心理的复杂性和独特性及其对宏大政治的影响。在这方面，项飚就认为，20世纪80年代以来，中国学界和政府提倡国家和社会之间的分化，视"社会"的发育为改善民生的结构性条件。但在普通人看来，"国家"依然是最受认同的范畴，而"社会上的"人和事则意味着不正规和不可靠。同时，在普通人眼里，国家总体上的正当性不可置疑，具有高度的道德性，但是地方国家机构则不可信任，与它们的交往倾向于利益化、无规则。① 这一"普通人的国家理论"在一定程度上解释了当前中国社会"总体稳定"和"具体失范"并存的现象。项飚的看法提醒我们，要注意到普通民众和知识分子对国家与政治的不同观念，而普通民众的政治观念和政治心理对一个国家的政治运转具有基础性作用。他的观察和理论总结具有洞见，也比较符合实际，但他的论文显然没有严格的实证基础，更多的只是提出研究假设。除此之外，国际学术界长久以来存在着的"道义小农"和"理性小农"的争辩，也可以归入这一范式，特别是斯科特的"道义小农"研究，就明确聚焦于农民的日常反抗行为。② 可以与此形成理论对话

---

① 项飚：《普通人的国家理论》，载《开放时代》2010年第10期。
② "道义小农"方面的代表作是〔美〕詹姆斯·C. 斯科特：《农民的道义经济学：东南亚的反叛与生存》（程立显、刘建 等译），译林出版社2001年版。斯科特在该书中指出，在"安全第一"的生存伦理下，农民所追求的绝不是收入的最大化，而是较低的风险分配和较高的生存保障。从东南亚的缅甸和越南农业社会的历史发展轨迹，特别是农民的反叛和起义入手，斯科特探究了市场资本主义的兴起对传统农业社会的巨大冲击，并据此认为，贫困本身并不是农民反叛的原因，农业商品化和官僚国家的发展所催生的租佃和税收制度，侵犯了农民生存的伦理道德和社会公正感，迫使农民铤而走险，奋起反抗。"理性小农"方面的代表是波普金的《理性小农》（Samuel L. Popkin, *The Rational Peasant—The Political Economy of Rural Society in Vietnam*, University of California Press, 1979）。在《理性小农》一书中，波普金采用了理性选择的分析方法来解释农民的行为，特别是农民参加革命的行为。"这一方法与道德经济学在解释农民运动问题上的区别，主要在于：道德经济学所着重解释的是革命的起源问题，理性选择强调的是运动过程中农民以及其他个人所面临的何去何从的选择问题；道德经济学在方法论上的出发点是农民所遵循的道德原则、行为规范以及乡村中各种正式或非正式的传统制度的功能性，理性选择的出发点则是在各种机会许可和各种条件制约下个人的利害权衡和行为选择的复杂性；道德经济学从维护共同利益的角度解释集体行为，并认为共同利益是促成集体行为的充分和必要条件，理性选择则从个人利益的角度解释集体，并把个人利益与集体利益和集体行为的关系作为必须解释的重要问题。"（何高潮：《地主·农民·共产党》，牛津大学出版社1997年版，第14—15页。）

的,则是徐勇在他的一篇文章①中提出的"农民理性"概念,这依然是基于普通人的立场所作的概括。他认为,在中国,农民占多数,但长期以来被视为传统保守的力量。长期日常农业生产方式下形成的农民理性,在农业社会内部的功效是有限的,主要是生存理性。而这种理性以其惯性进入工商业社会后会形成扩张势态,产生一种农民理性与工业社会优势结合的"叠加优势",释放出其在传统农业社会和现代工商业社会都未有的巨大能量。要理解"中国奇迹",必须理解中国农民;要理解农民,必须理解农民理性。以农民理性中的关键性词语来说明农民理性扩张是如何造就"中国奇迹"的,需要跳出传统与现代二元对立的思维定式,高度重视社会变革中的民性、民情及民意。徐勇的"农民理性"观是一个综合性的概括,其启发性在于,应该从普通农民自身的理性逻辑上去理解其心理与行为,包括其政治心理与行为。

四、已有研究的不足

西方学者在讨论诸多主体的政治心理时,除了关注领袖、政客、阶层和族群,最为关注的是选民在选举时的心理,因为选举是西方民主政治中最为重要也最易观察的环节。即使关注到农民,也是关注他们在选举及其他政治参与(如抗议或集团表达)时的心理和行为模式。更何况,农民在西方发达国家更多的只是社会分工中的一个职业,他们更多地具备现代公民的政治心理而不是农民特有的政治心理——这和西方发达国家现代化早期的情况已经明显不同。因而,集中讨论发达国家农业生产者的政治心理的作品并不多见,国内这方面的译介也非常有限。当笔者以"peasant political psychology"(农民政治心理)作为关键词搜索近五年的英文文献时,真正相关的论文很少,除了个别理论性的探讨②,实证研究中除了关于中国的,就是关于像阿根廷这

---

① 参见徐勇:《农民理性的扩张:"中国奇迹"的创造主体分析——对既有理论的挑战及新的分析进路的提出》,载《中国社会科学》2010年第1期。
② Nick Hopkins, Steve Reicher, "Identity, Culture and Contestation: Social Identity as Cross-Cultural Theory," *Psychological Studies*, Vol. 56, no. 1, 2011, pp. 36—43.

样的发展中国家的①。国际上政治心理学领域最为权威和专业的杂志《政治心理学》(Political Psychology)上竟然也搜索不到关于农民的专论。

在某种意义上甚至可以说,农民政治心理更多的是发展中国家特有的命题。农民在发展中国家革命和转型的过程中,其角色显得更为关键。亨廷顿就曾将农村在现代化政治中发挥的作用比作"钟摆",认为农村的作用是一个变数,不是稳定的根源,就是变动的根源。② 作为一个在传统农业大国的基础上迅速迈向现代国家的超大规模社会,中国农民群体的重要性显然是不能低估的。对其展开深入的学术研究,不仅关系到当下,更关乎未来。这一点,不会因为国家政策导向的变化和学界关注点的位移而改变。而从英文主流政治学杂志的总体上看,海外学者对中国农民政治心理的研究③,多关注其与政治参与、政治稳定和合法性等议题的联系。农民政治心理众多的其他面向,并未进入他们的研究视野。在这个意义上讲,要完整而地道地呈现中国乡村治理转型中的农民政治心理,还要靠国内学者的深度研究。在前文总结的研究进路和研究范式基础上,笔者最后仅限于政治学领域作进一步反思。

在研究对象上,国内外学者对中国民众政治心理的总体性研究似

---

① Fernando Landini, "Peasant identity: contributions towards a rural psychology from an Argentinean case study," *Journal of Community Psychology*, Vol. 40, no. 5, pp. 520—538.
② 〔美〕塞缪尔·P. 亨廷顿:《变化社会中的政治秩序》(王冠华、刘为 等译),上海人民出版社 2008 年版,第 241 页。
③ Thomas P. Bernstein and Xiaobo Lü, "Taxation without Representation: Peasants, the Central and the Local States in Reform China," *The China Quarterly*, Vol. 163, no. 3, 2000, pp. 742—763; Shi, Tianjian, "Cultural Values and Political Trust: A Comparison of the People's Republic of China and Taiwan," *Comparative Politics*, Vol. 33, No. 4, 2001, pp. 401—419; Lianjiang Li, "Political Trust in Rural China," *Modern China*, vol. 30, no. 2, 2004, pp. 228—258; Lianjiang Li, "Political Trust and Petitioning in the Chinese Countryside", *Comparative Politics*, Vol. 40, No. 2, 2008, pp. 209—226; Jie Chen: "Popular Support for Village Self-Government in China: Intensity and Sources", *Asian Survey*, Vol. 45, No. 6, 2005, pp. 865—885; Jie Lu and Tianjian Shi: "Political Experience: A Missing Variable in the Study of Political Transformation", *Comparative Politics*, Vol. 42, No. 1, 2009, pp. 103—120.

乎更青睐城镇居民①。部分能够聚焦于农民政治心理的实证研究,在研究对象上也存在着如下几个问题:一是研究者往往重在研究"问题农民",如上访户和"钉子户",却忽视对普通农民的研究热情。"问题农民"的确更能呈现治理转型中的权力关系和这些农民心理与行为上的独特反应,但他们毕竟不是农民群体的主流,农民中"沉默的大多数"②其实更需要研究者去关注。二是研究者往往聚焦于农民精英,而忽视普通农民政治心理的丰富性和差异性。这一点和第一点有一定相似性。农民精英在乡村社会的重要性自然需要我们去研究,但我们不能只盯着精英,也不能放大农民精英和普通农民心理上的差异,普通人的政治心理从长远来讲更为根本。三是关注事件化中的农民,如在选举和群体性事件中农民的心理与行为逻辑,而不太关注日常生活形态中的农民。事件中的农民行为逻辑比较容易观察,也容易激发学术想象力,但日常生活中的农民心态和深层观念更需要我们去捕捉,去理解。四是,逐步将视野转移到农民工这一新农民类型,而失去对中老年传统农民群体的研究兴趣。近年来,部分学者将焦点转移到农民工的社会心理,包括其政治心理与行为模式的研究上③,或青年农民工的政治参与心理上④,个别学者更将研究拓展至农民工子女的政治社会化上⑤。因为社会流动和打工经济,"农民工"群体得到了研究者更多的青睐,这为农民政治心理研究的延展提供了重要方向。与此

---

① 海内外政治学者针对中国的民意调查,似乎也都更加青睐于城镇居民。例如,美国华人政治学者唐文方教授于2008年出版(英文版为2005年)的《中国民意与公民社会》一书,所采用的基本上都是城市调查数据。即,20世纪80年代末到90年代初中国经济体制改革委员会进行的城市调查数据,1999年的"六城市调查",以及2004年全国公众思想道德状况调查数据。只有2004年的数据属于包含城乡居民的全国性调查。美国华人政治学者陈捷教授,在中国民众政治支持的实证研究中使用的也是在北京进行的3次纵向代表性样本民意调查数据。国内新近出版的张明澍的《中国人想要什么样民主》一书的抽样范围也主要是城镇居民,对于农村,作者认为,以农民工即可代表。这至少是不客观的,尤其是对考察建国以来农民政治心理的变迁是不够的。
② 这一表述最早见王小波:《沉默的大多数》,中国青年出版社1997年版。
③ 符平:《中国农民工的信任结构:基本现状与影响因素》,载《华中师范大学学报》(社会科学版)2013年2期;孔凡义:《从政治边缘人到集体行动者:农民工行为的演变逻辑》,载《科学决策》2011年第7期。
④ 陈赵阳:《当代青年农民工政治参与心理研究——对福州市区青年农民工的调查与分析》,载《青年研究》2007年第4期。
⑤ 熊易寒:《城市化的孩子——农民工子女的身份生产与政治社会化》,上海人民出版社2010年版。

相对比的,当前我国农村的中老年农民,除了少数学者将其作为留守的一个类型来研究①,已逐渐不再能吸引广大研究者们的持续兴趣。或许从乡村的长远治理来讲,中老年农民属于终将消失的那几代人。但如果从政治心理的纵深度上讲,正是中老年农民才有着曲折的生命历程和丰富的政治感受,如果不能及时抢救这些农民的政治记忆和政治意识,我们将失去对农民政治心理延续性逻辑的把握。

在研究旨趣上,研究者仍主要受制于现有的民主话语和政治参与话语,而忽视了中国农民所处政治社会环境的高度复杂性和历史纵深感。关注农民上访、群体性抗争、民主投票等,当然是必要的,也容易吸引西方学术界的关注并形成学术对话。但是,对农民政治心理的深度挖掘和全面呈现,我们不能仅仅局限于前面的那几个话题。或许研究者们更应该作的,就是回到中国乡村的日常情境,进入普通农民的内心,来理解他们在政治(包括治理)相关问题上的所思所想和喜怒哀乐,并关注他们的心理逻辑在传统与现代之间的张力。②

而在研究视野上,围绕我国农民政治心理的既有研究,普遍缺乏国际比较的视野,因此应在本土性拓展的基础上,展开必要的国际比较研究。从长远的学术发展来看,我们不能仅仅停留于将中国农民的政治心理研究清楚,我们还应将其与其他的参照系作对比。至今为止,英文文献中仍鲜见农民政治心理方面的国际比较,这是一个可以突破的学术空间。中国作为一个发展中大国,其农民所遭遇的现代性和政治影响,与其他的发展中国家既有相似也有差异。这都需要在了解各国农民政治心理的基础上作出尝试性的比较。只有这样,我们才能定位中国农民的政治心理及其形成逻辑究竟是不是独特的,究竟有多独特。

总之,改革以来,随着我国乡村治理的不断转型,国家与农民关系得到不断的调整,农民群体由此发生着深刻变化。转型中国农民的政

---

① 叶敬忠、贺聪志:《静寞夕阳——中国农村留守老人》,社会科学文献出版社2008年版。
② 这方面已有一些初步探讨,如唐镖:《从农民心态看农村政治稳定状况——一个分析框架及其应用》,载《华中师范大学学报》(社会科学版)2005年第5期;冯祥武、蒋彩娟:《从传统到现代——中国农民政治心理的演进》,载《广东行政学院学报》2005年第4期;刘伟:《农民政治认知在传统与现代中交错》,载《中国社会科学报》2014年4月18日。

治心理作为论题吸引了不同学科学者的广泛关注。总结国内外的既有研究文献,可以发现学者们主要采用了社会心理、乡村政治和政治心理三大进路。在研究范式上,既有研究已经初步形成了国民性范式、政治文化范式、意识形态范式、本土社会心理范式以及日常心理等范式,这构成了今后学术对话的基础。仅就政治学领域进一步总结,可以发现,现有的农民政治心理研究大都存在着从研究对象、研究方法到研究旨趣等方面的诸多局限。为呼应我国基层社会治理体系和治理能力现代化,今后农民政治心理研究的深化方向,应该是关注转型社会中的普通农民,并注重运用质性方法和国际比较,从而实现研究的本土性与国际化的交融,一方面提升研究的学术价值,另一方面也增强相关对策的科学性和针对性。

五、研究方法与访谈对象

1. 定性分析为主,量化分析为辅

现有的农民政治心理研究中采用最多的政治文化研究法,要么受到人类学研究方法的影响,要么受到心理学研究方法的影响。人类学的研究方法,强调解释的重要性,要求研究者观察被研究者特殊的宗教仪式、符号或语言结构,并予以设身处地的同情性理解,以呈现被研究者所属文化具有的各种意义、特征与作用。但从事农民政治心理研究的政治学者,大都缺乏人类学的知识背景和田野经验。心理学的研究方法则建立在行为主义的基础之上,强调文化的整体特征可以通过客观调查与测量个体的心理特征或行为来获得,他们普遍假定整体的文化特征会反映在个体基本的行为、态度上。在政治心理问题上,更需要立足于被研究者的处境理解政治,以他们的话语和思维呈现政治,我们作为研究者再深入反思这一切,从而实现政治思考和政治研究的科学化。

同时,现有农民政治心理方面的实证研究,一般都采用调查问卷基础上的定量统计和相关性分析,质性材料运用得非常少。问题是,在呈现研究对象心理世界及其逻辑的问题上,问卷调查本身存在着难以克服的局限。问卷调查是作量化分析的基础,但量化分析的结果往

往体现为数据,而数据本身并不能给我们原汁原味地呈现出农民的语言特色和思维世界。所以,我们需要进入农民的内心深处,倾听他们的自然讲述,从话语当中和话语背后寻找到他们政治心理的蛛丝马迹,并在对乡村治理转型总体把握的基础上挖掘出他们政治心理与行为的结构性成因。

正是基于上述考虑,此次调查主要采用深度访谈法,在政治心理相关面向的具体分布方面进行适度的量化统计。深入访谈方面,部分借鉴口述史的做法,尽量让被访者自主表述,访问者只起引发话题、激发表达的作用。访谈员们尽量注意访谈技巧,在受访者有理解困难时适当进行方言转化,但不能透露意向性的信息。在这些访谈材料的基础上,通过语言分析和事实呈现,揭示农民的政治观念和政治行为模式,以及发现其中演变的轨迹。我认为,要揭示农民群体的政治人格类型,从他们所使用的语言中可以发现线索。[①] 语言中的关键词及人们使用语言的逻辑,隐藏着人们的心灵世界。通过机械的问卷统计建构出来的因果关系,表面上具有科学性,但却可能离农民政治心理的真实相距甚远。在这个意义上,本研究的范式具有一定的"语言学转向"的取向,强调传达"意识"和"观念"的媒介的语言本身反而规定并构成了"意识"和"观念"的内容。

所谓语言(话语)分析法,就是强调任何语言(话语)都是对事实的某种表达,都具有解读价值。也就是俗话所说,"言为心声"和"言外之意"。这其中最重要的方法论就是"理解"。杨善华认为,要做语言阐释,就不能不涉及意义的问题。"访谈资料既然来自被访人的叙述,那么这样的资料一定也是由被访人赋予了意义的,因此,一般说来,对访谈资料的理解和解释可以大体等同于对被访人赋予访谈资料的意义的理解和解释。我们要理解并给出解释的则应是被访人赋予访谈资料(话语)的意义。这其中包括被访者赋予这些资料的意义,以及这些资料和被访者的行为对研究者而言的意义。"[②]

[①] 当然,进入农民的话语系统并不容易。一位优秀的乡村调查者就曾表达过这种困难:"这段时间也一直和村庄的人们在一起,但是,我却感到自己似乎无法进入他们的话语系统。"因此,一方面,需要我们基于农民的生存处境和生命历程,尽量做到同情性理解;另一方面,我们也要保持对语言本身的充分警觉和反思。

[②] 杨善华、孙飞宇:《作为意义探究的深度访谈》,载《社会学研究》2005年第5期。

如果以下面这段民谣为例,就可以作比较好的说明。

2011年,顾长卫导演的影片《最爱》公映。该片讲述的故事,发生在中原农业区的一个村庄。在该片的结尾,加入了这样一段民谣:

> 俺这儿下雪下白面/下雨都下油共盐/俺这儿柳树顶上结棉袄/冬结棉来夏结单/榆树顶上结元宝/杨树顶上都结银圆/袁世凯他给我种过地/宣统他给我掌过大鞭/冯玉祥他给我当伙计/张天师他给我看菜园/王母娘娘来做饭/九天仙女给我当丫鬟/孔老二他给我管过账/好田地我有八万顷/好房舍我有八万间/我喂着八万骡子八万马/还喂八万老板肩(牛)/还喂八万拉磨驴/磨了个白面大家餐/老婆子我有八万六/好儿孙我有十万三/我本是老天爷他干爹/你看我体面不体面/你看我体面不体面!

仔细品味上述这段民谣,可以从中体会到传统农民的需求和心理逻辑。这构成了中国几千年"国民性"的基本底色。其中,"白面""油共盐"属于"饱"(食)的范畴,"棉袄""棉""单"属于"温"的范畴,二者居于民谣头几行的位置。"元宝""银圆"属于金钱范畴。袁世凯、宣统和冯玉祥,属于近现代著名政治人物;张天师、王母娘娘和九天仙女,属于著名神话人物;孔老二为中国读书人尊崇的圣贤。但是,所有这些人都在民谣中变成另一副形象:为农民提供不同形式的"服务",让农民享受到做主人的"体面"。加上此诗后面"我本是老天爷他干爹",就更能体会到民谣消解权威的功能,在意念和想象中塑造了一种农民的乌托邦。"房舍"属于"住"的范畴。"田地""骡子""老板肩""拉磨驴"属于农业生产资料和基本工具。农民们希望在这方面无比充足,代表了他们的经济理想。"老婆子""好儿孙"属于家庭和生命延续的范畴。这首诗将农民的生活世界和人生理想全面呈现了出来,归结为"你看我体面不体面!"在诗歌中,长期被压抑的现实处境得到了颠倒,话语世界构成农民现实政治处境的反面投射。

在具体的访谈上,我要求访谈员访谈时尽量原汁原味地速记下被访者的话,访问结束后尽快将其整理成访谈稿。同时,访谈员记录清楚深度访谈的起止时间,并对访谈材料以阿拉伯数字编号。每位访谈员同时提交一份所调查村的基本情况说明:村名、所属行政村村名、乡(镇)名、县(市)名,有无集体经济,村市场化状况及经济发展状况,村人口是以流出为主还是以流入为主,与城镇的距离及城镇化状况,(自然)村户数,(自然)村总人口数,民族状况及宗教信仰状况,等等。我还要求访谈员对于新近发生或假期发生的政治性事件,如上访、官民冲突、村民选举、司法案件,每位成员也可进行参与式观察或追踪描述,或深入跟踪和采访相关主事人和普通村民,以复原乡村场景下的各类政治生活图景,并在此图景中呈现农民对正义、民主、法治和权威等政治价值的态度。

从访谈员提交的众多访谈材料中,根据可分析性、可比较性以及代表性的原则,我选择出部分优质的访谈材料,作为本研究的材料基础。对访谈材料质量的判断,依据的是我长期以来对乡村社会的调查和了解。当然,本研究还局部运用了我于2009年7月和8月在民政部基层政权建设司的资助下组织的一项针对11个省共计19个村落的村民调查资料。

整个研究过程主要采用了如下几种分析方法:

其一,历史分析法。将农民政治心理的嬗变置放于建国以来特别是改革开放以来我国乡村治理转型的过程中予以考察,运用历史和动态的分析来研究农民政治心理的嬗变过程和基本规律。

其二,深度访谈法。通过对农民的深度访谈,获得第一手口述资料,并在此基础上对农民的政治心理诸面向及其特征作出提炼。

其三,语言阐释法。通过对农民运用的日常词汇和语言逻辑的分析,阐释农民思维世界中的权力关系和潜在心理机制。

2. 研究对象:哪些农民?

"农民"现在好像是一个非常不确定的群体,以至于前不久有媒体就"谁是农民"展开了讨论。① 似乎在当下的中国,到底那些人才能叫"真正的农民"已经成为一个问题,这就给以"农民"为主体的相关研究带来了障碍。钟杨也谈到他所研究的农民,在翻译成英文时和在英语出版过程中遭遇的尴尬。② 这说明,我们对"农民"的理解和界定还

---

① "众学者热议'谁是农民' 将农民视为平等公民对待",《南方农村报》,2011年5月28日。
② 钟杨:《从"农民"一词的来源所想到的》,中国选举与治理网,网址:http://www.chinaelections.org/,访问时间:2012年2月20日。

需要放到中国特有的情境中,这一情境与早已实现工业化的西方发达国家有着很大的差别。

《辞海》对"农民"的界定是:"直接从事农业生产的劳动者。"这是从生产属性和职业属性出发所作的界定。1958年新中国户籍制度管理所依据的《中华人民共和国户口登记条例》,将户口划分为"农业户口"和"非农业户口","农民"也就是持有"农业户口"的公民。这是从政治社会身份的角度所作的界定。学界所讨论的"农民"往往混合了职业和身份两种标准,或者依据了其中的一种。值得一提的是,随着改革开放的深化和社会转型的加剧,当前我国的农民主体出现了分化现象,农民不仅包括居住在农村并从事农业生产的劳动者,还包括失地农民和农民工等群体。但本研究所讨论的对象主要还是,目前主要居住在农村并从事农业及相关生产经营活动的农民。① 考虑到当前乡村社会的实际,目前居住在农村且从事农业生产的,以中老年农民为主。年轻农民比重较少,因为他们基本都外出务工,从事的也主要是非农业生产活动。

虽然现在我国的城镇人口在总人口中的比重已超过农村人口,但这一统计中的"城镇人口"包括了户口在农村但常住城镇的人口,特别是数量庞大的农民工群体。我国实际的城镇化率只有36%。中国依然有60%的人依赖农业而生存,中国农村人口的减少需要时间。有学者就认为:"以户籍来看,当前中国还有大约9.5亿农村户籍人口,农村人口占全国人口的65%。按居住地算,农村人口占全国人口的50%,其中差异是有2亿多农村户籍人口进城务工经商,这部分人口被统计为了城市人口。这样,留在农村的还有大约7亿人口。"② 目前我国农民工的数量约2.6亿③,其中第二代农民工将近60%。第一代农民中的大多数以回乡为归宿。有调查显示,50岁以上的农民工只有

---

① 学界部分学者如曹锦清等人,近期关注到"农民农"这一比较特殊的群体,但"农民农"依然可以归入从事农业生产的农民,只不过他们是流动到外地从事农业生产的农民。在本研究中,暂未特别考虑"农民农"这一群体。
② 贺雪峰:《为九亿小农说话》,载"观察者网",http://www.guancha.cn/HeXueFeng/2013_10_01_171615.shtml,访问时间:2015年5月28日。
③ 第六次全国人口普查结果显示,居住地与户口登记地所在的乡镇街道不一致且离开户口登记地半年以上的人口为26139万人。http://www.chinanews.com/gn/2011/04-28/3004225.shtml。

15%的人想定居城市,40—50岁的为21%,30—40岁的为37%,20—30岁的为45%,20岁以下的则高达61%。①

鉴于此,年岁较大的农民工基本上也应纳入我们主要关注的"农民"范畴,因为他们以后将是我国乡村地区的主体人群。在此次研究中,我要求每位访谈员于其所在的村民小组(自然村)中随机选取6—10位村民展开访问。最好是40岁以上,对乡村社会的变迁存有较多历史记忆的农民,至于这些农民后来是否外出打工则不是我们考虑的重点。也可以深度访谈少量年轻农民(工)。在被访者分布上,适度平衡了年龄段、性别、经济状况、文化水平和眼界开阔度等方面的因素。

应当看到,伴随着市场经济的发展和城镇化的推进,现在的农民群体已经高度分化。农民中的富裕阶层更像个体户和商人,基层干部一般也是当地乡村的富裕阶层。但不管乡村社会如何分层,都不能否认他们对建国以来特别是改革开放以来的乡村政策变迁有着共同的经历。区别只在于,每一政策对不同阶层的农民,其影响程度、方式和性质不同。而我们此次研究的重点就是经历了治理变迁的不同类型农民,包括他们现在的政治心理状况如何,以及他们的政治心理受到了哪些因素的影响。

需要补充说明的是,学术界和媒体所讨论的"农民的终结"和"农民"转型,并不影响本研究对象的合理性和学术价值。现在已有学者和研究机构关注到农民即将终结的趋势,出版的著作直接以"最后的农民"为名。② 外国学者当中,孟德拉斯较早地提出了"农民的终结"问题。这里的"农民"应该理解为传统意义上的那种农民,并不意味着中国乡村地区将没有农民,只是农民的数量会减少,农民的整体面貌将会改观。正如有学者所讲的:"20年后,中国城市人口将达到70%,甚至更多。那个时候,农民人数将只占全国人口的少数。"③ 只有到那个时候,农民才在整个中国的治理格局和政治发展格局中不再占据主要地位。因此,对农民群体的研究在今后较长的时期依然是重要的。

---

① 熊易寒:《新生代农民工的权利意识》,载《文化纵横》2012年第2期。
② 徐勇:《最后的农民》,中国社会科学出版社2013年版。
③ 贺雪峰:《小农立场》,中国政法大学出版社2013年版,"前言"。

六、研究内容与研究思路

本书在中国社会转型与乡村治理转型这一背景下,尝试分析当前我国农民的深层政治心理。通过比较广泛的农民心理调查,既在学术研究上推进了现有的农民政治心理研究,更在此基础上对农民的政治心理类型进行了科学定位,探究这些类型的政治心理形成的历史根源,进而对我国乡村治理的转型展开反思,对未来我国乡村治理和政治改革的具体方向提出心理维度的建议。本书突出经验研究的特色,寻求学术性和应用性的统一。

就每一生命个体来说,它具有内在的生命周期,从童年、少年、青年、中年再到老年。每一生命阶段都会经历重要的生命事件。对于一个国家和社会来说,它也有着独特的演进历程,这一历程对普通社会成员来说,就构成了他们内心变化的外部因素,甚至是主导因素。从总体上说,中国农民在建国以后受到的政治变迁和治理转型的影响,构成他们心理世界变化的直接原因。在这个意义上,政治变迁和治理转型具有深远的政治社会化后果。农民更多的是时代的产物,因而具有鲜明的时代特征。有鉴于此,本书的思路是:在考察以政策变革为核心的乡村治理转型的基础上,主要运用访谈材料,围绕政治心理的主要面向研究农民。

1. 治理转型:以政策变迁为考察重点

建国以来,中国的政治与社会都经历了不断的变革,乡村地区的治理也经历着革命性的转型。可以发现,我国乡村地区的巨变是在相关国家政策和涉农政策的驱动下完成的。改革开放之前的乡村主要经历了土改、集体化、人民公社与"文化大革命"等阶段,乡村治理也主要是走向总体性治理。改革开放以来,农村政策的变革同样显著,主要经历了"包产到户"、村民自治、税费改革、新农村建设、取消农业税等重大政策。有学者曾总结 1978 年以来中国主要涉农文件的政策焦点和政策目标①,并认为,从时间序列上,可以将中国农村1978年以后的发展根据政策重心的不同而分为三个阶段:1978年至1987年,以经营体制改革为主体的农村经济体制改革时期;1987年至1998年,以村民自治为主体的农村政治体制改革时期;1999年至今,农村综合体制改革时期,这一时期又可分为1999年至2005年以税费改革为主体的农村综合体制改革初期和2006年开始的新农村建设时期。这一总结基本符合城镇化成为国家主导政策之前的农村政策演进,同时也与本研究的截止时间(2012年)基本一致。至于乡村地区治理转型的详尽历程,本书第一章将专门从合法性的维度展开讨论,以作为农民政治心理研究的基本背景。

2. 政治心理:认知、情感、信任、评价、期待与人格

政治心理的重要性在于,如果我们不了解背后的政治心理,就不可能理解人的政治行为,也就不可能理解政治现象。但对于政治心理究竟如何测量,不同的研究流派和学者有着不同的思路。本研究主要采用阿尔蒙德关于政治文化的经典定义,并以此为基础进行指标化。阿尔蒙德认为,所谓政治文化就是一个政治体系(国家或民族)的基本政治倾向。每个国家和民族都有其独特的政治文化。他将政治文化界定为:"一个民族在特定时期流行的一套政治态度、信仰和感情。这种政治文化是在该民族的历史和现在的社会、经济、政治活动进程中形成的。人们在过去的经历中所形成的态度类型对未来的政治行为有着重要的制约作用。政治文化影响各个担任政治角色者的行为、他们的政治要求内容和对法律的反应。"②

阿尔蒙德进而将政治文化分为三个层次:其一,体系文化,也就是对国家的认同意识;其二,过程文化,是指对政治过程的一系列倾向;其三,政策文化,即对公共政策的倾向模式。而在个人对政治的态度上,他认为涉及三个方面:其一,认知。一定社会中人们对政治体系活动、政治领袖的形象、现行政策的了解和认知。政治认知主要看政治

---

① 陈雪莲:《从"三农问题"到"新农村建设"——中国农村政策的创新轨迹》,载《中国农村研究》下卷,中国社会科学出版社2010年版,第5—6页。
② [美]阿尔蒙德、鲍威尔:《比较政治学:体系、过程和政策》(曹沛霖 等译),上海译文出版社1987年版,第29页。

主体对政治现象了解和认识的程度。认知不仅包括信息的数量,也包括信息的特性、准确性以及组织和处理信息的能力。其二,感情。社会成员对政治体系的感情,包括热爱和厌恶。其三,评价。社会成员对政治体系和政治活动的评价。

虽然个人对政治的态度是政治心理的核心,但态度毕竟不是心理的全部。为比较全面地把握农民政治心理的现状,本研究首先分政治认知、政治情感、政治信任、政治评价与政治期待五个方面进行分析,然后在此基础上概括农民的政治人格特征。在逻辑上,政治认知是政治情感的基础,政治认知和政治情感又是形成政治信任的基础,政治认知、政治情感、政治信任等方面又构成政治评价和政治期待的基础,这五个方面之间存在一定的逻辑顺序。政治人格是一个相对整体性的概括,是基于前面五个方面的一个总结。当然,由于中国政治与乡村社会的独特生态,我对这六个方面的内涵作了适合我国农民心理状况的具体转化。这六个方面不仅是政治心理的基本内容,更是在农民政治心理调查和研究中表现比较突出的几个方面。

第一章

中国农村地区的治理转型与合法性基础变迁

政治合法性是政治统治的心理基础,是社会成员对于某种政治体系的普遍认可。社会成员的普遍认可使政治权力转化为政治权威,并获得广泛的支持。因此,政治合法性对于维护政治体系具有重要意义。基于农村政策的线索,可以总结出政党和政府在农村地区合法性基础的变迁。这构成我们理解农民政治心理的宏观背景。同时,为了更好地应对社会转型过程中农村可能出现的政治合法性危机,我们也有必要回顾建国以来国家政权在农村的治理历程,总结经验和教训,以便更好地应对未来的挑战。

一、政治合法性理论及其适用性

政治合法性理论可以分为两大流派:一是经验性政治合法性理论,二是规范性政治合法性理论。经验性政治合法性理论强调从政治和社会事实中寻找合法性的来源与证据,并将政治合法性分析建立在可观察的社会事实之上。规范性政治合法性理论则强调从应然的政治价值出发,通过逻辑演绎,确定政治的合法性逻辑,并以此为原则形成对政治和社会现实的观照与批判。两种政治合法性理论都具有相应的解释力,故在实际应用中可将二者结合起来分析政治统治的合法性。西方国家与中国,虽然在国情方面存在差异,但在政治统治与政治管理中都会面临一些共同的问题,如维护社会政治秩序,构建政治权威与服从关系等。因此,我们可以借用西方的政治合法性理论来分析中国政治治理的合法性问题。

在本章中,我主要从政治合法性基础的角度,来探讨国家政权在农村的政治合法性问题。所谓政治合法性基础,即国家(政权)取得合法性的依据。大多数学者认为,政治合法性的基础主要有三个:理念基础即意识形态,规则基础即一定的规则和程序,有效性基础即政府绩效。从理论上讲,任何政治体系的合法性依据都是复合性的,但每一政治体系在特定时期往往最为倚重某种合法性基础。理念基础的合法性不仅需要内化为全社会的共同信仰和价值基础,而且需要与相应的制度安排匹配,否则,单纯的意识形态宣传往往难以抵挡政治社会现实对理念的冲击;规则和程序基础的合法性最具稳定性,值得所有的政治体系追求,但也需要绩效合法性的持续支持;有效性基础的合法性,对政府来说,虽然直观而可为,却充满挑战性和风险,因为没有哪一政治体系可以保证绩效改进的永久持续。

由于理念基础、制度和规则、政府绩效具有丰富的内涵,本章拟加以简化,选择它们的主要内容进行阐述。在这里,理念基础特指社会主义意识形态,制度和规则基础特指国家在农村实施的治理体制,政府绩效特指经济发展状况。依据建国以来国家政权在农村地区实施的重大政治和经济政策,特别是农村土地制度和社会管理体制的变迁,可以把建国以来的历史划分为三个大的阶段,即建国初期、农业合作化和人民公社时期,以及改革开放时期。这三个时期,国家政权在农村地区实施的政治和经济政策差异很大。本章将具体分析意识形态、制度和规则、政府绩效在每一时期政治合法性建构中的作用,从而揭示每一时期政治合法性的主要依据和基础。其中涉及的历史事实,采用了学界的通行表述[①]和"新华网资料"数据库中的相关词条。

[①] 涉及这一主题的代表性著作主要有:于建嵘:《岳村政治——转型期中国乡村政治结构的变迁》,商务印书馆2001年版;张乐天:《告别理想——人民公社制度研究》,上海人民出版社2005年版;林毅夫:《制度、技术与中国农业发展》,上海三联书店、上海人民出版社2008年版;李茂岚:《中国农民负担问题研究》,山西经济出版社1996年版;杜润生:《杜润生自述:中国农村体制变革重大决策纪实》,人民出版社2005年版,等。

二、农村政治合法性基础的变迁

1. 建国初期以政府绩效为主(1949—1953)

新中国建立后,国家面临的首要挑战是如何巩固政权。巩固政权的关键,是恢复和发展正处于崩溃边缘的国民经济,改善人民的生活水平。中国是农业国,要恢复和发展国民经济,首先必须恢复和发展农业生产。

对于农村而言,发展农业生产,必须进行土地改革。这既是中国共产党的革命主张,也是当时国情下的必然选择。亨廷顿认为,土地改革"首先在几乎所有的情况下,政府都必须建立起一个新的、经费充裕的行政组织,并配备立志于改革大业的专门人才去主持其事","土地改革所需要的第二种组织便是农民自身的组织。集中的权力能够颁布土地改革法令,但只有广泛扩展的权力才能使这些法令成为现实……农民的参与对于执行法律不可或缺"[①]。因此,中央政府需要在农村建立基层政权和农民组织,以便有效地推进土地改革工作。

建国初期,国家在通过军事占领、建立必要的社会秩序后即开始进行地方政权建设。1950年12月,政务院颁布了《乡(行政村)人民代表会议组织通则》和《乡(行政村)人民政府组织通则》。通则规定乡和行政村并存,同为农村基层行政区域。乡(行政村)一般不设内部机构,只配备数名专职甚至不脱产的工作人员,分管民政、公安、财政、粮食、调节等事务。镇政府此时期一般称作镇人民委员会,按民政、财政、建设、生产合作、文教卫生等业务设专职干部。[②] 国家通过加强农村基层政权建设,在农村确立新的政权组织。农村普遍设置了行政村和行政组,建立村级政权即村人民政府。国家权力深入到农村基层社会。这就为土地改革奠定了坚实的政权基础。

与此同时,国家积极引导和帮助农民建立农民组织。1950年1月,中共中央下达《关于在各级人民政府内设土改委员会和组织各级

---

① 〔美〕塞缪尔·P.亨廷顿:《变化社会中的政治秩序》(王冠华、刘为 等译),上海人民出版社2008年版,第326—327页。
② 袁金辉:《中国乡镇改革60年》,载《学习时报》2009年7月27日。

农协直接领导土改运动的指示》,开始在新解放区分批实行土改的准备工作。1950年7月,政务院通过《农民协会组织通则》。通则规定,农民协会是农民自愿结合的群众组织,是农村中改革土地制度的合法执行机关。此外,通则还对农民协会的任务,农民协会会员的权利和义务,农民协会的级别、组织原则、产生办法、组织机构、经费等进行了详细的规定。这就为农民协会的建立和发展奠定了坚实的法规和制度基础。从这些规定中我们可以看到外部力量即国家政权的介入,国家通过制定行政法规、派遣工作人员到农村、提供经费支持等方式,积极引导和帮助农民组建农民协会。

1950年6月,中央人民政府委员会通过并颁布《中华人民共和国土地改革法》,为土改提供法律依据。法律规定,"废除地主阶级封建剥削的土地所有制,实行农民的土地所有制","保护工商业不得侵犯","富农所有之出租的小量土地,亦予保留不动;但在某些特殊地区,经省以上人民政府的批准,得征收其出租土地的一部或全部","保护中农(包括富裕中农在内)的土地及其财产"。从土地改革法中,我们可知土地改革法在依靠贫雇农为主的同时,注意保护富农、中农以及民族资产阶级的利益。这既说明土地改革具有鲜明的阶级取向,主要捍卫贫雇农的利益,又体现了国家政权试图尽可能地团结更多的阶层以减少改革阻力的政治策略。

从1950年冬天开始,到1953年春,全国大部分地区完成了土地改革。土地改革是一场经济革命。它彻底摧毁了传统剥削制度,使我国3亿多农民无偿分得了约7亿亩土地和大量的生产资料。土地改革确立了农民土地所有制,极大地提高了农民的生产积极性,解放了农村的生产力,有力地推动了农业的发展,为国民经济的恢复和发展奠定了坚实的基础。土地改革更是一场政治革命。它确立了贫雇农在农村政治、经济和社会生活中的主体地位,使广大农民翻身做了主人,改变了农村的社会结构和阶级力量格局。土地改革使国家政权在农村获得了广泛的政治认同和极高的合法性。

在加强农村的政权建设和进行土地改革的同时,我国也十分重视社会主义意识形态工作。国家政权通过多种措施来促进农村的马克思主义宣传和教育:(1)在农村大力普及识字教育,不断提高农民的文化水平,同时开展社会主义教育运动,传播马列主义、毛泽东思想。

(2)在开展土地改革的过程中,向农民灌输"翻身做主人"的政治意识和马克思主义阶级意识。(3)在社会和政治生活中推行阶级划分制度。在土地改革和农村基层干部的选拔中贯彻阶级划分制度,阶级成分成为农村政治地位和社会资源分配的依据。政治和社会生活中的实践,直接强化了意识形态的宣传和教育效果。社会主义意识形态通过宣传教育和政治实践相结合的方式传递给农民,使农民作为"人民""群众"和"阶级的一分子",形成了对党和国家的认知与认同。

总览这一时期农村的政治、经济和社会状况,可知这一时期国家政权在农村的政治合法性基础主要是政府绩效,即土地改革建立的农民土地所有制及其带来的农业生产的发展和人民生活水平的提高。在土地改革的基础上,社会主义意识形态得到了广泛传播,强化了国家政权在农村地区的合法性。

2. 农业合作化与人民公社化时期以意识形态为主(1953—1982)

之所以将农业合作化和人民公社化放在一起分析,是因为人民公社化是在农业合作化的高级阶段推行的政策,二者在时间和政策上存在着前后相继的关系。

土地改革完成后,农民获得了土地。但这并不符合马克思主义和中国共产党的革命理想。马克思主义认为,社会主义国家应以生产资料公有制为经济基础。中国共产党的革命理想是建立社会主义社会。因此,在土地改革后不久,国家政权就开始在农村推行农业的社会主义改造即农业合作化运动。农业合作化运动是在国家政权的领导下,通过各种互助合作的形式,把以生产资料私有制为基础的个体小农经济改造为以生产资料公有制为基础的农业合作化经济的过程。因此,这一运动亦称农业集体化运动。①

高级社是农业合作化运动发展到高级阶段的产物,是以生产资料集体所有为基础的社会主义集体经济组织。国家为什么还要建立人民公社体制呢?张乐天认为,高级社制度从一开始就存在着国家政权

---

① "农业合作化运动",http://news.xinhuanet.com/ziliao/2003-01/20/content_697957.htm。

所不能容忍的缺陷。"其一,高级社允许农民自由退社,尽管政府总想方设法阻止退社的农民,但是,政治力量只有与体制相匹配,才能长时期地发生作用。高级社从一开始就宣布了自愿的原则,这妨碍了政治力量的长期有效,也妨碍了高级社的巩固。这当然与政府的理想目标相背离。其二,高级社接受乡政府的领导,但从经济体制角度看,乡政府既没有产权,也不是社的上级。体制的不顺有碍于乡政府的领导,而从社这个权力缓冲层看,时间一长,它也可能产生更大的离心倾向,这些都会妨碍作为社会主义标志的计划经济的实施。"① 此外,高级社还允许农民在不妨碍合作社生产的条件下,经营家庭副业。由此可知,高级社存在缺陷,不利于建立社会主义计划经济体制。

在高级社建立以后,国家发起人民公社化运动。1958 年 8 月中共中央政治局在北戴河召开扩大会议,会议通过了《中共中央关于在农村建立人民公社问题的决议》(简称《决议》)。《决议》下达后,全国迅速形成了人民公社化运动的热潮。到 10 月底,全国农村基本上实现了人民公社化。②

人民公社化运动是在"大跃进"的背景下开始的。"大跃进"以实现工农业生产高指标为目标,要求工农业主要产品的产量成倍、几倍,甚至几十倍的增长。在这种背景下,人民公社初期的发展出现了一些问题:出现了急于向共产主义过渡的情况,刮起了"一平二调三收款"的"共产风";同时,公社规模也过大。这损害了广大农民的利益,引起人们的不满,导致 1959 年至 1961 年粮食产量大幅度下降。

随后国家对人民公社制度进行了多次调整,截至 1962 年底人民公社制度基本定型。从 1962 年 9 月 27 日中国共产党第八届中央委员会第十次全体会议通过的《农村人民公社工作条例修正草案》即《农业六十条》中,我们可知人民公社制度的主要内容。

农村人民公社是政社合一的组织,是我国社会主义社会在农村的基层单位,又是我国社会主义政权在农村中的基层单位。农村人民公社一般分为公社、生产大队和生产队三级。以生产大队的集体所有制

---

① 张乐天:《告别理想——人民公社制度研究》,上海人民出版社 2005 年版,第 56—57 页。

② "农村人民公社化运动",http://news.xinhuanet.com/ziliao/2003-01/20/content_698143.htm。

为基础的三级集体所有制,是人民公社的根本制度。亦称"三级所有,队为基础"。公社在经济上,是各生产大队的联合组织。生产大队是基本核算单位。生产队是直接组织生产和组织集体福利事业的单位。人民公社的管理机构是公社管理委员会,在行政上,相当于原来的乡政府,受县人民委员会的领导。在管理生产建设、财政贸易、民政、文教卫生、治安、民兵和调解民事纠纷等项工作方面行使职权。

人民公社制度是全新的政权组织方式,它的重要功能是使农村社会置于国家权力的高度控制之中。首先,人民公社控制了农村的土地和其他生产资料,将高级社时期分散于农业生产合作社这一社会主义集体经济组织的经济权力高度集中到国家手中。其次,人民公社极大扩展了农村基层政权的职能。人民公社不仅有政治统治的职能,还有组织生产的职能。最后,人民公社实行科层制和标准化管理。公社内部分公社、大队、小队三级并实现命令—服从式治理。"在人民公社体制下,政权组织的权力集中和渗透能力都达到了从未有过的程度,国家终于将离散的乡土社会高度整合到政权体系中来。"①

人民公社制度在实际运行中存在许多问题,主要是激励机制不足,以及国家从农村汲取的资源过多。

激励机制不足是农村人民公社面临的首要问题。从农村的实际出发,我认为粮食产量是衡量人民公社治理绩效的最好指标。1959年至1961年,我国粮食产量大幅下滑;1962年至1978年,我国粮食产量一直处于缓慢增长的态势。1962年中央政府对农业和农村政策进行了调整,粮食产量缓慢增长。由于人口在增长,粮食产量的增长并没有给农民生活带来显著的提高,农民仍然长期处于贫困之中,不能解决温饱问题。林毅夫认为:"由于农业生产中要实行有效的监督的成本是极其高昂的,一个农业合作社的成功无疑取决于合作社成员所达成的一个自我约束的默契。然而,只有当合作社成员在其他成员不遵守协议时有权退出,这种自我实施的合约才能维持。"②在合作化运动的初始阶段,农民退出农业合作社的权利一般得到了较好的尊重。这

---

① 徐勇:《政权下乡——现代国家对乡土社会的整合》,载《贵州社会科学》2005年第11期。
② 林毅夫:《制度、技术与中国农业发展》,上海三联书店、上海人民出版社2008年版,第23页。

样,自我实施的合约在大多数合作社还能维持,且整个农业的绩效也随之增进了。然而,在建立人民公社制度后,农民没有退出农业合作社的自由,合作化运动从一种自愿的运动转变成一个强制性的运动。这导致了合作社中某些成员可能会利用合作社中的低监督,来逃避他们在自我实施合约中所约定的责任,也引起了其他辛勤工作成员的不满,因此导致了合作社的农业生产长期处于缓慢增长的态势。

此外,国家还制定了一系列的政策从农村汲取资源。国家通过对粮食、棉花、油料、副食等农产品实施统购统销政策,征收农业税,销售工业产品等方式来提取农村的资金和资源。"据雷锡易等人测算,从1952年到1978年,中国农业通过'剪刀差'方式向工业转移的剩余为6320亿元,加上农业税共达7264亿元。扣除国家给农业的发展、建设等方面的资金1730亿元,农业实际向工业净提供资金5534亿元,平均每年205亿元。"[①]这一系列的政策安排,使得国家从农村汲取了大量的资金和资源,加剧了农村经济发展的困难和农民的贫困。

在人民公社体制下,农村经济和社会发展缓慢,大多数农民处于贫困之中,无法解决温饱。在这种条件下,如何维持人民公社的存在,是一个至关重要的问题。为此,国家政权加强了在农村的意识形态宣传和教育。

国家政权的意识形态宣传和教育非常讲究策略。第一,描绘未来社会的美好蓝图,给农民以希望。人民公社成立初期,国家向农民描绘了一幅社会主义新农村的美好图景:楼上楼下,电灯电话,良好的物质条件,平等和谐的社会,幸福美好的生活。此外,共产主义社会也得到了广泛的宣传:共产主义社会没有阶级差别和重大社会差别,物质财富极大丰富,实行按需分配。通过给农民以美好的愿景,使得人民公社制度得以维持和运转。

第二,将经济发展中存在的问题归咎于农民的私心。当时,农村中流传着一些批判私心的语言,如"脑子里有私心,革命工作不起劲;脑子里有私心,集体生产无干劲"。"斗私批修"有助于遏制公社干部贪污腐化和公社社员偷窃公社财物等不法行为,维护人民公社的

---

① 李茂岚:《中国农民负担问题研究》,山西经济出版社1996年版,第136页。

运行。

第三,群众运动。人民公社时期,国家政权在农村发动了许多次群众运动,直接面向农村的有人民公社化运动、农村农具改良运动、农村社会主义和共产主义教育运动、整风整社运动、学习雷锋运动、四清运动、"文化大革命"等。这些运动或者出于经济目的,或者出于政治目的,或者出于意识形态目的。在群众运动中,社会主义意识形态得到了广泛的应用和传播。群众运动和意识形态宣传教育紧密结合,既强化了意识形态的宣传,又培养了高度政治化的农民。

通过以上意识形态宣传和教育,国家将人民公社体制运行中出现的问题,归咎于农民的自私自利、干部的贪污腐败、自然灾害等,这就减轻了国家政权的压力,维持了人民公社体制的运行。可以发现,在农业合作化与人民公社化时期,国家政权依据社会主义意识形态对农村进行改造,试图实现国家预定的目标。但结果是,政府绩效很低,人民公社体制难以得到农民的长久支持和认同。因此,通过推行一系列的群众运动和加强意识形态宣传与教育,以规范农民行为,维持人民公社体制。总之,这一时期国家政权的政治合法性,主要以理念即意识形态为基础。

3. 改革开放新时期以政府绩效为主(1982年至今)

1978年党的十一届三中全会召开,我国开始进入改革开放的新时期。农村地区实施了包括经济体制改革和政治体制改革在内的全面改革。

(1)经济体制改革。

十一届三中全会后,中共中央发布了关于农村经济体制改革的五个"中央一号文件"。从中我们可以梳理出农村经济体制改革的轨迹。

第一,肯定农业生产责任制。1982年1月1日,中共中央批转《全国农村工作会议纪要》,即改革开放以来中共中央发布的第一个"中央一号文件"。《全国农村工作会议纪要》首次肯定了农业生产责任制的合理性。农业生产责任制有多种形式,家庭联产承包责任制(又名"包产到户")是其主要形式。另外,《全国农村工作会议纪要》指出,"我国农业必须坚持社会主义集体化的道路,土地等基本生产资料公有制是长期不变的,集体经济要建立生产责任制也是长期不变的"。文件宣告了中共中央同意在保持土地集体所有的前提下,推行农业生产责任制并且长期保持不变。农业生产责任制赋予农民以经营权和产品处置权,极大地推动了农业的发展。

第二,活跃农村商品流通。随着农产品产量的迅速增长,农村经济体制改革由生产领域转向流通领域。1983 年 1 月 2 日,中共中央发布了《关于印发〈当前农村经济政策的若干问题〉的通知》。这是第二个"中央一号文件"。文件认为,"联产承包责任制的发展,打破了我国农业生产长期停滞不前的局面,促进农业从自给半自给经济向着较大规模的商品生产转化,从传统农业向着现代农业转化"。文件要求,坚持计划经济为主,市场调节为辅的方针,调整统购统销政策,改革国营商业体制,放手发展合作商业,适当发展个体商业,搞活商品流通,促进商品生产的发展,力争实现以国营商业为主导,多种商业经济形式并存的格局。在"中央一号文件"的指导下,国家放活了农村工商业。

第三,梳理流通渠道,发展商品生产。1984 年 1 月 1 日发布的《中共中央关于一九八四年农村工作的通知》指出:"今年的工作重点是在稳定和完善生产责任制的基础上,提高生产力水平,梳理流通渠道,发展商品生产。"文件允许农民和集体的资金自由地或有组织地流动,鼓励农民投资入股;允许农民自带口粮,进城务工、经商、办服务业,到集镇落户(集镇指试点的集镇);对农村雇工问题进行了规定。这些规定有利于梳理资金、劳动力等生产要素流通渠道,极大地促进了商品生产,无疑促进了农村市场的发育。对于 1984 年"中央一号文件"的作用,杜润生认为,"如果说,前两个'一号文件'着力解决的是农业和农村工商业微观经营主体问题,那么,1984 年的'一号文件'要解决的就是发育市场机制宏观问题"①。

第四,改革农产品统派购制度。1981 年召开的全国农村工作会议提出,在农副产品的购销中实行合同制,通过合同把国家计划和农民生产协调起来。1983 年和 1984 年,中央逐步调整农副产品购销的政

---

① 杜润生:《杜润生自述:中国农村体制变革重大决策纪实》,人民出版社 2005 年版,第 140 页。

策,逐步减少农副产品统购的品种和数量。1985年1月1日发布的《中共中央、国务院关于进一步活跃农村经济的十项政策》,即第四个"中央一号文件"要求改革农产品统购派购制度。从当年起,除个别品种外,国家不再向农民下达农产品统购派购任务,按照不同情况,分别实行合同定购和市场收购。随后,农副产品市场逐步发展,集市贸易日益兴旺,批发市场逐步形成,开创了农副产品多渠道流通的格局。

第五,增加农业投入。1986年1月1日发布的"中央一号文件",即《中共中央、国务院关于一九八六年农村工作的部署》,要求改善农业生产条件,组织产前产后服务。文件强调了农业在国民经济中的基础地位,决定保持工业与农业的均衡发展。从"七五"计划开始,国家通过多种途径适当地增加对农业的投资,同时发展农业科技,增加科技投入。文件认为既要坚持共同富裕,同时又应允许一部分人、一部分地区先富起来。

第六,发展乡镇企业。1984年,《关于开创社队企业新局面的报告》将社队企业、部分社员联营的合作企业、其他形式的合作工业和个体企业,正式改称为乡镇企业。企业在组织生产、产品销售等方面获得国家政策的支持,拥有了更大的自主权。乡镇企业异军突起,成为农村经济发展新的增长点。

20世纪80年代的农村经济体制改革,奠定了以后我国农村经济发展的基本框架。在此基础上,农村经济体制改革继续进行。目前,我国农村早已成功地由计划经济转向市场经济,农、林、牧、副、渔全面发展,农工商综合经营,居民收入和生活水平显著提高。绝大多数地区的农民摆脱了贫困,解决了温饱问题,不少地区已进入小康社会。

(2) 政治体制改革与治理变革。

家庭联产承包责任制的推广,使人民公社制度不合时宜。1983年10月12日中共中央、国务院发布了《关于实行政社分开建立乡政府的通知》,我国正式废除人民公社体制。在农村恢复乡(镇)政府,建立村民委员会,确立了"乡政村治"的治理体制。乡(镇)政府遵循《中华人民共和国地方各级人民代表大会和地方各级人民政府组织法》的规定,行使职权,领导本乡的经济、文化和各项社会建设,做好公安、民政、司法、文教卫生、计划生育等工作,并执行上级政府和本级人民代表大会的决议和命令。与人民公社相比,乡(镇)政府的职权受到了较大的削弱,尤其是管理经济和社会事务的职权。

另一重大举措即是在村庄成立村民委员会,实行基层群众自治。在各地区实践的基础上,1987年11月,全国人大常委会通过了《中华人民共和国村民委员会组织法(试行)》,随后经过多次修订。该法对村民委员会的组成、职责、选举、村民会议和村民代表会议等事项进行了明确的规定,奠定了农村基层自治的制度框架。从法律和制度上看,村民委员会只是农村基层自治组织,不是乡镇政权的一部分。它的职责是"办理本村的公共事务和公益事业,调解民间纠纷,协助维护社会治安,向人民政府反映村民的意见、要求和提出建议"①。村民自治及村民委员会,作为国家对农村基层最重要的制度设计,在具体的运行中,虽然取得了一定的成就,但与预期的目标仍存在较大的差距。正如有学者所讲的:"从外部形态上看,农村基层组织已经完成了转变,但是,从实际运行看,旧机制仍然在发挥重要作用,在有些方面甚至居于主导地位。"②我的相关研究也证明,近年来我国农村地区的各项村民群体性活动,多存在难以产出结果的尴尬。③

从制度和规则的角度看,该时期国家政权在农村地区的相应安排仍处于初级阶段,不仅远没有达到国家预期的目标,也不足以支撑我国各地农村地区的优良治理。20世纪90年代中后期至21世纪初,"三农"危机的全面爆发就充分证明了这一点。

具体而言,1978年以后的中国乡村治理可以划分为如下几个时期:

第一阶段,变革与开启(1978—1989)。在这一阶段,乡村治理问题主要体现为乡村基层管理体制的变革。分田到户的联产承包责任制,解决了农业生产的激励问题,并放活了乡村社会。20世纪80年代初期,部分农村地区开始试行的村民自治,解决了国家权力撤离至乡镇后基层治理的体制问题。当时中国政治体制改革的核心关注点在

---

① "村民委员会组织法",http://www.gov.cn/flfg/2010-10/28/content_1732986.htm.
② 徐勇、徐增阳:《乡土民主的成长——村民自治20年研究集萃》,华中师范大学出版社2007年版,第460页。
③ 刘伟:《难以产出的村落政治——对村民群体性活动的中观透视》,中国社会科学出版社2009年版。

中央和全国层面,诸如克服官僚主义、调整党政关系等问题。县级及县级以下的中国基层政权变革是后来才被纳入改革视野的。立足于乡村看,中国乡村政治之变的事实在于,原有的人民公社体制解体,我国农村陆续建立乡镇和村民委员会,"乡政村治"的基本框架初步搭建。到1987年底,国家决定全面试行村民自治。

第二阶段,深化与建构(1989—1998)。这一阶段,就乡村政治实践看,最重要的方面就是,县乡体制改革全面回缩,在乡村政治行政化的同时,村民自治得到了稳步推进。当时的政治背景是,国家反思并终止了80年代国家层面和直指核心政治问题的"政治体制改革",自上而下的政治体制改革尝试基本上被叫停。乡镇及乡镇以上层次的地方政治改革基本上难觅踪影。机缘巧合的是,村民自治本身的重要性在这种独特的时代背景下得到凸现,村民自治在全国各地农村不断深化。值得一提的是,1994年的分税制改革使得国家财政进一步集权化,正是从那时起,农民负担急剧增长并成为危及政权合法性的一大挑战。[①] 20世纪90年代中后期至21世纪初,因为农民负担引发的这一挑战日益严峻,最终迫使中央政府及时推出农村税费改革。

第三阶段,困局与拓展(1998—2005)。这一阶段的乡村政治问题是,从法律上,村民自治正式强化,权力正式推动的村民自治实践继续拓展,但由于城乡二元结构基础上的市场化和城市化不断深入,引致乡村衰变与税费冲突交织,乡村秩序出现危机,乡村呈现治理困局,"三农问题"集中爆发。特别是农村的干群矛盾异常严峻,中央政府试图全面推进村民自治建设,以消解乡村社会存在的矛盾,从而实现政治稳定和乡村可持续发展,但乡村社会基础的根本变化使得国家的诸多政策收效甚微。

第四阶段,常态与衰变(2006—2012)。这一阶段,中国乡村政治出现的新问题是,伴随着2006年农业税的取消,国家不再向农村提取税费资源,由此使乡村政权也无法附带强行收取相关费用,乡村的干

[①] Mingxing Liu, Zhigang Xu, Fubing Su, Ran Tao, "Rural Tax Reform and the Extractive Capacity of Local State in China," *China Economic Review*, vol. 23, no. 1, 2012, pp. 190—203.

群矛盾得到大幅度缓解。①与此同时,中央和省政府对农业的补贴力度大大增强。①而随着国家实施的"新农村建设"举措的日益深入,农村的基础设施(道路、桥梁、通信、网络等)建设得到普遍改善。而国家在乡村政治的制度安排上沿袭村民自治,除部分地区的改革尝试之外,全国范围内并无大幅度乡村政治改革举措,乡村社会日趋常态化,乡村治理也日趋常态化。如果要在这一时期追问乡村政治的"棘手难题",那可能就是社会治安综合治理问题。这其中的原因在于,虽然国家减少了对乡村的提取并加大了对乡村的供给,国家的制度安排和政策也日益稳定,但村落社会的解体和乡村社会的衰变趋势难以阻挡,乡村秩序的基础面临着来自社会转型的根本性冲击。

(3)意识形态宣传和教育。

改革开放以来,执政党通过不断变换官方话语框架,重塑了执政党和国家的意识形态,并延续和扩充了执政党和政府的政治合法性。②政府在以经济建设为中心的同时,并未忽视对农民的社会主义意识形态宣传和教育。因废除了人民公社,国家再也无力大规模组织农民学

---

① 2009年国家就对农业实施了"四项补贴"。其一,在良种补贴方面。(1)补贴范围:水稻、小麦、玉米、棉花在全国31个省(区、市)实行良种补贴全覆盖;大豆在辽宁、吉林、黑龙江、内蒙古等4个省(区)实行良种补贴全覆盖。(2)补贴对象:对生产中使用农作物良种的农民(含农场职工)给予补贴。(3)补贴标准:2009年良种补贴的执行标准为早稻10元/亩;中晚稻、棉花15元/亩;小麦、玉米、大豆10元/亩。其二,农机具补贴方面。如湖北省2009年农业机械购置补贴机具的种类有:耕整地机械类、种植施肥机械类、田间管理机械类、收获机械类、收获后处理机械类、农产品初加工机械类、排灌机械类、畜牧水产养殖机械类、动力机械类、农田基本建设机械类、农业设备备及其他相关机械类。补贴标准:单机补贴额最高不超过5万元,可将100马力以上大型拖拉机、高性能青饲料收割机、大型免耕播种机、挤奶机械补贴限额提高到12万元。继续在血防疫区实施"以机代牛"工程,对血防综合治理重点县农民购置农田作业机具给予50%的补贴。对购置手扶式水稻插秧机,在使用中央资金补贴的基础上,省级财政安排专项资金给予累加补贴,每台补贴额为1000元。各市、州、县财政配套安排的购机补贴资金由当地自行确定。其三,粮食直补和农资综合直补方面。如湖北省2009年继续对种粮农民实行粮食直补和农资综合直补,按各县(市、区)确定的补贴品种和2008年核定的种植面积以及全县(市、区)统一的补贴标准计算分解到种粮农户,补贴资金由各县(市、区)财政局通过委托代发的县级金融机构向农民兑付,于4月30日以前将补贴资金一次性存入农户"一折通"。5月1日以后,农民可持"一折通"、本人身份证或户口簿到附近的代发金融机构查询和领取补贴资金。11月底以前,各乡(镇)人民政府要组织人员对农户2009年的粮食种植面积和品种进行核实,并以村(组)为单位进行张榜公示。核实后的粮食种植面积,将作为2010年"粮食两补"的依据。从上述要求和规定可见,近年来政府对农业的投入力度之大。

② 〔德〕玛利亚·邦德、桑德拉·希普:《意识形态变迁与中共的合法性:以官方话语框架为视角》(周成成、张广译),载《国外理论动态》2013年第8期。

习社会主义意识形态,电视和学校就成为国家宣传社会主义意识形态的主阵地。

电视是农村居民了解外部世界的主要媒介。以中央电视台为例,其《新闻联播》是农民喜欢收看的节目。《新闻联播》主要报道领导人活动、经济和社会发展动态、政府救灾活动等时政新闻。关于国内的报道,有助于塑造为人民服务的领导人形象和政府形象,也有助于引导农民认同社会主义制度和党的领导。在我国,电视台属于事业单位,受到政府的有效管控。国家新闻出版广电总局及其下属相关司局的主要职责,就是把握正确的舆论导向和创作导向。通过这些机构,政府既可以确保社会主义意识形态在广播电影电视中占据主导地位,又可以加强对农民的社会主义意识形态宣传和教育。陆益龙针对农民的社会学调查也发现,就综合评价而言,农民最信任或者说最具权威性的信息渠道是中央级媒体,其次是政府发布的信息,然后依次是知识权威、法律机构的权威和民间小道消息。[1] 而且,从认同的一致性上看,媒体权威具有相对较高的一致性。也就是说,媒体权威在诸多方面都得到农民高度一致的认可。媒体权威之所以得到农民的高度认同和信任,与农民对媒体的熟悉程度、媒体的传播方式和内容,以及农民获取信息的渠道等方面有着一定关系。[2]

在中小学教育方面,农村地区的中学和小学,也是进行社会主义意识形态宣传和教育的主要渠道。政府通过设置思想品德课,对中小学学生进行宣传和教育。从教育部颁布的《义务教育思想品德课程标准(2011年版)》中可以看出,政府设置该课程的主要目的是进行社会主义意识形态宣传和教育。如课程性质中的思想性规定,"以社会主义核心价值体系为导向,深入贯彻科学发展观,根据学生身心发展特点,分阶段分层次对初中学生进行爱祖国、爱人民、爱劳动、爱科学、爱社会主义的教育";如课程目标中的情感、态度和价值观部分,要求本课程引导和帮助学生达到"热爱集体、热爱祖国、热爱人民、热爱社会主义"等要求。

---

[1] 陆益龙:《农民中国——后乡土社会与新农村建设》,中国人民大学出版社2010年版,第226页。
[2] 同上书,第227页。

电视和中小学教育为农民提供了政治知识和信息,促使他们形成对社会主义意识形态的认知。但是,意识形态不仅需要学习和理解,更需要由社会实践来检验。广大农民在实践中,尤其是在与国家机构和公务员接触的过程中,其经验很大程度上影响了他们对社会主义意识形态的看法。国家机构和公务员在工作中存在的问题,如官僚主义作风和贪污腐败,极大地削弱了社会主义意识形态宣传和教育的效果。

(4)及时进行的政策调整。

20世纪90年代以来,中央出台了一系列涉农政策。诸如新农村建设、税费改革、取消农业税、种粮相关补贴、农村免费义务教育和"新农合"等。特别值得一提的是新农村建设和取消农业税。

新农村建设方面,中央对社会主义新农村建设的思路越来越明晰,对新农村建设内容的规定越来越具体。2003年十六届三中全会通过的《中共中央关于完善社会主义市场经济体制若干问题的决定》中出现"农村专业合作组织"。2004年的"一号文件"开始提出"农村社区建设"。2005年的"一号文件"鼓励农村发展现代物流、连锁经营、电子商务等新型业态和流通方式。2006年中央"一号文件"提出完善建设社会主义新农村的乡村治理机制。2007年中央"一号文件"年提出加快发展农村清洁能源,加快农业信息化建设。2008年中央"一号文件"提出积极发展农民专业合作社和农村服务组织。2010年中央"一号文件"提出加强农村水电路气房(水利水电、电信网络、公路、沼气、房屋)建设。中央对新农村建设的规划更加具体和全面,科技因素的投入、社会力量的加入使新农村建设变得更具实现性和保证性。

另外,中央于2006年全面取消农业税。中央的意图是,通过取消农业税,切实减轻农民负担,进而缓和基层干群关系,促进乡村地区的社会稳定,并保证国家的粮食安全。国内有学者就统计出,2002年全国征收的农业税为422亿元,2003年为338亿元,但每年各种附加的杂费("三提五统")则约有2000亿元,附加杂费是农业税的5倍。这就意味着,取消农业税使这些杂费也连带取消了,农民负担得到切实减轻。① 官方统计发现,与农村税费改革前的1999年相比,因为取消

---

① 王云芳:《我国取消农业税制的效应分析》,载《农业与技术》2005年第6期。

农业税,中国农民每年减负总额超过 1000 亿元,人均减负 120 元左右。① 有研究运用 31 省(自治区或直辖市)2000—2007 年的相关社会经济数据,对取消农业税的政策效果进行了实证分析,并运用面板数据估算取消农业税对农民人均纯收入的影响大小。结果发现,取消农业税促进了农民人均纯收入 2% 的增长。②

基于以上分析,可知政府绩效即改革开放以来农村居民收入的增长和生活水平的提高,是国家政权在农村地区获得政治合法性的主要来源。与政府绩效相比,制度和规则、理念基础即意识形态所获取的合法性,都不足以支持国家政权在农村的优良治理。

从以上论述中我们可以看出,建国以来我国农村政治合法性基础的变迁轨迹是:建国初期以政府绩效为主,农业合作化和人民公社化时期以意识形态为主,改革开放时期又转换到以政府绩效为主。分析农村政治合法性变迁的轨迹,我们可以得出一些结论。第一,对于农村和农民来说,政府绩效,特别是经济发展状况,是国家政权获取政治合法性的最重要因素。无论是意识形态,抑或是制度和规则,要想长期有效地作用于农村以获取政治合法性,必须有足够的政府绩效作为基础。第二,要重视农民在农村政治合法性中的作用。国家政权是政治合法性建构的主体,农民是建构政治合法性的客体。在农村构建政治合法性必须要从农村的实际情况出发,聆听农民的意见,照顾和维护农民的利益。无视或侵犯农民的利益,单方面地从国家政权出发,不仅不会使政府获得合法性,相反会增加国家政权获取合法性的代价。第三,至今为止,制度和规则在我国农村政治合法性建构中的作用都不够充分。人民公社制度的设计和安排,使得农村经济长期停滞不前。"乡政村治"治理体制的效果与国家的预期目标仍存在较大差距。因此,今后加强和改善制度与规则建设,将成为国家政权在农村建构政治合法性的增长点。这一点不仅是值得追求的,而且关系到我国农村地区的长治久安。③

---

① 参见"取消农业税",http://www.gov.cn/test/2006-03/06/content_219801.htm。
② 蔡金阳、张同龙:《取消农业税对农民收入影响的实证研究》,载《农业科学与技术》(英文版)2012 年第 3 期。
③ 本章的部分内容参见刘伟、黄炎:《论建国以来我国农村政治合法性基础的变迁》,载《中共杭州市委党校学报》2013 年第 4 期。收入本书时,我作了进一步的修改。

第二章

治理转型背景下的农民政治心理(上)

自2009年7月至2012年7月期间,我分别组织了五次中度规模的村民访谈。后文对农民政治心理的分析,主要依据的就是这些访谈材料。在众多访谈员提交各自的访谈材料之后,我剔除了其中十余份没有多大分析价值的材料,保留了进入本研究的访谈材料共计216份。换言之,我们深入访谈了216位农民。其中,受访农民所在地包括:湖北、河南、福建、贵州、辽宁、江西、湖南、山西、四川、重庆、江苏、安徽、甘肃、山东等14个省(直辖市)。地域涵盖了东北、西北、西部、西南、东南、东部和中部。地理状况涵盖了平原、丘陵和山区。有偏远的农村,也有城郊正在经历城镇化的农村。有经济比较发达的农村,更多的是比较落后和发展一般的普通农村。

受访的农民以男性居多,但也有不少女性。受访的农民以中老年为主,这主要是考虑到本研究要求被访者经历过比较多乡村政策和治理的变迁,但也有少量年轻打工者得到了访谈。受访者的身份以普通农民居多,但也涵盖了为数不少的党员、村干部和乡村教师等乡村精英。受访者的文化水平从文盲、小学、初中、高中到大专,其中以小学和初中居多,这也比较符合我国农民的文化水平现状。受访者的经济状况从贫穷到富裕,但经济状况一般者居多。受访者的基本情况如表2.1所示。

表2.1 受访者基本情况

变量名	变量值	分布
性别	男	168(77.8%)
	女	48(22.2%)

(续表)

变量名	变量值	分布
文化程度	文盲	19(8.8%)
	小学	104(48.1%)
	初中	65(30.1%)
	高中	28(13.0%)
地区	东部	51(23.6%)
	中部	141(65.3%)
	西部	24(11.1%)
是否党员或干部	是	84(38.9%)
	否	132(61.1%)
自评经济地位	中下	20(9.3%)
	中等	155(71.8%)
	中上	41(19.0%)
出生年	1949年以前	81(37.5%)
	1949—1976年	127(58.8%)
	1976年以后	8(3.7%)

依据这一范围更广、对象更为全面的实证调查,我们可以更为可靠地总结出近年来我国农民政治心理的总体状况。进一步讲,虽然访谈材料使我们难以从事精确的相关性分析,但却可以从中发现农民政治心理存在的主要面向。

虽然对少数受访者来说,农村政策和治理的变迁带来的心态变化可能没有那么明显[①],但从总体上看,农村政策的调整和乡村治理的变化,对农民心理(包括政治心理)的影响还是显见的。特别是经济相对发达的地区,从改革开放中获益的受访者,在此方面表现得更鲜明。

---

① 如一位访谈员对访谈对象的感受就是:"在国家不断调整农村政策的过程中,她觉得自己及周围的人并没有发生多少心态上的改变,国家政策也只是带来了农民一定的负担减轻,更多的人还在为自己过上较好的生活而奔波。他们钟情于生活,因为生活代表了他们大多数的一切。"(访谈编号:20110827)

多位受访者就明确地谈到农村政策调整过程中自己心态的变化,这类说法很有代表性:

现在感觉地位提高了,生活也好了嘛,也可以用自己的钱盖楼啥的。原来有个工厂里的回来了,人们都说"看看人家那工人回来啦!"现在压根就不会再这么羡慕了。城里人有车,咱自己也买了车。你看那前邻舍家的车比那城里的普通车还好嘞。所以现在就没有老百姓觉得谁低等了,原来还老觉得好像比人家做工人的地位低啥的,现在谁还这么觉得?现在村里种地啥的挣钱也不少,还有好些转了城市户口的又想转回来的,人家村里还不要,嘿嘿。还有现在很多上城里投楼的,不挣了更多钱了?现在在村里只要有些经济头脑,会转弯儿的,都挣钱了。你看人家还有好些村一征地都成了社区,那村里人和城里人都平等了。现在就是说有区别也只是在这个文化水平上还有差别。①

农民身份就是土地没承包以前忍饥挨饿老百姓活该!谁让你是个老百姓啊!后来就觉得我是个老百姓又怎么样,我是个老百姓就应该忍饥挨饿吗?公民的身份也就是和老农民一个样儿原来。公民啥权利啊,原来吃不饱穿不暖。现在有改变了,民主是比以前好多了,言论自由啊现在,也没有去管你的。原来你吃不饱要是说了一样犯错误啊,现在如果这块儿做得不好,你骂也没有管你的啊。这就是公民最大的民主了。②

那个时候好像干活儿不着急,责任都由集体承担了,不那么操心。现在呢,自己操心些。田地没种好,没有哪个给你,没有集体那种靠山。自己没有搞好,自己生活就差了。③

那时小,不懂事。上学不学习,感觉不好,每天都参加劳动。后来分地了,自己的地自己干,自由了。愿意干点啥就干啥。现在以种地为主,干点买卖。干着有动力。现在心态很好,不种地很清心。④

---

① 访谈编号:20110838
② 访谈编号:20110839
③ 访谈编号:20120201
④ 访谈编号:20120703

由于本研究偏重从农民的表述话语中挖掘农民的政治心理诸方面,基于访谈材料,较难对农民政治心理诸方面的权重(即农民政治偏好的强度)做出科学精确的呈现。因此,对农民政治心理诸方面的研究,更多考虑的是政治心理诸方面在农民群体中的大致分布和逻辑。做出的判断部分来自访谈材料,部分来自我长期以来研究农村和农民问题时对农民的总体印象。

一、政治认知

1. 对"政治"的认知

政治认知是个体政治态度形成的基础。从理论上讲,自从人类创造了政治生活,就不存在完全不受政治影响的人。不同的只是,不同时期的政治、不同类型的政治对社会成员的影响程度和影响方式不同,对不同社会成员的影响程度和方式也不同。因此,任何政治体系的不同成员,对政治体系都有或多或少、或深或浅、或科学或不科学、或符合逻辑或无逻辑的认知。帝制时期的农民,生活空间往往局限于当地的乡村社会,又因为"天高皇帝远",国家常设机构只到达县,因此他们对政治和政治人物缺少直观体验的机会,政治知识有限。民谣、民间故事等地方性知识中包含的政治信息,便潜移默化地在不同世代的农民当中传递。近代以来,国家的政治权力不断下沉,农民和乡村或主动或被动地卷入国家的政治生活。农民作为一个社会群体,其"政治人"的色彩由此变得越来越强烈。其心理的方方面面也越来越多地打上了国家和政治的烙印。

基于访谈材料可以发现,农民对国家的想象和理解主要是通过政策和领导人。"国家"作为政治实体,是一个高度抽象的政治学概念。学者自然可以对"国家"做出各式各样的界定,但对普通人特别是农民来说,国家往往更多的与中央政府有关,与中央领导人及其出台的政策有关。在这方面,最近十余年来,随着乡村地区广播电视的普及,《新闻联播》之类的栏目成为塑造农民国家想象的重要途径。很多农民非常热衷于观看《新闻联播》。显然,该栏目国内政治版块的主要内容就是党和国家主要领导人的活动和相关中央政策。

进而可以发现,农民对"政治"的理解,也是非常现实和具体的。他们往往将政治理解为"政策""手段""权谋""权力"或"上面的事""当官的事""城里的事""读书人的事"。这一方面源于中国政治生活长期以来的表现,另一方面也来自普通人中共享的政治观念。

　　当然,将"政治"理解为统治或治理,与执政党、国家政权(权力)或领导人相关的活动,这类受访者是最多的。实际上,这接近于国内主流意识形态对"政治"的主要界定。这说明普通农民保有与官方比较一致的政治观,也说明普通人并不缺乏对"政治"这一名词的某种专业化理解①。即使是在我国政治学学科的相关教科书中,对"政治"一词的专业解释,首当其冲的也往往是这些。

　　　　政治……就是统治阶级、统治者、管理者这些东西,还有服务人民,不过主要还是统治人民群众。②

　　　　政治,以前我干村支书的时候接触最多的就是这个。政治,我觉得就是一个国家生存的基础,每个国家的政治都不一样,就像我们国家是社会主义,其他国家和我们也不一样。③

　　　　政治就是……不要违反国家其他方面的,对公民有利益的就是政治。④

　　　　政治问题是深奥的,政治就是根据权力来的,权力大小决定政治。⑤

　　　　不就像书本里面说的那样么,政治不就是统治阶级的工具么,未必还有其他什么作用?哈哈哈!领导说了才算数,就是这么个问题。今天我当领导,我就是政治,这就是现在的社会。⑥

　　　　政治是啥子?书读得少,我也弄不清楚。政治就是与老百姓有关系……这个政治,我只会说农村的土话,就是不管怎么样,要

---

① 在一份访谈材料中,受访者对政治的理解显得非常"专业"和"抽象":"政治嘛,就是人与人、人与社会的关系。"(访谈编号:20110844)
② 访谈编号:20110822
③ 访谈编号:20110272
④ 访谈编号:20100210
⑤ 访谈编号:20110808
⑥ 访谈编号:20110803

跟着共产党,"紧跟形势不掉队"。①

政治是对国家的统治,是一个阶级统治另一个阶级。②

政治就是全民的领导核心,政治就是上层建筑噻。③

一提到政治,我会想到国家。然后还会想到邓小平,因为他提出的那个"改革开放"的政策。政治是非常有意思的一个东西,它让人感到十分有道理,让人懂得很多东西。④

政治就是管理国家的事。跟国家有关的。⑤

政治是个啥？现在也没有政治了,就是经济了。⑥

谈到政治,我第一个想到的就是政党;如果没有政党,就不会存在这些政治措施了。另外一个的话,政治肯定会牵涉统治者。是不是啦？⑦

我书读得少,对政治理解比较笼统。政治,是一个名词,是当政者的一种手段和方法,只是对当政者而言。政治对经济来说,经济是基础,政治主管一切,没有政治,经济也只能无序发展。⑧

提到政治,我想到的是,我国是法治国家,法治就是依法来治国治家跟治人。但是,现在我国的道德水平在下降,好人是有,但由于现在是市场经济,讲究金钱,这个金钱把人们的道德弄坏了。没有钞票是不行的,但是多了也不行。现在都讲反腐,关键还是在经济上出了问题。还有就是党的作风问题,现在缺少了以前的那种批评与自我批评,缺少交流。批评与自我批评是法宝啊！现在开会,都没有讨论了,仅仅是传达文件……⑨

---

① 访谈编号:20110203
② 访谈编号:20110824
③ 访谈编号:20110229
④ 访谈编号:20110240
⑤ 访谈编号:20110815
⑥ 访谈编号:20110221
⑦ 访谈编号:20110802
⑧ 访谈编号:20110201
⑨ 访谈编号:20110842

政治就是政府,中国共产党领导下的政府。好的政治就是人民过上小康生活,没有腐败没有贪污,政府清廉,官员为老百姓多办好事,人民奋斗有动力,没有乱七八糟的事。糟糕的政治是社会不稳定,……吃不饱,穿不暖,人民没有动力。①

政治,就是政府治理国家。好的政治,当然公平公正的政治才能算是好政治。②

政治就是党领导一切。③

提到政治我就会想到,讲话做事符不符合共产党的政策。好的政治应该就是爱国心。糟糕的政治就是说思想混乱,不统一。④

政就是政权,治就是执法要严。现在的政治要得咯。⑤

对老百姓来说,一提到政治,就是啥呢,就是政府的事情,就是当官的事情,就是政府的事儿,这就是政治。我认为,一考虑到政治首先考虑到的是党,再一个考虑到的是政府,但是真正的政治呢,最主要的基础应该是人民,应该是公民怎么样。⑥

过去"文化大革命"就是运动,政治就是搞运动撒。村的换届选举也是政治撒,党的政策也是政治撒。相信党的政策,维护党的一切,才是好的政治撒。⑦

对政治我想不到哪样,政治我想的就是……关于行政方面,在企业方面就不属于政治嘛,党性属于政治,法律啊这些属于政治方面的说法和解释嘛。⑧

政治就是社会改革,农民富起来了,统治清明了。⑨

---

① 访谈编号:20120703
② 访谈编号:20110238
③ 访谈编号:20110234
④ 访谈编号:20110264
⑤ 访谈编号:20110231
⑥ 访谈编号:20110838
⑦ 访谈编号:20100241
⑧ 访谈编号:20100211
⑨ 访谈编号:20110825

当官管人的？至少该是引导群众向好的方向走的吧，让人不做坏事的。①

政治就是关于国家的事情。说句实在话，中央的政策再好，我看，到农民这里是落实不到的。②

我觉得政治吧，就是上面说了算，农民他不太谈政治。不谈政治吧，就不管这些国家大事，我觉得农民种好自己的地就行了。我就是这个观点。他不参政，他就不问这些政治的事。③

他们对(好或坏)政治的理解，往往从政治之外或非政治的领域出发，比如生活状况和经济状况。这反映了他们思考政治时的经验性、直观性和现实性。

现在的政治好，有人身自由，可以畅所欲言。原来(改革开放前)受束缚，要严守党的政策，不能去外地，现在可以全国通行。以前走集体路线，吃大锅饭，不太自由；现在不仅得到自由，而且在农业方面，有田地，可以种植经济作物，原来亩产三四百斤，现在亩产达到一千多斤，这在以前是不敢想象的。这些都要归功于科学的发展。④

俺知不道啥是政治。好的政治应该是都吃饱了，有钱。⑤

好的政治？能出去打工，老百姓都还自由，就这样。⑥

好的政治就是让老百姓种好地，吃好饭，多休息下，这是最好的政治。⑦

好的政治就是科学发达，像我们农村的话，把乡村搞美丽，讲究卫生，环境清洁，人活得自然舒适。⑧

---

① 访谈编号：20110820
② 访谈编号：20100223
③ 访谈编号：20120210
④ 访谈编号：20100232
⑤ 访谈编号：20120701
⑥ 访谈编号：20110809
⑦ 访谈编号：20120210
⑧ 访谈编号：20110842

> 好的政治就是要有发展,有稳定喽。糟糕的政治,主要还是当官的贪污。①
>
> 好的政治是国富民强,居民生活幸福,差点儿的政治与国富民强相反。②
>
> 提到政治,在村里面来讲,就希望有良好的社会治安和生活环境,各种综合治理都能健健康康地发展。③

在216位受访者的表达中,有150人谈到对"政治"一词的理解。在不同类型的理解中,就有45位将"政治"理解为"政策"或与"政策"直接相关,这也充分说明了政策对普通农民的深刻影响。同时也说明,政策作为政治产品,对普通农民的重要性。

比较有代表性的表述如下:

> 你说的政治和政策是同一回事吧?我们这种快50岁的人,和大的政治沾不上多大边。④
>
> 政治也不就是政策样?⑤
>
> 政治不就是上面要咱做啥,咱就做啥呗。也就是党政这块上面传达的。⑥
>
> 政治两个字我认得,就是共产党的政治,共产党领导下的政策就是政治。⑦
>
> 一谈到政治,我就想到党,党的政策好。⑧
>
> 政治就是给我们指导方向,好比政策下来,它指导我们的方向。⑨

---

① 访谈编号:20110843
② 访谈编号:20120201
③ 访谈编号:20100210
④ 访谈编号:20110233
⑤ 访谈编号:20110809
⑥ 访谈编号:20110220
⑦ 访谈编号:20110213
⑧ 访谈编号:20110217
⑨ 访谈编号:20110806

一提到政治,我就想到政策越改越好,对农民利益越来越大,现在都聚焦"三农"。①

政治噻,现在来讲,这个政治和原来不同。现在的政治、政策来讲,是可以的,政治基本稳定。只有政治比较稳定,社会就这样过下去,是真没有什么可以说的啦。原来的政策,……是忆苦思甜,现在的政策,……奔小康啊,发家致富啊,有权有能力,能挣到钱就是好的。②

政治就是国家的政策。现在的政治好,之前都不行。之前要交粮食,粮食什么的都要限制,啥也不敢干,走资派,资本主义路线。说你走资派就是走资派。改革后改了政策就好了,吃得饱,人也有钱了,包产到户,改革开放,才好了,才翻身。要不是邓小平,生活好不了。③

首先想到国家啊、法规、政策、权利。你说老百姓想到啥,就想到权力斗争,或者政治运动,实际上就是政策法规。④

政治,也就是一个党执政所掌握的那些方针政策啥的,这一方面都属于政治一类的范畴。主要就是执政党所制定的一些方针政策你违反了,这就成了政治性错误。⑤

政治是什么?那要关心政治的人才说得清啊,而且我觉得这个要看你是谁,从哪个角度去反映。从农民的角度来说的话,一般的农民是不会关心政治的,只要党和国家的政策对他们有好处,他们就很满意很欢喜了。我自己首先想到的是,一个国家起码就是和谐啦,能够和平相处,有稳定的政策,还有就是最大的希望是人心安稳咯。⑥

政治就是国家之事啊,是政策。⑦

---

① 访谈编号:20110218
② 访谈编号:20110225
③ 访谈编号:20120702
④ 访谈编号:20110837
⑤ 访谈编号:20110839
⑥ 访谈编号:20110801
⑦ 访谈编号:20110224

我不懂政治这些呀,现在的政策不懂哒。我认为是政策,现在政策好,我们那时读书没得现在这些学得广,现在这些好广嘛,读书这些,懂政治法律的广得很。①

啥子叫政治?按我狭隘的观点来看呢,政治就是一个国家、一个政府制定了方方面面的政策,治理这一个国家,带领这一个国家的人民,指引这一个国家的人民,如何发展,如何前进,如何生存。我理解的政治就是这个样子。……治理这么大一个国家,就要制定各种法律、法规、政策……②

现在政治好噻,像我们这些就是吃社保,一个月就有七八百块钱哒,政策好噻。③

咱对政治的看法,简单地说就是当今社会国泰民安、国强民富,这政策就是好政治。④

政治?国家这几年对老百姓还是不错的,这个首先要肯定的,像电视上总是讲,要为农民服务、着想。⑤

那国家政策是什么,我晓得;什么是政治,我不晓得。⑥

要我来讲呢,政治就是上层建筑。上层建筑必须依靠经济基础。现在产生什么矛盾呢,党的政策是英明,落实到地方,官员层层歪曲了政策。⑦

政治好的话,政策就好,管让老百姓有实惠。⑧

好的政治就是对老百姓有利的政府政策。只要能让老百姓安居乐业,生活条件越来越好,就是好的政治。中国的政策好,这就是好的政治,就是老百姓受益。你看原来看病看不起,孩子上

---

① 访谈编号:20110249
② 访谈编号:20110243
③ 访谈编号:20110247
④ 访谈编号:20110212
⑤ 访谈编号:20110269
⑥ 访谈编号:20100236
⑦ 访谈编号:20110227
⑧ 访谈编号:20110815

学上不起,现在给你老百姓买上医疗保险了,农业税取消了,是吧?你种粮食还有补贴……对大多数人有利的,都得到好处的政治,这不就是好的政治吗?比较糟糕的政治就是仅仅只讲政治,把政治当成一种手段、一种工具,而这种工具、这种手段体现不了广大劳动人民的利益,做让人民不喜欢的事情,就是让大多数人都得不到好处。光说有好处,但是都体会不到。光围着这个权力去搞。①

一谈到政治,我最怕的是运动和政策的改变。好的政治是服从广大劳动人民的利益。毛主席时政治比较好,民风淳朴,就是穷点。②

对于农民来说,政治没有多大的作用。提到政治,农民第一个想到的是,它是从国家的实际出发的,与国家的政策是有联系的。可对农民来说,没多大的意义。为什么说没有多大的意义呢?毛主席时代,农民还学学这政治,在生产队,天天早上还学一段政治这些。可是改革开放以后,慢慢的,这段历史就淡忘了。所以,现在你问这个问题,我第一个联想到的就是从国家的政策实施到如何提高农民的经济收入。问题是,现在的政治实际上和农民的经济利益挂钩了。③

政治就是个路线!④

政治就是钱!政治就是要制定好政策,政策好农民就多捞点钱,钱多了那人生观都还不一样咧!⑤

当然呢,也有将政治理解为意识形态、理论学习或思想政治教育的,如:

政治就是些政治理论、深层的东西。像科学发展观和"三个

---

① 访谈编号:20110838
② 访谈编号:20110215
③ 访谈编号:20110211
④ 访谈编号:20100214
⑤ 访谈编号:20100219

代表"。①

政治就是干部用来教育人,教育老百姓的。②

政治感觉就是空洞的理论,或者政治家,像邓小平那样的,一般人哪当得来。我们村里的头儿,那就是村长了呗。③

政治,按照党员来说就是要勤学习,学习"三个代表",这就是政治,不是说干部就是政治,他们是个屁政治,他们还腐败呢!所谓政治,在过去来说就是学习毛主席语录、毛主席著作。现在来说就是要学习党的政策方针,对不?这就是政治,按照我这点水平讲,这就是政治。④

政治啊,政治就是学习噻,学习法律知识哎。⑤

有的受访者对政治显然还残存着毛泽东时代的政治印记:

政治就是国与国之间的争斗啊那些东西。在国内来说,凡是拿到政治上来说,就是上纲上线,一般来说是敌我矛盾的。政治上不存在好坏,搭上政治就是上纲上线。⑥

平时不合计政治啊,现在我这都淡薄了,不问不问,种地吃饭。现在不谈政治,就钱好使。现在还谈政治那像傻子一样,那是毛泽东时代的事。⑦

你跟我们老农民谈政治!说实话,一提到"政治"这个字眼,我的心里就觉得慌。你要问我好的政治是哪样,我只能够讲能让我们生活安定,心里面觉得舒畅就是好的啊。⑧

政治呀,政治就是运动。我们以前呀,每次运动就是一次政

---

① 访谈编号:20100237
② 访谈编号:20110202
③ 访谈编号:20100230
④ 访谈编号:20110265
⑤ 访谈编号:20110246
⑥ 访谈编号:20110214
⑦ 访谈编号:20100227
⑧ 访谈编号:20100209

治活动,所以在我们心里,政治就是运动。①

　　像政治这些东西,那在以前是严得很,你要说个能话(俏皮话),对国家领导人或是政局有不满勒(了),那绝对是得遭殃啊。现在好多了,这政治也算开放点了。……那时候,那绝对是不能说啥能话勒(了)啊,我记得当时张××在干活时说了一句话:"这老蒋(蒋介石)真赖,走了也叫白馍(面粉做的馒头)带走了。"结果就因为这一句话,被人举报了。人问他为啥说这句话,他说也没有啥别的意思,就是说老蒋一走,吃不上白面了,光吃玉米面馍。那别人就说,你这可是反对毛主席啊,得关禁闭,这一关可不是一两天啊,不让出来,而且成天地批斗,总共批斗勒(了)有一百多场。批斗会上说勒(了)罪名是反对社会主义。实际上人家不就是随便说说,结果就弄成那样了。②

当然,也有认为政治就是阴谋的,是负面的让人厌恶的东西,这与长期以来中国政治的封闭性、残酷性和复杂性有关。

　　我天生喜欢政治。我总认为政治说到底还是阴谋,某些事要通过政治来解决,双方都得保持一定的妥协,你我各让一步,就把这件事情通过政治解决了。但最后能够统治天下的政治,我认为还是阴谋……③

　　听到"政治"二字的时候,第一感觉是不想提。不爱听,感觉都是假的,真实的东西太少了。④

　　政治啊,这个不好说。政治呢,说黑就黑,说白也白,黑也是白,白也是黑。⑤

大部分农民对"政治"有一种陌生感、异己感和被动感。农民往往将自己划定在政治活动之外,同时又受到政治的左右和影响。从农民的表述中,很难看到他们的政治效能感,但又能隐约看到他们

---

① 访谈编号:20110271
② 访谈编号:20110817
③ 访谈编号:20110834
④ 访谈编号:20110821
⑤ 访谈编号:20110242

对政治的兴趣。当然,这种兴趣更多的是好奇心驱动下的"看戏"心理。

> 这个问题太难了,这事情不好说,我说不到,我没见过世面!①

> 政治,我们普通农民是不会懂的,政治是国家的事情。②

> 我们是老实人,这个很难说。③

> 政治?我怎么知道是什么?这是你们读书的人才知道的。真要我说啊!政治就是开会、记录和采访这些事。④

> 政治,我们打工的,没有想过啊,像那种工作在城市的人才会想政治,我不知道什么才是政治。⑤

> 政治不是我们老百姓的事,应该是那些当官的人的事。我不知道什么是政治,(停了一会,想了想)你要说政治哦,我感觉对我们来说就是社会安定,没什么大事,百姓找官员办事可以办得到,这就是政治。要从大的方面来看,就是那些官员管理国家了,就是他们的事了。我们这些老百姓做好自己的事,政治就那些当官的人去做咯。⑥

> 政治?咱不明白啊,咱不能管啊……一提到政治,感觉就像是上层的事儿似的……感觉政治就是和国家大事一样……国家的大事不也是人民的大事嘛。⑦

> 政治?这个与我无关。⑧

> 政治,平常咱也不接触,也不去考虑这些事。可能就是国与国的问题吧。你看看现在的新闻,日本与中国钓鱼岛问题,美国

---

① 访谈编号:20100218
② 访谈编号:20120201
③ 访谈编号:20100231
④ 访谈编号:20110236
⑤ 访谈编号:20100205
⑥ 访谈编号:20100206
⑦ 访谈编号:20110841
⑧ 访谈编号:20100234

鼓动越南、菲律宾等等。①

我一个种田的,搞不清白,种田的农民对政治没得兴趣,管它搞啥,就关心种田就可以哒!②

政治就是领导人的事情,咱这普通老百姓不能随便地说啊。政策就不是平民百姓想的事情,像现在的政策,就应该是胡主席考虑的事情,国家大事咱又不懂。③

政治? 我不关心,关心了也没用。……有钱的可以买,有权力的可以命令你去做任何事情。④

非常突出的一点是,在访谈材料中很难看到农民在谈论政治相关问题时触及政治制度。他们对中国政治制度的认知和理解比较模糊和笼统,说得最多的就是"共产党的领导""共产党说了算",等等。至于我国的人民代表大会制,很少有农民能谈到这一制度。这说明我国农民的政治认知非常有限。从这一点来看,在乡村地区,国家应该通过各种途径加强我国政治机构和政治制度方面的宣传和普及工作。

关于国家未来的政治前景,受访者的思考也比较少。少部分农民则表示出对未来发展的不确定性,绝大部分农民则表示出乐观的期许。关于这一点,后文关于"政治期待"部分将专门讨论。

2. 对"清官"的认知

在中国民众传统的政治思维中,存在着鲜明的道德化倾向,即用"好"与"坏""忠(臣)"与"奸(臣)""清官"与"贪官"这样判然二分的标准对官员进行评价。这种评判一旦形成,就会被不断放大,以至"脸谱化"。中国历史上曾留下不少"清官"的形象。这些清官构成了中国农民的政治理想,甚至可以不夸张地说,期盼清官、推崇清官已经成为世代农民根深蒂固的"情结"。经过中国近代以来的新观念的冲击,

---

① 访谈编号:20120706
② 访谈编号:20100217
③ 访谈编号:20110814
④ 访谈编号:20110205

特别是建国以后社会主义意识形态和政治实践的强烈冲击，以及改革开放以后中国城市化和市场化进程的渗透，农民群体的这样一个"情结"是否发生了一些改变呢？

在我们的访谈材料中，受访者对中国需要清官这一点表现了出奇的一致性倾向。清官至少在价值和理想上得到他们的充分肯定。在农民看来，无论是在历史上还是现实中，清官比贪官都要好得多、强得多，这是显而易见的。农民对清官非常推崇和认可，一方面说明历史上流传下来的清官与贪官的故事深入人心，另一方面则与农民对当前官员普遍腐败的认定和对贪污腐败的憎恨紧密相连。

在本研究的 216 位受访者中，有 185 位在自由表述过程中提到了对清官的看法。其中，173 位明确认为中国需要清官，只有 12 人有不同意见。但进一步深究发现，认为中国需要清官的人当中，又大都同时表达出对中国能否出现清官的怀疑。

> 只有清官才有资格来管老百姓嘛。你看那些贪官把我们这些老百姓整得好苦！①

> 像诸葛亮、包青天当然算是清官了。他们都是诚实的人，实事求是，按法律办事情，是真正的清官，做事情有原则。②

> 包黑子？咋不知道啊，包黑子好啊，爱护老百姓，对秦香莲多好啊。难为包黑子，就是不做官也要杀了陈世美。不贪污。好官一个就够。③

> 包青天大公无私，是忠臣，断案公平合理，不图钱图利。该杀就杀。这种官好。不管什么时候还是这种官好，现在需要这样的官，啥时候也需要这样的官……这是好官。④

> 包青天？大清官哪！清官就是要替我们老百姓说个话，不能只顾自己。没得清官，还哪门子搞，这个社会就不存在哒。现在

---

① 访谈编号：20110244
② 访谈编号：20110842
③ 访谈编号：20120701
④ 访谈编号：20120702

肯定还是蛮需要清官,不管再谁个上台,清官哪门都少不了!①

虽然讲清官不能掌朝也好,但是对于国家的朝政他可以提出好的建议,没得清官国家的朝政不能持续下去。②

像包青天那样的清官,肯定是佩服的,赞成他。我专看这样的电视剧,现在……有清官,那当然是好。③

清官就是不贪不占,能干实事。清官特别需要,贪官光知道谋取利益了,光要政治手段了,不办实事。清官就得到拥护,为百姓着想,以国家利益为重。④

包青天不包庇犯法的坏人,铁面无私,只要是犯法的人他谁都敢杀,皇帝的亲戚犯法也跟老百姓是一样的,这就是作风好。有包青天在,谁还敢贪污受贿,做违法的事!?现在中国需要清官,老百姓要求也不高,只要做官的少出去喝几场酒,少点人情来往,没事多想想咋给老百姓解决问题,咋能让老百姓过上好日子,就行了。⑤

从上面这些代表性的话语中可以看出,农民对清官的理解,主要在三个方面:一是不贪污腐败;二是处事公正,按原则办事;三是能为国家和老百姓着想。清官不仅仅在于清廉,还在于能为民办事。这里蕴含着一定的民本主义和父爱主义政府的深层逻辑。

值得一提的是,对于清官叙事,他们中也有个别人看得比较清楚:"《包青天》是历史剧,都是文人写的,都是为政治服务。现在放《包青天》,迎合的是人们的政治需要。"⑥

问题是,农民觉得国家的治理需要清官,但又觉得现实中很难有清官,这构成了一对矛盾。这种矛盾一方面来自于他们对政治社会现实的了解和判断,另一方面也来自于他们长期以来的心理惯性和我国的主流文化导向。这说明,中国的政治生活在"表达"与"实践"之间

---

① 访谈编号:20100214
② 访谈编号:20100211
③ 访谈编号:20100231
④ 访谈编号:20110837
⑤ 访谈编号:20110262
⑥ 访谈编号:20110201

存在一定的紧张,在应然与实然之间存在较大的鸿沟。这显然已经深深地影响到农民的政治心理结构。

中国的发展与强大要靠清官啊,要是腐败的人多了,这个社会还怎么弄啊!①

靠清官解决问题?问题倒解决得了,恐怕下来的黑官倒多。哪个都想要个清官,都要清官解决问题,解决得好;清官办实事,办好事;问题是清官少。十个里头有几个好的呢?②

中国现在这情况,任何人当官,想当清官的话你就当不成官。为什么呢?有人找你办事,那件事不违背原则也不犯法。他找你办,你不办,给你点好处,你却不接受。之后人家找了你的上级,上级批了,你还把人家得罪了。③

我觉得有那么多的清官故事传下来,只是想让人学习做好人。中国的清官太少,需要清官,但清官难站稳脚跟,别个把你孤立起来,出去做事吃饭不叫你,把你搞下来。④

咱这社会要是有包青天、海瑞当然好了,当官的要都像他俩那倒好了,但现在是不可能的事儿。⑤

干部的问题,换一个清官倒是可以。关键是哪有那么多清官嘛?⑥

现在……不送礼啊就搞不成事,就算是要解决农民的切身利益问题都要送礼。先送礼,再说话,不然他就把你的事不当一回事,理都不理你的。⑦

现在的人当官,一个人正直,别人会把你搞下去。……没

---

① 访谈编号:20110843
② 访谈编号:20110242
③ 访谈编号:20110210
④ 访谈编号:20110213
⑤ 访谈编号:20110221
⑥ 访谈编号:20110244
⑦ 访谈编号:20110217

有用。①

多位村干部对此认识得更为清醒:

> 中国目前不需要特别的清官,和人格格不入了,不符合人情了。就是说,不需要特别特别的清官,也不需要大贪污。清官清得太过分了,就被人孤立起来了,官也做不长。②

> 说到这个清官,我们中国当然是特别需要。但是,现代社会又有几个官能像包青天那样,做官几十年,两袖清风,大公无私?现在的官,事没做成几件,就想着怎么塞满自己的腰包。好多犯法的都是因为后面有当官的撑腰。不然,他们哪里敢那样嚣张!?如果是清官当政,我们中国肯定要比现在先进十多几十年。③

> 清官肯定是好,要上一层直接抓下来才行,但是问题就在于没有清官下来。上层的人到下面巡视,都是下层安排行程,下级肯定把你往好的地方带,欺上瞒下啊。有钱有势力,就可以打赢官司,没钱没势力,有理也变成无理了。无钱无路子,只能放在心里,起诉上法庭就要花钱,有什么办法?要党中央、省里一竿子杀到底,那样人民就会更幸福了。因为下层无人抓,中央拨款,地方上见不了什么,百分之三十的份额都占不上,百姓得不到实惠。百姓无法上诉,没有清官啦,告也告不动他们。群体上告就会受到压制,非要到市级以上去告。没有清官下来,经济实力不够,也没有办法啊。④

农民对于清官的矛盾心态还表现在,一方面他们觉得需要清官,另一方面也看到清官不能解决中国的全部问题。这种看法说明了农民在现实面前对清官问题认识的深化。虽然看到这一点的农民并不是"主流",但其意义不容忽视。代表性的表述有:

> 中国当然特别需要清官。现在在政策好啊,但是落实下来就是不好,那些官员有责任。光有清官是解决不了全部问题的,你要

---

① 访谈编号:20120208
② 访谈编号:20110264
③ 访谈编号:20110241
④ 访谈编号:20100232

我讲具体原因我也说不上来。总之,那么大的一个中国,好多问题不是清官就能解决好的。①

清官需要是挺需要,但是没法发挥最大功效,很多事办不了。②

现在这个社会啊,你说真正的清官好还是好,但是有时候搞不好事情。现在只有为老百姓办实事的才最好。③

中国人多,面积大,管不过来,一个清官顶多能解决他所管辖的地区问题。④

老百姓都崇拜包青天、海瑞他们。他们解决不了中国的问题,现在社会向前发展,靠某一两个人是不可能解决中国腐败问题的……⑤

从总体上看,绝大多数农民都认为中国需要清官,而且期待清官。只是他们从现实中发现清官并不多,反倒是他们所认为的贪官比较多。为什么会出现这种认知?这其中可能有如下几个方面的原因:

其一,中国自古以来就有着非常深厚的清官崇拜的传统。普通民众在一般情况下,都没有参政议政的机会。他们遇到冤屈或不公,难以靠自己或组织性力量解决问题,只能指望清官能秉公替他们做主。同时,官场在普通民众眼里,都是比较黑暗和腐败的。关于历史上那些著名的"清官""青天"传说,几乎是妇孺皆知。所以,他们心底渴望清廉的官员。显然,这种社会心理和思维习惯一直影响到现在农民对相关问题的判断。

其二,现有的各种政治社会化途径中依然充斥着清官话语,未能创造出充足的新政治话语和新政治理念。现在电视节目中流行的古装影视作品,弥漫着清官的说辞,忠臣—奸臣、清官—贪官的二元区分

---

① 访谈编号:20100209
② 访谈编号:20120703
③ 访谈编号:20100241
④ 访谈编号:20110215
⑤ 访谈编号:20110223

随处可见;而党和政府通过各种传媒手段塑造出来的新时期政治人物,如孔繁森、焦裕禄等典型,也多强调他们清廉的一面,这实际上延续着清官的话语系统和表达逻辑。

其三,在现实生活中,也的确有"应验"的实例。不管是通过各种传媒的宣传、转述,还是自己或周边人的经历,只要有普通人通过坚持不懈的努力,终于将自己的冤屈或不公成功地反映给某个领导,后来事情竟然真的得到解决。虽然真正解决的事情并不多,成本也很高,但只要依然不时有或听到成功解决的例子,就会强化农民心目中残存的一线希望,对清官重要性和必要性的认识也会得到强化。农民们相信上访而不相信打官司,就证明了这一点。

其四,强调清官重要,在一定程度上契合了部分农民感受到的政府与民众的关系,与当前中国基层社会民众权利难以得到有效保障的状况一致。正是因为现实官场的不如意,他们才从理想境界出发,用相信终有清官的道德说辞来平衡内心的不满。说到底,这与中国人对政治的道德化想象和道德化思维有关。他们一直将思考的焦点放在当官者的品质上,而没有将制度和规则纳入思考。同时,说出清官这样的话语,不仅在政治上比较安全,而且可以使自己站在一个道德的高地,对现在的官员作出评判和要求。

当然,我们也看到,有部分农民开始识破了清官这一套说辞的虚妄性,不再那么迷信和盲从有关清官的话语;他们看到清官不仅不能解决多少问题,而且现实中产生清官也没有那么容易。这种意识就为权利话语和法治话语累积着一定的社会心理基础。

问:您觉得现在中国需不需要清官?

答:不好讲,我们一个农民知道谁是清官啊。还不是听到别人在外边讲?[1]

中国现在没办法说需要清官,关键是几大领导人和公检法,只要他们清就能行。[2]

一位年轻人的看法就很有代表性,因而值得重视。"在一个健康向上的社会,不需要清官也不会出现清官。在这样的社会,依靠的是

---

[1] 访谈编号:20110229
[2] 访谈编号:20110211

制度和道德标准高的社会成员。只有在制度混乱、缺乏法律的社会,才需要清官。清官不能起作用,个人不能起到决定性的作用。"①

这位年轻人对"清官"的看法明显不同于中老年人,这在转型中国的乡村社会不仅显得非常突出,更体现了一个意味深长的趋向。对"清官"之外的制度因素的强调,说明了该受访者政治认知方面现代性的成长。

3. 对"民主"的认知

自近代"德先生"传入中国以来,知识界对民主表示了情有独钟的关注。甚至直到今日,政治学界在讨论现代政治价值和中国政治发展的目标时,民主同样得到了首要的强调。这一方面是因为中国的民主急需突破,另一方面是因为中国各界在民主问题上仍未取得共识。张明澍在近期出版的《中国人想要什么样民主》一书中,对中国人所要的民主作了一个整体性判断。他认为,中国人想要的民主是:"德治优先于法治,重视实质和内容优先于重视形式和程序,协商优先于表决,解决反腐败和群众监督政府问题优先于保障公民权利和自由,中国人自己的而不是外国的民主。"②

孙永芬通过她的小范围调查发现,在对民主的认知上,有如下几个现象:其一,农民认为,"民主"没有"法制"建设那么迫切。其二,明确表示不同意"政治民主并不重要,只要能发展经济、提高生活水平就够了"这种说法的农民只有1/3。③ 其三,对于村委会干部是否应该由村民选举产生,只有极少数(3.6%)的农民持否定态度,相当部分人持无所谓态度。④

马得勇以2009—2011年间收集的村民问卷为依据,通过对乡镇公推直选实验区和一般地区(无改革组)村民民主价值观的比较发现,在抽象民主原则和深层次的民主价值观层面,直选实验组和无改革组之间不存在显著差异;但是,在对以选举制度为代表的制度民主支持

---

① 访谈编号:20120704
② 张明澍:《中国人想要什么样民主》,社会科学文献出版社2013年版,"封面"。
③ 孙永芬:《中国社会各阶层政治心态研究——以广东调查为例》,中央编译出版社2007年版,第85页。
④ 同上书,第89页。

度上,直选组下的村民对选举制度的支持显著高于无改革组。他认为,尽管直选实验增强了人们对选举式民主制度的偏爱,但基层民主发展仍需外在驱动力的推动。①

钟杨的研究想探究中国农村政治文化和政治参与的现状,想知道农村在这两个方面是不是落后于中国的城市地区。他们在江苏开展调查,问卷操作化了"政治文化"。作者最后发现,村民的政治文化一点也不落后于城市,还发现农村居民支持市场经济,对政府在很多领域的表现不满,产生了不断增长的民主意识。但是,该研究是针对江苏这样一个比较发达省份的农民所作的研究,能否代表全国各地农村的普遍情况,仍待进一步研究。②

作为现代政治的基本价值和制度安排,民主不仅包含抽象的政治哲学内容,而且意味着复杂的制度逻辑。但从最为日常的意义上看,民主最主要的就是让普通的公民或社会成员能够说话(表达)、选择和决定。在制度形式上,民主最通俗的体现就是,凡涉及大家切身利益(公共利益)的事,就应该让大家充分参与。在这个意义上,农民并不都缺乏对民主的基本理解:

> 村民自治还是要靠民主,通过民主他才会服。因为始终是他选举出来的人他服,虽然目前这个选举还存在好多失误。③

> 就是选举啊,他自己选举的当家人啊。只有相信他,他才选举他,要是不相信他肯定不选他。这就是民主啊。你要是给他带不来好的经济条件,他肯定不选他吧!④

> 民主,我的理解是人人都有发言权,能够选自己的领导,有集会、示威的权利。⑤

> 你问我民主?就是有言论自由。政府一些政策啥的方面,老

---

① 马得勇:《选举实验与民主价值的扩散——对乡镇直选政治效应的比较分析》,"首届世界农村和农民学论坛"论文,华中师范大学,2013 年 5 月 25 日至 27 日。
② Yang Zhong, "Political Culture and Participation in the Chinese Countryside: Some emperical Evidence," *Political Science and Politics*, Vol. 37, no. 3, 2004.
③ 访谈编号:20100211
④ 访谈编号:20110838
⑤ 访谈编号:20110232

百姓可以参加讨论,这不就是民主嘛!①

民主?我也不知道是什么,反正新闻这么说。不过,有一点我知道:要是民主,我们肯定不会像现在这样会都不开,他们干啥我们都不知道。②

大家一起商讨就叫民主,在群众大会上讨论,这种民主再集中制。现在的很多就是假民主,上面说了算。比如大家认定某一个人可以选举上的,但是却没有选上。村长和村支书就是等额选举,今年有一个票比村支书多一倍,但是镇上不要,没有办法的。还有一些是代理办事,代理代理就成为村干部。各种花样,五花八门,政府不认同,没有办法啊。③

民主就是开会,商量,不走官僚主义。④

民主就是大家的意见。⑤

民主就是什么事都商量着来,没有帮派,人民当家做主。⑥

民主就是人民当家做主呗,是吗?这些东西说起来容易,但就是说一说罢了。你想一下啊,如果都是老百姓说了算,那那些官员还有什么权力?是吧?要做到民主,现在至少我们老百姓要有渠道去给上面说。要不然,他们哪会知道我们的意思?就是没有这个渠道,上面做的事对老百姓不好,老百姓自然觉得不高兴,又不准你去说,你说这算是民主吗?⑦

现在比以前民主了,老百姓当家做主了。形式上是这样的,但是实质上呢,还是需要解决啊。还没到真正的人民做主啊。老百姓吧咱甭说别的,就是乡里农村的有些什么事儿,你说咱知道吗?这个民主啊,我觉得是为老百姓着想,带动老百姓,替老百姓

---

① 访谈编号:20110839
② 访谈编号:20100103
③ 访谈编号:20110831
④ 访谈编号:20120702
⑤ 访谈编号:20110231
⑥ 访谈编号:20120705
⑦ 访谈编号:20100234

说话。看不得现在选这选那的,实际上就是些形式啊。不过民主也得是代表性质的,要是每个人都有说话的机会,这也是不现实。制定政策的时候也得根据老百姓的实际问题,对社会搞搞研究是吧。①

从中央到一个家庭,办个事情,都要通过讨论。中央还是通过民主讨论的啊,哪怕一个家庭还是要民主。民主确实搞得,民主才能统一。②

选举还是要体现民主集中制,这是尊重人民的权利,有些人不拿选举当回事,选举时掺杂私人恩怨。我对他有很大意见,那我就不投他的票,所以有很多选举不成功的例子。选举要结合民主集中制,民主只是一个方面,最后还是要集中。集中当然要靠党,要靠政府来确定、来集中。③

采取大伙的意愿就是民主。啥事儿大伙商量,但是农村,你说啥事儿都大伙商量也耽误事儿。农民还得有素质,没有素质,七嘴八舌的根本就不能有民主。④

村民自治,我觉得就是民主。打个比方说,现在你庄里干个啥事,或者是选个村干部,就要把我叫到,开个啥会哩,还要大家举个手,投个票。这些事,以前是想都不敢想的。⑤

首先得看是哪种形式,有社员代表参与,又有村民投票,共同制定政策才叫民主嘞。由极少数人制定,不符合人民利益的政策的,这样的,就不算民主……当然现在是选举好,不过首先得有合法的方式选举,每个公民都是从正义出发,这样选出来的干部才是真正能当家做主的人。如果说采取某种手段或金钱的交易(包括向上一级的交易和对选民的贿赂),那就没用了。在选举的时候,你还得有上级的监督。⑥

---

① 访谈编号:20110841
② 访谈编号:20100239
③ 访谈编号:20110836
④ 访谈编号:20110220
⑤ 访谈编号:20110828
⑥ 访谈编号:20110837

和人民团结在一起,政策才能搞得好。……中国肯定是民主的撒,选举不就是搞民主吗?①

只能说现在农民都希望民主。②

现在无论做什么事,没得那种关系,随你怎么厉害,他不要你。有才能,他可以不要你,没文化,他可以要你,这就是不民主的嘛。爹当官,崽当官,代代当官,民主集中制是要选的啊。③

民主好是好,当官人人有份,你没这个能力,给你当官你也奈不何,这东西没得多少实际。④

什么事情都大家选举,大家商量嘛,这就叫民主嘛。尽管那个有些走形式,但是要大家来选嘛,群众选了才算数的。⑤

民主的话,县上和镇上打通透明就是民主。⑥

官员应该是选举产生的好,谁的票多谁当。任用的那些,一般都是谁有关系谁当选吧。现在的选举,估计也是先任命好,再让你选一选而已。⑦

那个民主该任何东西都要经过全体社员或者说整体,要办个啥事儿或做个啥事儿要经过这些社员,这才叫民主。你不可能我一个人说的算数,那都不叫民主哇。⑧

那上级开会都要传达下来,下来不都跟着党的走噻,那都民主了噻。不像先前那样。现在经过民主,社员讨论有啥事儿呐,干部一开会都跟着走了噻。⑨

诸如此类的说法,包含了民主的重要方面:在原则上,人民当家做

---

① 访谈编号:20100241
② 访谈编号:20110211
③ 访谈编号:20110224
④ 访谈编号:20110233
⑤ 访谈编号:20110245
⑥ 访谈编号:20110830
⑦ 访谈编号:20110820
⑧ 访谈编号:20110246
⑨ 访谈编号:20110247

主,政府应尊重民意;在程序上,开会讨论,公开选举(投票),通过一定渠道反映民意,等等。人民当家做主,政府应尊重民意,这是农民对民主的本质主义的理解,与主流的民主表述一致。这显然受到了新中国建立以后"人民当家做主"这种人民民主的主流话语的影响。[①] 开会讨论,公开选举(投票),这涉及民主的形式,农民的这种理解非常直观。但在受访者对民主的理解中,不能接受拉帮结派这样的现象,认为它与民主不相容。这可能是中国人的民主观中的一个普遍倾向,既与自古以来反对结党的传统有关,也与中国的"人民民主"话语和逻辑有关,具有整体主义民主观的色彩。

只有个别受访者将民主与集中相混淆了:"民主就是说集中嘛,生产队或者一个大队有个事要集中就叫民主。"[②]或是将民主与法治混同:"民主,就是依法吧,按正确的来。"[③]或是将民主与自由混同:"民主就是改革开放后人比较自由,想出去打工就打工,想做生意就做生意。原先不是改革开放你就没有这样的权利,你就受限制、受管制,他叫你做什么你就做什么,允许你做什么你就做什么。"[④]或是将民主与廉洁混同,这其实是民本:"要说民主,当然还是以前民主了。没有很邪恶的人,即使是贪官,也只是贪一点儿。"[⑤]

从原则上,受访者并不反对民主,并认为民主是好政治的基本要素。"好政治就是民主,公开!"[⑥]关于农民能不能搞好民主,一位受访者说得比较理性:"搞不搞得好,这个说不定,但是搞总比不搞要强。民主这东西不是习惯和素质问题,而是利益问题。有好处,大家都来参加;没好处,大家就都不关心。"[⑦]但也有非常消极的看法:"民主?假的多。那是不可能的事情。中国人口这么多。拿选举来说,有候选人,你人都不认识,拿着票,从头圈到尾。都是做好了的,不是说靠你

[①] 主流话语的影响还是很大的,如有受访者就从本质的角度对西方民主作了批判:"你们这些大学生不能说西方的思想就是好,他们坚持民主。那不是,他们那根本不是民主,那是骗人的……西方的政治是骗人的,他是代表大资产阶级的利益、少数人的利益……"(访谈编号:20100208)

[②] 访谈编号:20110250

[③] 访谈编号:20100224

[④] 访谈编号:20110805

[⑤] 访谈编号:20110821

[⑥] 访谈编号:20100220

[⑦] 访谈编号:20100234

去提名啊。……中国的民主是不可能的事。像我们杨家村二十二个组,如果各自去提名,那叫搞不成器(办不成功),谁不想提自己屋场里的人啊?在中国更是不可能的。中国十三亿人口,选国家领导人还是那些知名人士选噻。下面的群众谁知道哪个人好,哪个人坏啊。"①

我在阅读访谈材料的过程中,也发现一个大致的趋向:越是落后的农村,农民对村民自治和乡镇选举的评价越低,也越冷漠或不重视,无所谓。这其中可能是因为,经济落后的农村,乡村范围内的利益关联度弱,农民对村民自治和乡镇选举的参与度不高,因此评价也不高。同时,因为看到当地经济落后的现实,他们会将此与乡村干部的领导不力联系起来,而乡村干部正是通过村民自治和乡镇选举产生的。他们对这两项制度的民主真实性和效果自然产生质疑。从这个意义上讲,落后地区可能更需要经济发展和日常治理,而不是单纯的民主投票。也因此,中国的基层选举没有必要一刀切,日常监督比选举更重要。

而在相对发达的农村,农民对村民自治和乡镇选举的评价也比较低,但认为村民自治的必要性较高。有利益存量和利益分配的问题,才有民主的必要性。在经济相对发达的地方,村干部可以动用或影响的资源比较多,因此对村干部的竞争会比较激烈,采取民主选举的办法相对公正。

李连江的研究认为,农村基层选举渐渐成为村庄政治生活中可接受的形式,村民们未来会希望这种政治价值能够运用于其他政治权威的选举。② 这一比较乐观的看法是有限度的。因为在我们的访谈材料中,农民支持基层和地方领导人由选举产生,但是对于层级较高直至全国层次的领导人,他们并不认可应当由全国人民直接选举产生。对于直选高层次的领导人,受访者普遍表示不认可。但他们普遍认为,基层官员和地方官员可以由普通老百姓选举产生。长期的基层选举实践至少强化了部分村民对将选举往上推广的认可。

---

① 访谈编号:20110229
② Lianjiang Li, "The Empowering Effect of Village Elections in China", *Asian Survey*, Vol. 43, No. 4, 2003, pp. 648—662.

值得肯定的是,在访谈材料中,有受访者将民主与公民权联系起来。"民主肯定是好的,只不过现在农村还没有民主,法律给我们的公民权我们没有享受到。哪个都知道自己选出来的好,只要能够实现真正的民主,老百姓有公民权,而不是买官卖官,那就好。"①从一位年轻受访者的消极看法中可以看出,他对更高一级选举的参与愿望:"现在搞选举,像我们就只能选村级的,村级以上的就轮不到我们了。谁知道他们上面是怎么弄的呢,我们又不知道。"②

当然,也有个别受访者对民主采取了民生化的理解。

> 最民主的要说是现在了,你看城里人有的东西咱这也有了,这农村人也有"医保"了、60岁以上的还有"农保"。这最不民主的就是"文化大革命"了,"文化大革命"斗地主、打倒阶级敌人、割资本主义尾巴。哪有啥敌人?这日本鬼子都让解放军打走了,剩下的不都是兄弟姐妹?③

从古到今,民生一直被统治者视为驾驭民众的重要手段。执政者靠这种施予获取民意、维护稳定,农民群体则靠这种施予维持生存和发展并对人格化的政府产生感恩。这是对民主予以民生化理解的深层原因。

4. 对"自由"的认知

提起"自由",一般的人可能会认为,它更多的是知识分子或社会精英更加看重的价值,殊不知追求自由乃人的本性。区别只在于,不同人理解的自由不同,看重的自由类型不同,追求自由的方式也不同。人不想受到过多的束缚,而想根据自己的意愿去生活,这种需求根植于人性深处。

根据我们的访谈,农民对自由的理解非常生活化,其核心就是现在很自由,因为可以自由选择了,不受强制地想种地就种地,想出去打工就出去打工,想说什么话就说什么话,反正没有人来管。"自由"一词已成为日常词汇,频繁地出现在农民的话语当中。在对改

---

① 访谈编号:20100232
② 访谈编号:20100229
③ 访谈编号:20110261

革开放前后的情形作对比时,这一类的看法比比皆是,且表现得出奇地一致。

现在来讲呢,自由还是有的……不会有人找你的麻烦。公社化那时是不行的。①

各个时期的政治状况,……改革开放以后最好。虽然累点,但你可以自由地选择,要种地可以种地,不想种地还可以出去做买卖,你就自由了,随自己想法过日子。②

从现在看,老百姓自由。……老百姓没有什么自由,说什么话办什么事,都提阶级斗争。现在你只要在这个政策允许下,办什么事都行。还是现在比较好。③

现在最好……以前当然没有现在好。现在大家都有钱了,想干什么就能做,也不会有人来管你。④

过平安日子,不愁吃不愁穿不受制了,就是正义。⑤

改革开放对农民最大的好处是自由噻,致富噻,可以发展多种经营噻,可以打工噻,可以种其他庄稼呀、药材呀。⑥

反正现在……挺自由,没有约束。只要你不犯法,没人约束你。现在,农民也好,办厂的也好,算是做到了自力更生。毛主席的时候,不是要自力更生,发愤图强么?现在算是自力更生了。⑦

有的受访者对(村民)自治的理解就是行动上的自由。

问:国家实行村民自治,你觉得怎么样?

答:肯定好啊!高兴睡觉就睡觉,高兴干什么就干什么。自由自在谁不喜欢呢?不是自治的话,……早上七点钟就得起床去地里干活,你不去,人家就会点名批判你,说你思想觉悟不高、不

---

① 访谈编号:20110232
② 访谈编号:20110222
③ 访谈编号:20110221
④ 访谈编号:20100228
⑤ 访谈编号:20120702
⑥ 访谈编号:20110250
⑦ 访谈编号:20110811

积极地干。现在谁还管你几点起？你能把自己养活了,几点起都没关系。①

可以发现,在对计划经济时代"不自由"的评价上,农民们的思考直接与政治控制和高度意识形态化有关,而对改革开放以来"很自由"的评价上,多与社会和生活上的自由选择有关,政治因素退隐到后面。当然,对于现时代"比较自由"的评价,也部分包括现在言论上比较自由这一点。

> 和以前比,现在好多了。不像原先那样封闭,现在说句话不那么担风险了,以前那是半句都不敢说的呀!②

> 现在,说真话的权利倒是有,但是很多人都不敢说。③

一位曾经做过乡村教师的受访者对好政治与坏政治的理解,就是从自由的角度做出的。

> 比较好的政治应该是百花齐放,人人平等的。比较差的政治,就是大家都用一个声音说话。④

"自由",在普通农民那里并不抽象,更不是政治哲学上的烦琐论证。于他们而言,少受行动管制,自由选择,自在生活,自由说话,就是最为重要的自由。这种自由既是选择空间意义上的,也是生命状态意义上的。基于生活和社会本身自由与否而对不同时代做出的评判,使普通农民对自由的生活化认知也具备了政治上的无穷意味。

5. 对"合法性"的认知

所谓合法性,就是政治系统受到其成员认可和支持的程度。换言之,即是正当性。任何政治系统的维系都需要基本的合法性,政治合法性程度越高的政治系统,其运转的绩效往往也越高。伊斯顿在对政治生活的系统分析中,将政治支持作为一个核心概念,并从不同角度对其展开了分析。他认为,"最低限度的支持对政治系统的维持是必

---

① 访谈编号:20110210
② 访谈编号:20100220
③ 访谈编号:20100229
④ 访谈编号:20110844

需的"①,因为支持不仅反映个人对系统的意向,也是政治系统从环境中获得资源输入的重要途径。伊斯顿所讲的政治支持就直接关系到政治系统的合法性。在政治学的概念中,"合法性"是一个抽象而深奥的词汇。但对普通人来说,"合法性"并不抽象也并不遥远。合法性体现在日常语言上就是应不应该,对不对,"服不服"。经过这一转化,我们就可以探查出普通农民对"合法性"的认知和理解。

有受访者就能从合法性的高度看到贪污腐败的坏处:"唐代那时有个官,我不记得是谁了,说了一句话,说最重要的是得人心……要是贪污腐败不治理,群众的心里,对共产党的信任就会逐步涣散。这个是非常不正常的。"②这一表达的直白和深刻,丝毫不亚于专家学者和党员干部。

村干部往往比普通村民更能看到民心意义上的合法性问题。一位村妇女主任谈道:"官管老百姓也是应该的,但要名正言顺地指点。老百姓就需要有官来关心,官要有民心。不关心老百姓,不得民心的就不要当官。"同时她也看到素质和水平关系到是否有资格当官:"能做官的人,肯定与他的素质和水平有关啊。老百姓没水平,当官的就要从政治方面来指点。没得一定的素质和水平,你当官来配哪样?你带动不起老百姓啊。"③

一位曾于20世纪80年代任村主任的受访者也谈到这一点:"官管老百姓是应该的,但要看管哪方面,要正确地管。如果以权压人,那个也不属于有哪样资格啊。"④另一受访者也有类似表述:"当官的当然有资格管老百姓,但是你得正确地管,老百姓做得不对的你管管是好事儿,不该你管的你去管就不对了。"⑤

有趣的是,受访者虽然对腐败和贪官很厌恶,但大都未对其当官的身份和资格表示过质疑。

> 当官的学问大,知识高,水平高。学问小的当不了官啊。当

---

① 〔美〕戴维·伊斯顿:《政治生活的系统分析》(王浦劬译),北京:华夏出版社1999年版,第185页。
② 访谈编号:20100208
③ 访谈编号:20100210
④ 访谈编号:20100211
⑤ 访谈编号:20110220

官的应该管老百姓,他不管谁管啊?要不是有当官的,老百姓还有法过么?①

大官管小官,小官管着老百姓。人家水平高啊,都是考上的,有文化的。啥时候也是有文化的,考上了就当官。没有当官的就乱套了。②

官员当然有权力管理我们这些百姓,他们有政治地位在那儿,当然就有权管百姓了。③

当官的得了国家的钱就应该来管理老百姓。我们大队的当官的都是上面决定的,任命的官。④

当官的应该来管老百姓,不然就一盘散沙。而且当官的是共产党授权的,是老百姓选举的,就有资格来管。虽然只是走了个过程,具体是不是老百姓选举的不好说……但程序是有的,那就是合法的。⑤

当官的不是来管老百姓还管什么呢?如果没有资格,怎么管理呢?老百姓总要有人管呢。但是他们的素质就不一定高,有的人凭着各种关系当官,不管你有什么本事,只要有职位和关系就可以。关键是要有人。⑥

当然,对于基层干部,农民还是有自己认可与否的标准。这背后就存在着朴素的合法性思维。农民对选举过程的不规范,包括拉票、买票的反感,就说明他们认可规范的竞争性选举。而农民对选举这样一个程序的正当性的认可,从反向上就意味着他们对指定村干部的不认可。这至少说明,选举程序的合法性从原则上得到了基本确立。

那些村干部不是我们选出来的,早就定下来了的。他们先定好了,来问我们同不同意。你同意也是他们,不同意也是他们。

---

① 访谈编号:20120701
② 访谈编号:20120702
③ 访谈编号:20100231
④ 访谈编号:20110215
⑤ 访谈编号:20110216
⑥ 访谈编号:20110245

有一个负责人拿个本子,假装到我们门口来问一下,要选的村干部是哪一个,大队长是哪一个,书记是哪一个,小队长是哪一个,你们同不同意,然后负责人边问边自己在本子上画勾,一家一家地划,还轮不上我们讲话,他就已经选好了。你说让我们选个啥,我们就相当于没选成。说选举,又没一家一家的人弄去开会。即使我们一家人都不选他们,即使我们都不想让他们盖这个章,即使我们都不举手,但结果都一样,干部还是他们。往年还开大会,大家一起到我们街边上的小学开大会,现在大会都不开了,问一下就是走个过场。①

但是,如果从深层看,农民对合法性的思考还是相对模糊,甚至是缺失的。他们更多的是从现实主义的角度看待政治权力的:"你问我当官的是不是就有资格来管老百姓?是的啊……以前的干部还像个干部,现在的干部就不像个干部,不过干部要是本事不大的话,老百姓是不会服的。"②

这让我联想到阎连科在其经典之作《受活》和《丁庄梦》中,对农民思维世界中合法性维度缺失所作的深刻揭示。对村庄来说,外来的力量一般是与自己无关的,因为"天高皇帝远"。农民群体大概也是考虑到"胳膊拗不过大腿",对上面的政权向来是听之任之。他们很少思考过"他们凭什么要求我们""我们有什么权利"这样的问题。因此,"合法性"在乡村是一个缥缥缈缈的概念,农民生活在一个"我是民,他是官,民归官管"的天然逻辑中。由此思维习惯支撑的政府,其行为方式也就可想而知了,那就是只看表现不问程序,只看结果不问源头。因为,政府没有来自针对其权力源头和程序的真正压力。所以,当县长能够为县里增加 GDP 并承诺美好的发展远景时,县里的老百姓可以向他下跪,让他体验到君王般的爽快;而当他的计划破产时,所有的人都毫不留情地离他而去。一个只问政绩也只知道追求政绩的政府,于其中工作的官员大概只能是这个结果,世态炎凉的荒诞感只能从权力合法性的缺失上得到解释。

没有人真正关心政府的权力从哪里来,但这并不意味着他们没有

---

① 访谈编号:20100104
② 访谈编号:20110217

自己的一套"说法"。可能的解释是：从上面来。官员的权力来自上面，与老百姓无关。所以，他有权支配我们。如果他能做出成绩，他就是好官，就是我们老百姓的幸运了。对丁庄的人来说，一个县教育局的官员下来动员他们卖血，他们没有想到这其中是否合法——教育局的官员有资格动员公众卖血吗？只因为他是县里的官员，是从上面来的，农民就对他的话言听计从。当上面在艾滋病人快死的时候下拨一些粮食和棺材时，他们没有想过这里有多少自己的血汗，却对政府的行为感激有加。

一个不追问政府权力合法性的人群，在自己的社会群体生活中也复制了同样的逻辑。那就是围绕村委会的公章所展开的斗争。谁也不关心村委会的干部凭什么当选，却只关心那枚公章在哪里，只要有了那枚公章就可以发号施令，只要有了盖了那枚公章的批文，就可以理直气壮地将村里的树木砍下来做棺材。合法性只剩下一个形式性的外壳，农民倒果为因地显示了他们对领导权的认知和态度，还有心底那种对权力的极度渴望——权力可能是贫乏社会中最为稀缺的物品了。就是在大家患病等待死亡的最后时刻，争夺公章的斗争也从未停止过。这不仅因为公章可以带来好处，还因为公章所带来的权力感。就是为了这样一个合法性不知在哪里的公章，这些村民从发现自己有病一直争斗到离开这个世界。而"我爷"最后刻了一枚假公章，放在那个死者的棺材里，也隐喻了埋葬的只能是一个更为虚假的外壳。

一向貌似顺从的村民们将精力放在了内斗上，放到了如何不让自己吃一丁点亏的计较上，直到生命的最后一刻。村民们只会选择将所有的怨恨撒向最近的仇人——血头，并将血头的儿子毒死，却没有追问过地方政府和官员当初的责任。这样的局面无疑是让人沮丧的。

这让脱离村庄生活的知识分子包括作家习惯于走向尖刻的批判。但出路在哪里？面对这样的人群，乐观而简单的思维是不合时宜的。阎连科似乎对此也没有做出回答。

二、政治情感

1. 对政治权力的渴望

马克思对小农曾有这样的论断："他们不能代表自己，一定要别人来代表他们。他们的代表一定要同时是他们的主宰,是高高站在他们上面的权威,是不受限制的政府权力,这种权力保护他们不受其他阶级侵犯,并从上面赐给他们雨水和阳光。"①在某种意义上讲,马克思的这一看法同样适合长期以来生活在帝制之下的中国农民。虽然因为村民自治的制度安排,农民似乎已经可以选举出自己的村主任,但村主任经常转变为名副其实的"当家人"。而更高层次的政府及其干部,就更不是普通农民能够左右的了。执政党对执政基础的强调,以及对政党先进代表性的强调,也使农民自己依然不能代表自己。

因为权力,哪怕是最基层的权力——在外人看来甚至有些微不足道,对乡村社会和普通农民都产生着支配性的影响。因为乡村社会的资源相对贫乏,而农民之间因为社会主义意识形态所产生的平等观念,使得彼此之间的面子竞争尤为激烈。在此情势下,包括政治权力、声望、财力、关系等资源在内的一切可以转化为权威(或相对优势地位)的东西,都会成为农民极为关注和竞相追求的对象。

有两位受访者就直接表达出这种感受:

> 农村的都是这样,别说是乡镇级的街道级的(干部),那权力大得很。听报纸说,那乡镇级的官难当,那是胡说。乡镇级的直接跟老百姓打交道,他权力大得很。我叫你咋搞你就得咋搞。你不听话,上头走了以后我再收拾你。你叫他咋搞?②

> 当官的你哪可能和他们对着干,他们都是有后台的,搞不好把你都拉下去了。最好是什么都不理。枪打出头鸟,知道不?你们做学生的也别强出头,这些事都别管,好好地学习,等你以后有钱了人家会怕你的,自然就好办事。像程某某家7个孩子都读大学出来了,有了工作,房子也做起来了,村里就硬是把那山坡承包给他们了。不就是怕他们吗?你孩子有出息了,你在村里就硬起来了。谁还敢欺负你?③

普通农民长期没有机会也没有权利参与到政治和管理当中,所以他们对权力有着强烈的既惧斥又渴望的复杂情感。农民所理解的体

---

① 《马克思恩格斯文集》第2卷,人民出版社2009年版,第567页。
② 访谈编号:20120214
③ 访谈编号:20100228

面的工作就是"坐办公室的",这背后实际上与孟子的劳心与劳力者的等级式区分相呼应。农民最渴望的其实就是做官,或者自己的后人或亲戚中有人能去做官。这一方面说明我们这个社会的官本位观念,另一方面也说明农民群体对权力的渴望。

甚至连入党这样的事情,在农民的心理世界中,也与做官无异,与掌握权力有关。一次,当我们的访谈员问一位受访者是不是共产党员时,这位受访者的回答让人感慨。"不是。你个农民,人家不让入的,又不是做大事被看中了。现在一把年纪了,也没有那个想法了。年轻时有那个想法,但是没人提拔。种田种地没有那个能力,再说了,朝里也没有人!"①

我曾经仔细阅读过一位农民作家的两本自传体长篇小说。两本小说的主人公对当上村干部的"理想"有着近于痴迷的坚持,所以他们总是想着要竞选村主任。在他们的思想中,只有当上村干部,才能实现自己的理想,也才能改变家乡的面貌,为乡亲们所推崇。但现实是残酷的,他们的"理想"并没有实现。正如作家在后一本书的"自序"中感叹的:"然而,就是我这么一个在农村里,还算有能力、有才华的农民,却在我们村里连一个村民小组长,也没人敢让我当过一天。"②乡村资源的有限和机会的贫乏,使得权力对农民有着天然的魔力。当然,这其中也有某种无奈,即乡村社会流动和精英更替的不通畅。

在对权力的情感方面,非常突出的一点就是,受访农民对一元化权力表现出的普遍认同,和对多元权力的那种近于本能的担心和不认同。

问:您认为中国需不需要一个皇帝那样的人物?为什么?
答:那当然需要,现在都是欺上瞒下呀!③
当然得有皇帝啊,这么大的国家没有皇帝怎么可以呢?古代的皇帝,我觉得就康熙最好,没有更好点的了……都是国家最高的领导人嘛。④

---

① 访谈编号:20120209
② 参见高启伟:《乡祭》,时代文艺出版社2000年版;高启伟:《中国农民呐喊》,武汉出版社2010年。
③ 访谈编号:20110809
④ 访谈编号:20110820

农民对多党制的认同度并不高,他们普遍肯定共产党有效领导的必要性和优越性。

一位受访者的表述非常直接:"在中国社会,几千年的封建统治。中国人必须实行一党领导,如果像国外那样选就乱套了。"①

诸如此类的观点不胜枚举:

> 国家的政权多党合作不要紧,领导就要一个。一个党就统一了政权,不是那样统一不了政权。主要政权就是一个,一个就可以领导得了。多了就领导不了,会翻船。②

> 多党制不行,产生野心,收不拢啊。③

> 像国外那样,两个政党,中国不行。中国要是那样就得乱套了,中国就得是一个党,大伙应该都习惯这个了。还是一党执政最合适。就一个人说了算正好,多了就乱套了。④

> 几个政党轮流执政不行,还得是一个党,了解国情,其他的不行。就像一家庭,不能老换主妇,今天一个,明天一个。老百姓接受不了,还得是一个党。现在的肯定受监督不多,有水分,但是外国那个,一争夺他就容易出问题,就有意见了。不管什么时候,都得按大方向走。⑤

> 我感觉多党轮流执政那都不适合咱这,咱这是多个党一条心,共同为国家谋发展,这个党没想到的那个党给提出来,这样想得更全面啊,对咱中国的发展还有好处。⑥

在所有的216位受访农民中,只有极个别的表达出与这种看法不一样的观点。对普通人来说,权威和秩序在他们的政治价值序列中显然处于优先位置。这既有中国政治传统的教化因素,也有普通农民感性认知的因素。

---

① 访谈编号:20110264
② 访谈编号:20110808
③ 访谈编号:20100239
④ 访谈编号:20110220
⑤ 访谈编号:20110222
⑥ 访谈编号:20110819

中国自古以来就有"天无二日,国无二主"的谚语,因此中国人对"政治"的理解,就充满了"一以止"的精神。① 可见,认可中国这样一个大国家,需要有一个权力主体,而不能接受两个或多个权力主体,这已经构成农民政治判断的基本标准了。在某种意义上,这与中国自古以来"打江山,坐江山""胜者全胜,输者全输"②的政治传统有一定关系,也与我国根深蒂固的中央集权传统有关。

在访谈材料中,受访者对"文化大革命"基本上都持否定看法。但个别受访者认为"文化大革命"是必要的,其逻辑就是"权力一元化在当时的中国是必要的"。

> 当时国家还处于起步阶段。经济方面、人才方面,各个方面都很穷。这就造成在中央那里有一些霸权主义思想要另立山头,所以毛公干什么呢?用以乱反乱的方法去打击这些不正当的歪风邪气,才从内部揪出这些人勒;要不然他们就要另立山头,各霸一方,就要对我们国家国策的变化有两个极端的影响勒。所以,"文革"在一定程度上还是有必要的,毛公当时发现中央内部已经有这种称王称霸的状况啊,才发动这个"文化大革命"嘛,他是有他一定的目的的,由群众由知识分子来检举他们。③

对权力的渴望的另一面就是顺从权力,尊重权威。顺从权力的表现之一就是,农民认为只要他是官,他就有权力,就有资格管老百姓。对官员身份和职位表现出本能的敬畏。当然,由于他们对地方政府和

---

① 国内有学者曾从词源学的角度,分析了中国人对政治理解的独特性。在中国古代汉语中,"政"和"治"是两个意义不同的词。"政",许慎的《说文解字》训曰:"正也。"这就是说"政"与"正"是相通的。那么,什么是"正"呢?"是也,从止,一以止。凡正之属皆从正。"另注:"徐错曰:守一以止也。"可见,"政"与"止"、与"一"有着密切的关系,意思就是使"多"归于"一"。这就是"政"的本义,也是"政"的实质,很能反映中国传统政治的风貌。参见姚礼明:《从"政治"与"politics"的差异看中国特色》,载《中国国情国力》1999年第8期。

② 参见邹谠:《二十世纪中国政治——从宏观历史与微观行动的角度看》,香港:牛津大学出版社1994年版。也有历史学者对此心理惯性做过精辟阐述,他通过对赵匡胤"卧榻之侧,岂容他人酣睡"的解读,认为这一情结在中国历朝历代的帝王身上都根深蒂固地存在着。从它直到今天仍然影响着中国人社会生活的许多方面来看,它可能是构成中国政治、文化传统的一个基本因素或者遗传基因。因为,事实上,这个情结存在于每一个具有广义"政治"抱负的中国人心中……"双赢"或"多赢"哲学并非中国人的思想成果与信条,而是近些年来打开国门后的舶来品。许多证据表明,中国人可能至今尚未学会在这种状态中生存。参见李亚平:《帝国政界往事:公元1127年大宋实录》,北京出版社2004年版,第19页。

③ 访谈编号:20100211

基层政府的信任度、认同度也比较低,他们的顺从或服从更多的是被动或消极的。而之所以对当官的表示出习惯性的服从,与中国政治中深厚的精英主义传统相关,即认为官员不同于一般的人,他们具有过人之处,如更多的知识和文化水平,或者具有更高的素质和能力。

> 问:您觉得当官的是不是就该管着老百姓?
> 答:那是啊,是需要嘛。没有领导,那还不一团糟?①

> 当官的当然有资格管老百姓,那不用讲。当然啦,要当官,不是哪个都可以当的!当官的呢,素质首先肯定要高于老百姓。只有当官的先喊,农民才跟着做嘛。不管的话,那社会会乱的。②

> 当官的管老百姓,这是他们的义务所在。我们是社会主义国家,是有组织有领导的,下级服从上级,各部分服从中央。农民要是没有领导了,就像是无头苍蝇。③

> 当官的当然有资格管老百姓啊,一个社会总是要有人来管理的。他们本来就是管理层,怎么会没有资格呢?至于素质的话,肯定还是比较高的咯,他们考虑问题还是要比一般人全面周到一些的。一般人只想到一点,他们不说多了,至少要想到七点八点的啊。不然,这个社会不知道会成什么样了。④

只有极个别的受访者对政府的权威表现出理直气壮的优势心态。一位经常缠访的受访者就说:"怕什么啊?政府吃的用的都是我给的,是人民给的,不怕。这又不是什么不光彩的事情,没得我们,信访局早都拆了。就算他们对我态度再好,我也不稀罕,态度好也解决不了我的问题撒。"⑤对政府与人民关系的这种"现代"认识,在其他的农民那里也可以发现。但重要的是,他们一般都不会明确表达出来,更多明确表达的恰恰是对政治权力的顺从和对政府权威的尊重。

在农村发展所依靠的力量方面,受访者同样表示出对权威的强烈需求。他们认为,农村发展还是需要带头人、正确和强有力的领导,而

---

① 访谈编号:20100103
② 访谈编号:20100209
③ 访谈编号:20110842
④ 访谈编号:20110803
⑤ 访谈编号:20100238

对农民自己组织起来的信心不足。即使是选举产生的村干部,其本人也必须要有突出的威望和能力。这与我之前对村民群体性活动的研究发现一致。① 在这个意义上,政府需要选拔或培养一些有权威的乡村精英,进一步帮助和介入乡村的发展。对此,本书后面还将专门讨论。

2. 对领袖人物的崇拜

从深层探究,这应该可以归结到源远流长的"皇帝情结"。即,中国这么大,总得有个说话算数的人。中国无论如何还是要有一个领导核心。在这一点上,受访者几乎没有表达出不同看法。"过去那要是没得皇帝,还不瞎搞?!哪还有这个社会咧?!就像现在的国家,不管哪样搞,总还是要有个把头的!"②但应该看到,虽然"皇帝"这样一个称呼有时依然被习惯性地使用,但受访者对"皇帝"的理解,多集中在"说话算数的人""权力最大的人",这与中国传统的皇帝想象存在一定差异。也就是说,在普通农民的心里,中国作为一个大国,其发展需要有"说话算数的人",政策要能执行下去。在这个语境下,"皇帝"只是一个习惯性称呼。

受访者对毛泽东的崇拜和肯定非常普遍:

> 毛主席就是开国元勋啊。中国这天下就是他打下的。没有毛主席就没有新中国,那个时候没有毛主席就没人能把这天下打下来。二万五千里长征就凭那两只脚走过来了,当时打遍了全国各地。③

> 就我知道的,毛泽东以前也是个农村人。你想一下,一个农村人,后来能建立一个国家,那是多大的本事啊!④

仍有不少人依然用传统的皇帝的视框来看待建国后的国家领导人。典型的表述如:

---

① 参见刘伟:《难以产出的村落政治——对村民群体性活动的中观透视》,中国社会科学出版社2009年版。
② 访谈编号:20100214
③ 访谈编号:20110210
④ 访谈编号:20110829

毛主席打下江山,给人们创造了一个安全安定的环境,我觉得他可谓是千古一帝。①

　　毛主席才是真龙天子,找不到第二个可以跟他比的,江山都是他打下的!②

　　从开国皇帝来说,毛泽东其实就是开国皇帝!③

　　要讲真正的皇帝,还是只有毛泽东,他是打江山的。④

　　毛主席是有功啊,解放那不容易。后来犯了错误,他那是学朱元璋,打天下时那么多人帮他……⑤

　　毛主席那是响当当的真龙天子,老百姓都认可啊。毛主席带领中国这么多的人打下了江山,让我们这些人都获得了解放啊,都翻身做了主人。他不是真龙天子,哪个是哦?能够当上国家一号人物的就是真龙天子,呵呵。不过呢,我们现在都不这样讲啊,只是在心里面这种想,不会说出来。⑥

　　毛泽东真的是真龙天子,带领我们打江山啊,推翻三座大山啊,建立新中国啊。后来的主席都是坐天下撒,还不是按照毛泽东的思想来的?⑦

　　毛泽东他那样的人是天子,没有人能够否认他。没有他,就没有饭吃;没有他那样的政策,水利就修不起啊。⑧

仍有受访者用神秘主义和传统天命观来看待领袖,这样的看法主要集中在毛泽东身上。这或许就是超凡魅力型领袖所对应的民众心理。

　　毛泽东爬雪山过草地,全中国走遍了,你知道的吧?毛泽东

---

① 访谈编号:20100201
② 访谈编号:20100220
③ 访谈编号:20110203
④ 访谈编号:20110224
⑤ 访谈编号:20100224
⑥ 访谈编号:20100209
⑦ 访谈编号:20100239
⑧ 访谈编号:20110232

带头打仗,走到哪,炮啊,枪啊,飞机乱炸啊,他身上没有中一粒子弹,那这片天就是毛泽东的!上天注定了,得上天的安排,那就是这样。确实了,毛泽东是很傲(厉害)的。①

总体上看,认为现代中国的政治领导人与过去的皇帝完全一样的受访者并不多。一般的受访者也不认为中国现在还需要皇帝。

皇帝那样的人物要不得呢。皇帝是不民主的。我觉得像乾隆、康熙那些的私访还是很好。过去没有民主,现在民主了。虽然……总比过去要好点。皇帝领导社会,我觉得是不需要了;但是私访这条我觉得还是应该的。②

中国不需要有皇帝那样的人物。他权力最高、职位最高,法律法规对他又没有约束……③

直接不需要啊!现在是法治社会了,那时候还是封建社会,独裁专制专权。现在是言论自由,那时候哪有言论自由啊?那时候说句歪话就直接抓起来了,现在没有这种事了。皇帝是封建主义的产物。④

有不少受访者认识到,现在的国家领导是集体领导,现在的国家领导人也不能像过去的皇帝那样完全"一个人说了算"。

现在和过去不一样,过去是皇帝一个人说什么就是什么,一代传一代的。现在就没有了。现在就是书记相当于班长,这个总书记如果在政府里面起不到作用,他就不能在这位子上。我们现在是一个党来执政,就要团结各个党派一起来管理国家。⑤

皇帝是独断专行的,个人说了就算,中国就是他们家的。现在中国是以共产党为主,但也有其他的政党参与……过去的皇上……圣旨到,皇上赐你死,你就得死。⑥

---

① 访谈编号:20100207
② 访谈编号:20110245
③ 访谈编号:20110837
④ 访谈编号:20110838
⑤ 访谈编号:20100208
⑥ 访谈编号:20110210

> 新闻里不是还放全国人大选举国家主席呢么？人家皇帝那是一家天下，坐江山想坐多久就多久，现在可不行，都有任期限制。①
>
> 现在是叫国家主席，不叫皇帝了。国家主席和过去的皇帝是大有区别了，过去的皇帝是金口玉言，说一不二的，现在有民主讨论。②
>
> 现在的国家第一号人物不是真龙天子，没有神话色彩，就是一个正常人，有一定的能力。③

或者认识到："现在的领导人地位和皇帝一样，但治理国家的角度不同。"④

> 现在也不需要皇帝，但是需要实实在在为农民做事，为国家大事做贡献的人。⑤

这说明，农民的皇权思想虽然还在延续，但经过建国后政治和社会的变迁，特别是在社会主义意识形态和现代传媒的影响下，他们的皇权思想经历了理性化和科学化的洗礼。一位受访者就明确表示了对真龙天子说法的不认同：

> 真龙天子是迷信的说法，人都给神秘化、想象化了。国家主席总的来说还是个普通人啊，他就是一个普通的人啊。他当上领导人肯定是因为有一定的水平、一定的方法、治国策略，他才能担负起这个角色来啦……国家稳定，百姓富裕，生活提高，思想解放，国家不断向前发展，社会不断进步，这都证明领导有才能啊。⑥

在现在的农村，农民对领袖人物的崇拜更多的来自距离产生的权力（威）敬畏，以及领袖人物实施相应的政策而带来的农民对他们的热爱和美化。更值得重视的是，部分受访者对领袖人物并不是盲目崇拜

---

① 访谈编号：20110233
② 访谈编号：20110814
③ 访谈编号：20110839
④ 访谈编号：20100227
⑤ 访谈编号：20110211
⑥ 访谈编号：20110837

或热爱,而是敢于表达自己的好恶以及理由。

> 我还是更喜欢邓小平。(以前)那时候我们地都不让种,如果说我们自己种了点南瓜,他都会叫人把它们挖了。不光这样,他还会说我们搞破坏,他就是不让我们自己种,不让我们开荒,不让我们多劳多得……①

当然,这种反思是非常朴素和直接的,那是基于他们自己的生活境遇来思考国家的政治领袖。但这种反思恰恰是普通人政治态度理性化的表现。从长远来看,这种理性化的扩展和积累将有利于常态政治的理性化。

3. 对党和国家的感恩

感恩在中国的道德传统中一直居于重要地位,它是一种私人伦理,即个人要对有恩于他的人"滴水之恩,当涌泉相报";同时它也是一种社会伦理和政治伦理,即个体或组织受到外部机构或组织(包括政府)的帮助时,也应该感恩。帝制时代,王朝的施政若让民众受益,那就是"皇恩浩荡";清官造福一方,那也是他有恩于本地民众。说到底,还是因为在中国传统的政治伦理中,民众缺乏权利,社会缺乏权利;政治权力作为给予方,在政治伦理叙事上也进行着自我标榜的话语再生产。在现代政治伦理中,政府的权力来自于人民授权,维持政府运转的财政来自对公民的税收,政府有着为民众利益服务的责任,政府与民众之间是一种委托—代理的契约式关系。因此,在现代政治语境中,"感恩"更多地应局限于私人道德或社会道德的领域,而不是政治领域。政治领域的主导伦理应是公民的政治权利、政治义务与政府的政治责任。但是在中国向现代政治转型的过程中,传统的政治伦理并未退却,而是以隐蔽的方式改头换面地延续着。

郭于华等人通过对"诉苦"的经典研究②发现,"诉苦"是中国革命中重塑普通民众国家观念的一种重要机制。这种机制的作用在于,运用"诉苦"运动中形成和创造出来的种种"技术"将农民日常生活中的

---

① 访谈编号:20100104
② 郭于华、孙立平:《诉苦:一种农民国家观念形成的中介机制》,载《中国学术》2002年第4期。

苦难提取出来,并通过阶级这个中介性的分类范畴与更宏大的"国家""社会"的话语建立起联系。在这个过程中,一方面通过把苦的来源归结于旧国家制度而建立了消极的国家形象,另一方面也通过"翻身"意识等建立了积极的国家形象。阶级的建构和持续的阶级斗争实践是以一种作为"部分真实"的阶级性社会分化为基础的,这意味着阶级斗争意识形态的确立以及以此为基础的普通民众的国家观念的形成,既非完全脱离农民的日常生活,又为国家统治权力和精英的建构留下了空间。在西欧,民族国家形成的过程同时也是现代"公民"形成的过程。而在中国的情况下,普通民众是通过"诉苦"、确认自己的阶级身份来形成国家观念的。这种国家观念是一种"感恩型的国家观念"。而从个体的角度来说,形成的不是现代意义上的"公民",而是作为"阶级的一分子"和相对于国家的"人民"或"群众"。

农民对执政党和国家的感恩心态,在革命战争年代和建国初期得以强化。在改革开放后的乡村治理转型过程中,农民对执政党和政府,包括其主要领导人,是否存在同样的感恩心态呢?我们的调查发现,部分农民在涉及相关农业政策时,还是会不由自主地流露出"感谢党恩"这样的话。特别是,取消农业税,实施了诸多农业补贴、九年义务教育、新农合、低保等惠民利农政策,使农民产生了普遍的感恩心态和知足心态。当然,农民现在用的更多的词还是"感谢"。

  问:对于国家取消农业税,您是怎么看的?

  答:你看,历年来,皇粮国税都是要交的。这应该是国家痛心来决定的,国民党当时就是少不了的。但是共产党不但不收税,还要补贴我们,就像是自己的爹娘一样。哪个年代有这样的好事情?[①]

  像农业税减免,是国家对农民的重视,减轻了农民的负担。还有种田补助款,农民种田,国家给你补助。养猪专业户也有补助。国家对农民的投资补助和优惠政策,也提高了农民的信心跟积极性。还有老年人上了60岁的补助,也是对农民老人的照顾,一个月90元钱,老人拿着心里高兴啊。总之,现在的生活跟以前

---

① 访谈编号:20110831

不好比,我觉得都跟城里差不多了,以前房子都是小瓦片,现在变成了大瓦片,吃喝住行都大大改善了。这些都是靠党的政策。①

取消农业税,不仅不交税还给补助,粮食直补,补化肥,补种子。现在补贴都直接发到农民手上,以前都是到镇上、村上,不一定什么理由就没信儿了。这老百姓都高兴……现在不是要搞农村养老保险了么,把咱老百姓当人待了,把老百姓放心里了。②

这是几千年第一次,你看以前皇粮国税不得不交,没吃的也得交,现在多好啊,不用交税了,自己能吃多少就种多少,吃不完的就拿去卖。他共产党要是不好,那些房子怎么建起来的?你们哪能读得起大学?③

我们分到田,自己做主,国家还减掉公粮税,这个暖人心啊。④

现在的政治就是好政治。从开天辟地就没那么好,不但不要你交钱,还给你补助。随哪个伟人没说不种田交粮,不说不交,总是或多或少,或重或轻。⑤

就是国家关心"三农"、减免农业税啊、种田有补贴这些政策对我们影响最大。我原来也短时间地出去打过工,后来有了这些优惠政策就回来了,这样就他爸爸在外面打工,我在家里种地,粮食够自己家吃,种些菜还能挣点钱,加起来挣的钱也足够家里用。孩子也不用跟着在外面受苦,可以在县城好好上学。所以我们家现在生活挺好的,主要就是这些优惠农民的政策好,现在的生活主要感谢党的政策。⑥

现在对农民还是好的。历代来讲,没有皇帝不要农民钱的,现在就不要东西啦,还倒给你钱。⑦

---

① 访谈编号:20110842
② 访谈编号:20100225
③ 访谈编号:20100230
④ 访谈编号:20110808
⑤ 访谈编号:20110213
⑥ 访谈编号:20090706
⑦ 访谈编号:20110232

> 我是农民,作为农民,我现在已经很满足了。国家减免了农业税,减免了水费,还有其他的一些乱七八糟的税收啊,又对农民进行很多补贴和优惠政策。农民现在几乎没有什么好抱怨的了,因为现在国家的各项政策都很好。①
>
> 国家不断调整农村政策,我觉得国家开始重视农民了,这农民地位也提高了。②
>
> ……

从这些话语中,可以充分感受到农民的感激之情。

当然,应该看到,虽然农民对国家取消农业税并出台其他给予性的政策报以感激,但感激的对象主要限于中央层次的国家机关及其领导人。中央的相关政策一旦发布,农民就会以此为权利伸张的依据。若地方政府或相关机构未能积极执行或兑现,他们的怨气和不满反而会增加。

另一个现象就是,中央的持续惠农举措也逐渐培养了农民"要"的习惯和期待:"农民的心态是在变,但只要不问我要钱,经常给我钱,我就说他好。共产党想让我说他好,就要发挥自身的优势。比如医疗保险,要是我每抓一颗药就能报销,我肯定说他好;再一个就是油路的问题。我们村的路差已经不是一天两天的事了,上面就没有人能下来管管吗?"③

4. 对腐败现象的反感

在痛恨腐败现象和腐败官员这一点上,我们没有看到持不同说法的受访者。对相当部分的受访者来说,反感腐败成为他们的核心情感,甚至他们认为腐败是"中国最大的政治问题"④。对腐败的反感成为农民最为强烈和普遍的情感。虽然我们的访谈员问的是别的话题,但受访者谈着谈着就会谈到腐败现象,而且情绪会越来越激动。又或者,不管我们的访谈员问的是什么问题,受访者首当其冲地就向我们

---

① 访谈编号:20110801
② 访谈编号:20110263
③ 访谈编号:20110210
④ 访谈编号:20120208

倾诉他们对腐败（官员）的不满。

对腐败现象的反感，甚至使有的农民觉得在道德上高于那些"当官的"。

当官的是党员，肯定比我们要狠（能干）。但是，其实他们还比不到我们农民！我们还没得那么想钱！①

做官的，那都是拿钱买的，有什么素质？②

要不是现在的狗官都要吃（贪）人的钱，现在的社会那是会很好的了。③

总体上还是得利了，生活还是在不断地变好。但是有很多本来应该得到的，却因为贪官给搞走了。④

问：您觉得这些政策对您影响最大的是哪个？

答：影响最大的也是现在镇上这些贪官。对农民，你去找他，他就推哟。像我也不是啥干部啰，那些啥子队长啊，反正这些事情都是内部里面的。⑤

没得别的，就是贪官多，只顾自个，不管老百姓的就是黑的！⑥

说到现在这个社会，我唯一恨的就是那群贪官。不过，就是我有意见，那也是枉然。中央政策那么好，它又没亏待我们农民，吃的有，穿的有，住的有，它的政策是好得吓人。要说起贪官，也只有下面那些人贪得无厌，反正上层的是一点问题都没有的，下面的人要是真的肯按上面的政策来，那情况好到什么样子，我想不出来。⑦

目前的政治状况不怎么样。国家一直在反贪，我看是越反

---

① 访谈编号：20100219
② 访谈编号：20100226
③ 访谈编号：20100207
④ 访谈编号：20100234
⑤ 访谈编号：20110248
⑥ 访谈编号：20100214
⑦ 访谈编号：20100103

越狠。①

刚建国的时候,最穷的时候,吃不上、喝不上的时候政治最好。政治比较差的时期,就是现在的权钱交易。在小的方面,比如说贿选,你有钱就选你,就能把你提起来。②

那贪官他自己要贪,这事就难说。上面给的东西是不少,可很多时候都到不了小队。农民只能望着,没什么办法。贪官不管这些,他仍然要贪,要是没贪官,农民还会更加幸福……我觉得,怎么想办法把那些贪官给治了才是最重要的。没了贪官,这个社会真叫好上了天,说不完的好,那我们这些农民就还要更幸福。③

当然,农民不满的,更多的是地方,特别是基层社会的贪污现象。他们对高层的政治还是保有一份想象:"现在确实有贪污之气,不过这要一分为二地看,高层的情况就好一些……"④

最常见的话就是诸如"现在当官的哪个不贪呢?"⑤这样比较绝对的断语。另一位受访者也是这样认为:"做官的哪一个不贪咧?连村官都贪,怎么会不贪呢?你看咯,建国之初,我们这边还没有开发的时候,还很落后,要他当官他都不当,现在当官都是要抢着当。为什么呢?还不是有钱贪了。(眼神些许怒气,神情激动)你信不信?现在你出去工作,没有提钱先送到那些当官的人的手上,你是很难找到好工作的。你要找官员办事,你没钱先到,那些官员是不会跟你办的。"⑥

对官员腐败的反感,已经直接影响到农民对政府的信任。

以前还比较相信政府的,现在我越来越不相信政府了。因为政府官员口头上总是说为人民办好事、办实事,话是一套一套的,但是那些人做起事来却是自私自利。当官的刚上任不管有多穷,但是当了几年官后就会有私车私房,贪官太多了。⑦

---

① 访谈编号:20110215
② 访谈编号:20110840
③ 访谈编号:20100103
④ 访谈编号:20110218
⑤ 访谈编号:20100205
⑥ 访谈编号:20100206
⑦ 访谈编号:20100232

对腐败的反感,也影响到受访者对民主的信心:"我们国家会变得更民主? 民主谈不上,民主是个笑话,腐败太严重了。"①

对某些受访者来说,贪污腐败已经是不可饶恕的罪恶:"老百姓希望什么呢? 老百姓就希望国家出清官,把那些贪官大杀一批,大关一批,大斗一批,不就要好点?"②

在我 2009 年组织的村落解体调查中,村民对两个开放式问题的回答也显示:除了一小部分受访者对政府表示很满意外,其他部分的观点体现出他们对官员的不信任,而大部分诉求中所含有的揭露腐败、官员不负责、官官相护、官员素质不高等,则带有一种很不满意的情绪在里面。某种程度上,这反映了转型时期农民群体对政府的一种态度。农民无法提出抽象的理论,他们看重的是很实际的、直接的方面,在对政府与个人关系的认识上,通常也是情绪化的态度。

痛恨腐败,渴望清官,几乎是所有受访农民的普遍心声。一方面,他们认为贪官太多,因此需要清官来治理。另一方面,虽然清官好,清官必要,但现在出清官越来越难,有可能出现清官,但不抱太大指望。同时,农民期待的清官,既是有能力的官,也是公正的官,为老百姓做事的,心理装着老百姓的官。因此,只有既清廉又有能力做实事的地方官员,才能得到普通农民的认可和信赖。

5. 对基层干部的不满

在乡村地区,乡村干部当然会被认为是基层干部。在日常用语中,除了乡镇干部,人们还会把基层群众自治机构的领导人也称为基层干部,也就是乡村的村民委员会成员以及同级的党组织负责人。之所以有人这样看,主要还是因为群众自治组织的"行政性"大于"自治性",以至于不能"不把他们当干部"。问题是,在基层民众的眼里,只有省市领导,"见了人才是亲近的"③。乡村干部的形象往往与"贪"和"坏"联系在一起。"贪"主要是农民看到乡村干部大吃大喝,以及在各种权力运作中中饱私囊,乡村干部利用手中权力"先行致富",或者

---

① 访谈编号:20110215
② 访谈编号:20110805
③ 访谈编号:20120210

帮助跟他们走关系的人获得好处。乡村也就那么大,这些事情,当地民众也都看在眼里,记在心头。怨恨与不满经过传播和发酵,很难在短时间内改变。

在访谈材料中,绝大多数农民对乡村干部都有着"太腐败"的定性判断。至于"坏",往往与乡村干部对待民众的态度与方式有关。税费改革以前,乡村两级政权每年都要伸手向农民要钱要粮,农民负担沉重,干群关系紧张。在此背景下,乡村干部离"掠夺者"的形象并不远。当时流行的话是,"催粮要款,要钱要命"。乡村政权为基层民众所做的事情,以及一些公共支出所必需的摊派,基层民众并不一定都能接受或理解。但税费的征收和计划生育中的强制与罚款,却是显而易见的,他们对乡村干部的坏印象大都由此而来。农业税取消之后,乡村不再向农民要钱,农民一般也无求于乡镇,除了极少的一些事务如办证和计划生育,不得不与乡村干部打交道外,他们感觉乡村干部与他们的关系不大。与此同时,乡村政权的工作重心逐渐转到招商引资和"维稳"上面。招商引资往往涉及土地征用和拆迁,极易引发矛盾。维稳方面的"一票否决",也使乡村干部草木皆兵,对部分百姓严防死守,疲于奔命。但在老百姓的眼里,他们这样做无异于"压制",对他们的印象自然也好不起来。

如下一些有代表性的访谈材料就能很好地说明这一点:

> 当官的素质、能力没有常人高,常见到的人光为自己。当然,他们也做了政府工作,去办公了,但是基层干部都是为自己。他们只是手段强,并非能力强。人各有志,如果让平常人来做,就跟学走路一样,也可以学着做好。像现在基层这些人(干部),还没有一般人的觉悟高,如李某某(原镇长)都当县长去了,他就是手段高……①

> 现在乡里和村里的干部不能相信啊。我相信他们干嘛,他又不为我办事。有好事都叫他的亲朋好友去干了,我看不惯。②

> 我不相信村干部,一直都不相信。我觉得我们现在跟村干部

---

① 访谈编号:20100231
② 访谈编号:20110224

毫无瓜葛,我们种我们的田,村干部也不管我们。以前还开个会,现在都不怎么开会了。去年估计也就开过一两次会。①

从家庭联产承包责任制开始,我就不相信乡里和村里的干部了。硬是不做事,你看他们会做事吗?到下面开过会吗?找群众做过访问不?没有做过。他听个人的,不听群众的意见,就是这样产生腐败。②

基层政府有问题的很!现在我认为国务院应该将乡政府这些(人)狠狠地整整!就他们拐(坏)的很!③

你看,现在农村贫困的,国家一年给他补助百十块钱。我们这边有个家伙他老爸在广州做生意,一年二十几万,就这还搞了个贫困户。现在都是,你只要跟大队书记有关系,你给他搞点钱,你接几百,他搞个几百就行了。就是这样的搞。现在,国家政策都是好的,到地方就变味了。④

6. 对选举拉票的厌恶

在对农民的访谈中我们发现,农民对基层选举中的拉票、买票行为表示出深深的厌恶。围绕基层选举(主要是村干部选举)的负面现象,他们首先谈及的,要么是选举其实是由乡镇干部指定的所以是虚假的"走形式",要么就是选举过程中存在的拉票和派性争斗问题。对拉票和选举派性争斗的厌恶,不仅是思想观念上的,也是情感上的。

选举好是好。但是,现在不是真正看谁帮老百姓做事就选谁。现在是抢票、拉票、攀关系。就像换届,有钱的送烟、请客。他就是不做事,他有钱,都可以买得到。现在农村不是民主选票,是民主买票!⑤

---

① 访谈编号:20110215
② 访谈编号:20110808
③ 访谈编号:20120214
④ 访谈编号:20120215
⑤ 访谈编号:20110809

村里竞选15元一张票,公开买票。花了几万元当上的官还能真心实意给大家办事吗?肯定是想着法儿捞回去的。上次选举两个人都给我们送钱了,搞得我都不知道选谁好,心里不想收吧,别人就会说你对他不满,不想选他,心里记仇,选吧,又不是自己的本意,真不知道该怎么办。现在选举是这样的,乡里派个人来,大队里给他大吃大喝,陪他聊天,等大队的干部来挨家挨户地把票收起来带过去。这些村干部一心想着怎么捞,哪里想着办点实事,老百姓的一点东西全让他们给贪完了。①

村长还不是选之前他们在下面笼络人心,让亲戚们都选自己,找人面子上的关系啊!现在没有真正由农民选出的村长,现在缺少一个正义的干部。②

村官算是民主选的,但是存在拉帮结派,亲戚连亲戚,亲戚多的就能选上。人家现在选上了,你能怎么样?谁有权利能把那个推翻了呢?所以,现在选出来的就没有正义。③

对选举中拉票行为和拉帮结派的厌恶,甚至让某些受访者提出由上级指定的改革办法。"上级指定,无帮无派,才能无私。指定的就算他跟上级拉关系,跟村里人也联系不大,他到这也没有帮派,没什么关系。"④对社会利益的多元分化以及在此基础上形成的政治多元竞争,受访者普遍没有认可的观念基础和心理基础。对于选举,依然持整体主义的思维模式。在我国的传统政治文化中,也一直从道德和合法性上对拉帮结派给予批判。选举过程中必然出现的组织、动员和拉票,使人们很容易联想到拉帮结派。即使是修祠堂这样的传统行为,在某些受访者看来也是拉帮结派。"政治要真正做到家的话,祠堂是不应该修的。祠堂就是拉帮派,这个姓压倒那个姓。这样搞下去就是奴隶社会啊。"⑤

即使是对较高层次农民很少能够参与的选举,他们对拉帮结派的

---

① 访谈编号:20100231
② 访谈编号:20110210
③ 访谈编号:20110211
④ 访谈编号:20100226
⑤ 访谈编号:20110227

反对也一样根深蒂固。

> 国家领导人那选举的都是有能力的人,选举也比较正规。别的国家党派多,不稳定,拉帮结派的。中国就不存在帮派。地方领导人的选举,我反对拉帮结派,请客送礼,换届选举不够严肃,作弊严重,老百姓不参加选举,不按照《选举法》来实施。①

三、政治信任

所谓政治信任,即社会成员对政治共同体、政治制度、政府当局及其领袖持有的情感认同和政治支持。政治信任包括对政府当局治理能力与绩效的认同,对基本政治制度正当性和具体制度安排的认同,以及对政治价值体系(包括意识形态)的认同。政治信任直接关系到政治合法性,它不仅仅是自变量,而且会成为因变量。美国一项关于政治信任的著名研究就发现,民众政治信任的低落不仅是对总统不满意的反映,而且会进一步降低对总统的评价,从而使得当政者执政环境恶化、政策推行艰难。② 政治信任不仅直接关系到民众的政治支持,也会对治理质量产生深层影响。民众的政治信任度越高,政治系统承担的压力就越小,政治权威的基础就越牢固,可动员的社会力量也就越广泛;相反,民众普遍持不信任态度时,就会造成政治疏离与政治冷漠,直至向政府表达不满,进而恶化治理环境,影响治理绩效。

虽然从认同的集中趋势来看,更多的农民仍在各个方面赋予政府权威以最高的信任评级,政府权威在较多农民心目中仍占据非常重要的地位。③ 但农民对不同层级的政府却存在着不同的信任。这一点已被现有的众多研究所证明。其中,对乡村地区民众差序政府信任的研究比较多,也有关注到当前乡村政权信任度不高的现象。李连江对中国三个省农民的问卷调查表明,63.1%的研究对象认为上面是好的,

---

① 访谈编号:20110217
② Marc J. Hetherington,"The Political Relevance of Political Trust," *American Political Science Review*, vol. 92, no. 4, 1998, pp. 791—808.
③ 陆益龙:《农民中国——后乡土社会与新农村建设》,中国人民大学出版社2010年版,第226—227页。

下面是坏的。他将这一现象表述为"差序政府信任"①。但应看到,李连江等人的研究主要基于税费改革前后中央对农村仍有提取的时期,而且是围绕农民抗争所作的研究。前些年我通过对调查问卷的统计分析也发现,村民总体上对涉及村落公共事务的活动信心不足,对现有精英的信任不足。② 肖唐镖等人在总结1999—2008年间对五省市60个村庄的四次历时性调查数据的基础上,进一步验证了农村基层群众对不同层级政府的信任度是自上而下逐级递减的。③ 人民网于2013年所作的"基层干部形象被误读状况"的调查也发现,超过半数的受访基层干部认为当前社会上对其存在普遍误读,但只有两成的群众认为基层干部被误读;超过六成的基层干部认为社会舆论低估了他们的群体印象,但只有四成群众这么认为。④ 在成因上,有学者认为,差序政府信任与历史传统、中央集权体制有一定的关系,但主要是基层政府行为失范的必然结果。⑤ 另有学者认为,这种心理既反映了制度规范的差异性,也体现了压力型体制造成的政治信任疏离。⑥ 还有研究者强调了基层政府的政治接触结构对政治信任的影响,基层政府身处与民众接触的第一线,与民众的接触是全方位的,民众最容易将不满意归结于基层政府,从而带来情感的疏离和信任的下降。⑦

本次访谈材料也显示了农民对中国不同层级政府的差序信任。在216位受访者的表述当中,有193位谈到了对不同层级政府(或干部)的信任度问题,其中,177位明确表达出对中央政府的信任和支持,相比之下,只有15位明确表达出对地方政府的信任和支持。基层政府(或干部)被信任或支持的情况则最为尴尬,只有4位明确表达了

---

① Lianjiang Li, "Political Trust in Rural China," *Modern China*, vol. 30, no. 2, 2004, pp. 228—258.
② 刘伟:《群体性活动视角下的村民信任结构研究——基于问卷的统计分析》,载《中国农村观察》2009年第4期。
③ 肖唐镖、王欣:《中国农民政治信任的变迁——对五省份60个村的跟踪研究(1999—2008)》,载《管理世界》2010年第9期。
④ http://politics.people.com.cn/n/2013/0528/c1001-21634841.html。
⑤ 谢治菊:《论我国农民政治信任的层级差异——基于A村的实证研究》,载《中共浙江省委党校学报》2011年第3期。
⑥ 沈士光:《论政治信任——改革开放前后比较的视角》,载《学习与探索》2010年第2期。
⑦ 叶敏、彭妍:《"央强地弱"政治信任结构解析——关于央地关系一个新的阐释框架》,载《甘肃行政学院学报》2010年第3期。

积极的态度。可见,广大农民对中央政府的高支持度应该是一个压倒性的社会事实。

一位受访者的说法很有代表性:"县级以下的政府没有值得信任的,只有中央到省级的才是值得信任的。上面的政策是好的,下面的人素质低,不执行。"①

另两位受访者的看法与此相似:"政策是国家政策好,有些事情是属于地方政策,是'土政策'搞的鬼。往年有人编的好,'中央大天晴,省里起乌云,县里涨大水,地方淹死人',一级一级的下来,最开始的套路完全变了。"②"县至乡、村坏得透顶。"③

在中央政府(干部)比地方政府(干部)和基层政府(干部)更值得信任的问题上,我们这次的受访者的态度基本是一致的。其理由有受访者曾做出回答:"越往上,离中央越近,政府就越不敢乱搞。像我们这里天高皇帝远的,越到下面就越黑呗。"④"现在的问题是:国家'好比一座山,从上到下,上面是晴天,到半山腰慢慢就黑了',下面有的干部不行。"⑤个别农民指出了信任的分水岭,另有少数基层干部出身的农民对基层干部表示出一定的理解和支持。

可以发现,农民大多是通过中央电视台(特别是《新闻联播》栏目)等主流媒体了解中央政策,农民直接接触的是基层政府的政策实施。不受民众常规约束的基层政府在资金、政策方面大打折扣,而且不公开政府的预算、决策等信息,农民群体两相比较,自然得出了"中央好而下面执行得不好"这一看似正确的结论。

1. 对中央政府的高信任

受访农民对中央政府及其政策和主张的认同度高。

> 中央政府更好,政策很清楚、很明白,为人民办事。⑥

> 中央政府很公正,政策都不错。等级越高,越公正。他们工

---

① 访谈编号:20100232
② 访谈编号:20100103
③ 访谈编号:20110265
④ 访谈编号:20100234
⑤ 访谈编号:20090715
⑥ 访谈编号:20120702

资高,用不着贪。没有这事那事。下面的官事情多,要给上级送礼,还要收下级的礼,切身利益多。①

中央那些政策都是为老百姓着想的,一到下面就完了,都歪了。②

问:您觉得越高层次的政府越公正吗?

答:那是一定的哟,就像接水管子,开始很大一股,到后面就只有一小股了嚓。③

当然,对中央政府的高信任也不是一成不变的。李连江晚近的研究,旨在探究公众是否对政府的决心(commitment)和能力有相差悬殊的信任程度。他概率抽样了 800 名福建、浙江的农民,分别抽样了 614 位 15 个省份的上访者和 664 个来自 28 个省份的正在北京上访的农民。运用两个回归分析:对中央的信任对上访倾向的影响;上访后果对这一信任的影响。最后得出结论:相信中央的会去上访,但是一旦上访,通常就是失败,这之后就不会相信中央了,会变成潜在的激进分子。问题是,上访的农民在乡村社会毕竟属于少数,普通农民对中央政府(干部)的高信任一般是不会改变的。

当然,也应看到,农民对中央政府表达高信任也具有策略运用的意味,属于有学者所论的"实用道义意识"④。如一位受访者所言:"中央那些人呢,通过媒体,还是看到了一些偏远的问题。但是距离百分之百解决这些问题还是没有达到。官逼民反,我们这些人还是要相信中央嚓,还是要靠中央和中央的政策,他叫打东就打东,叫打西就打西,你底下的人是抬不起头、告不下状的啊。全靠中央干部清醒嚓。历代皇帝也是的,不能怪他,因为他不能明访,只能私访。"⑤"还是要相信中央"成为农民后续表述和行动的基点,农民对"相信中央"的强调,无疑包含了在现有话语框架和体制框架下寻求有利于自己言行正

---

① 访谈编号:20120703

② 访谈编号:20100224

③ 访谈编号:20110246

④ 仝志辉:《权利诉求中的实用道义意识——从理解农民选举上访信开始》,载《中国乡村研究》第十辑,福建教育出版社 2013 年版。

⑤ 访谈编号:20110227

当化的成分。

2. 对地方政府的低信任

在中国,农民无法信任地方政府和基层政府的现象,似乎是一个源远流长的传统。从某种意义上讲,这也是中央集权体制下地方政府和基层政府的宿命。中央政府一直充当公正和恩惠的角色,地方政府和基层政府因为缺乏民众的有效参与,加上事实上存在着的截留和不公现象,使普通农民充满着对它们的猜疑和不满。早期传教士就发现中国人根深蒂固的对地方政府的不信任现象:"凡事都是如此,在涉及钱与粮这两种构成大多数中国人生活经纬的东西时,这种感觉最为明显。按照一定的分配方案将一笔待分的钱合理地交付给大家,这本是一件好事,这对于中国人说,很难信服,因为这种分配他没参与,而他所经历的许多次分配,总有一个显著特点,那就是,被扣留了不少钱。"①经过了一百多年的时间,这一现象并未有丝毫改变,甚至在某些方面变得更为严重。

受访者对地方政府的认同度低,对地方政府官员持有"普遍腐败"的认定或想象。当然,相对于基层政权,省市政府得到农民更多的信任。正所谓"中央政府是好的,中等以下的政府,腐败!"②

不少受访者清楚地表达了自己对地方政府或地方官的不信任:

> 有些事情是地方政府的事情,跟中央没得关系,中央政策好啊。③

> 我当然相信政府是好的,就看这几年这么多政策就是为我们老百姓说话的嘛!老百姓以前种田要交皇粮,纳国税,现在种田反倒是还得钱(农业补贴)。政策是好的,就是政策经过层层转达到了我们这里就变了味了,中央拨下的钱,等到我们手里面就剩不多了。天高皇帝远嘛!这些地方官做点手脚,上面也难得查。现在想找几个能跟百姓全心全意办事情的干部啊,少得很啦!中央政府呢,上面的人一下来就直接考虑到我们老百姓,没有那么

---

① 〔美〕明恩溥:《中国人的素质》(林欣译),北京:京华出版社2002年版,第238页。
② 访谈编号:20100229
③ 访谈编号:20110207

多的层级嘛！那句话怎么讲来着:共产党就是为我们老百姓谋福利的嘛。①

国家的政策都挺好的,就是看你下面的执行情况了。现在这个医保、低保,就是说国家想到老百姓了,但是地方干部素质有问题,老百姓的存折他就给整出问题,所以毛病不是出在国家上,而是出在干部个人上。中央肯定是好的,是为老百姓,但是到这个地方上就不行了,他的思想、私心太重,当这个官就是为他自己,所以老百姓不受益。②

关键就是在这个:上面的政策好,下面的政策就污,你去搞嘛！讲正确、政治,地方政治不好得很。上面的政策是好,中央的文件、省里的文件说的是好,下头都黑。③

县级以下的都是扯淡,起码得市级的才行。人家中央制定政策的初衷是好的,你看新闻里中央一直强调注重民生,改善民生,减轻农民负担,提高农民生活水平。就是下面变样了,很多好的政策没有得到执行。④

中央到省级都很好,但是从县级开始,以下这些就不好了。上层的政策确实是为人民的利益,但是下层干部素质太低了,使得干部谋利,人民得不到实惠。⑤

政府是好,政策是好的。下面干部执行尤其是县以下的不好,我不相信地方政府,好说白话说大话说假话。⑥

相比之下,村干部往往更能理性地看待地方政府存在的问题:"中央政府做哪样都朝农民的利益方面去考虑,但是地方政府呢,有些解决不平衡,有时候地方政府看人做事……这应该是国家本身的问题,干部有一些本身也搞得不实在,干部要多加培训、多加教育。国家要

---

① 访谈编号:20100209
② 访谈编号:20110222
③ 访谈编号:20110242
④ 访谈编号:20100231
⑤ 访谈编号:20100232
⑥ 访谈编号:20110213

把政治方面理清,特别是地方政府,把该讲的就要讲得正规点、清楚点,不能这边轻那边重。地方政府发放救济粮时,在发放的扶贫对象上不公平,有一些一年三百六十天都在得,一些人一辈子都不得。"①

3. 对基层政府的不信任

自近代中国开始进行现代国家建构以来,国家权力向县以下延伸乃大势所趋。在县之下,逐渐出现了正式的权力机构和人员配备。但这一举措改变了之前乡村治理精英的性质,即由原来的"保护型"向"汲取型"转变,因为他们需要向上负责,从乡村提取资源,而乡村社会的自治再也无法保全。中华人民共和国的建立是现代国家建构的深化,执政党和政府权力全面延伸到县之下的乡村社会。到人民公社化时期,政治权力的延伸达到前所未有的程度,乡村社会的自治性全面窒息。20世纪80年代我国撤销人民公社,在其基础上重建乡镇政权,从此之后乡镇作为基层政权的建制稳定了下来。从国家治理的角度看,乡村政权是中国政权体系的底座。"上面千根线,下头一根针",乡村政权要承接从中央到地方各级政府下达的指令,也就是说它处在"压力型体制"的最末端;另一方面,乡村政权毕竟处在乡村社会当中,受到当地乡土性社会网络的影响,直接面对当地民众展开工作;最后,乡镇毕竟是《宪法》规定的一级政权,它具有自身的结构与功能,也有自身的需求与利益。这三个方面的因素交织在一起,致使乡村政府/干部在普通农民那里的形象显得复杂而矛盾,负面而消极。

受访农民对村干部基本上没有多少好感。一位村民一提到村干部就气不打一处来:"钱都让他几个抓完了……当个干部就跟当了国家主席一样,天啊,那叫一个凶!平时没啥事的时候摆个臭架子,你跟他说话,他爱理不理,有啥事找他,他也总是敷衍了事。比如说我们村到街上的路修了很多年了,不好走了,好多车都不愿意上来,载点种子肥料特别不容易,然后村里面有些人提议自己出钱出劳动力把路修整一下,干部居然说这样做违法。我没偷没抢,自己把自己村里头的路修修,怎么会违法?他几个就是怕麻烦,怕耽误他们的事,所以拿违法来吓我们这些平头老百姓。不过这招也还真管用,以后没人敢提修路

---

① 访谈编号:20100210

这事了,所以至今这路还是老样子。我们买肥料买得不多就自己从街上扛回来,买得多的话,就让车走旁边村子的好公路,然后我们去旁边村子背回来。"①

相近的表述非常普遍:

> 党的政策是好的,到了公社(乡镇)和大队(村)这一级就不行了。只知道吹牛。②

> 现在国家政策是真的很好,连学生上学都免费,分钱不交。种庄稼历来都是要收税的,现在不仅不收税,还倒给我们农民这补贴那补贴。只可恨这些当乡村干部的,这几年他们可是赚足了……③

> 我对国家政策没有意见。农村治理不好,就是基层干部的问题,他们本身素质的问题,不是国家制度的问题。④

> 中央政府我还是相信的,他们给老百姓好的政策。但是这些乡政府,没一个好的。改革开放以后没有几年,他们就好像成土地主了。什么好处都拿给自己,没有给我们老百姓一点好处。前几年国家不是搞农业补贴吗?我们这里硬是推迟了两年才发,钱到哪里去了?你说,还不是到他们腰包里去了?对这件事,大家意见相当大。⑤

> 公平的话,从中央到省都是好的,但是乡镇就是污的。⑥

> 政策还是蛮好的,但是真正落实的比较少。像我们的农田补贴政策、医保这些说得很好听,但是没有实际的作用。党还是挺关心农村的,但是下面的干部各搞各的一套。只要是中央直接补贴的钱还都是到位了的,要是经了村里人的手,我们根本就得不到。就像退耕还林,这个钱是国家直接打到信用合作社的卡上,

---

① 访谈编号:20100101
② 访谈编号:20110244
③ 访谈编号:20100104
④ 访谈编号:20110222
⑤ 访谈编号:20100234
⑥ 访谈编号:20110831

每年还是能得到,但粮食补贴就没办法了。①

干部就没搞什么事,他好歹一个不惹我的,我也不理他。说实话,我们咧吴家门的干部影子都很难看到,收自己屋里的柑子,还管你的哟!这还不是最讨厌的,看不到他们心情还好些,看到才烦,最讨厌他们。哪个干部不贪污?只要看到点值钱的,荷包早装了。找你收钱来就跑不赢。②

底下当官的,村里的、乡镇里的干部还不都是一样?这些当大脑壳的(指当官的人)哪个不贪?不贪,哪里来的钱抽烟吃酒?你看这些大脑壳每次下来哪个不是肚子吃得滚圆滚圆的?口里叼的是芙蓉王,20多块钱一包,一年光吃烟都要万把块,一般的人哪里吃得起?这些人屋里搞得极好的,这些没得钱怎么做得来?毛泽东时候这些底下当官的还好些,现在底下这些做官的哪一个是真心实意想帮老百姓做事的?或者有帮老百姓做事的,那是极少数的蠢子才这么做的。你到外面打工,工资低了还嫌弃。这是一样的理。③

以前还经常开会,还是联产承包的时候,村干部行些,那通知播种时间呀,种子呀,还经常碰面,开会我们也蛮积极。现在换届选举都不去,根本不开嘛会,要开去几个人都蛮不错哒!④

我刚开始自己干个体的时候,接触的那些干部和后来的很不一样。以前的干部更负责任,非常重视政绩,真心想要带农民致富;现在的干部就不如以前负责任了,有的就是想把腰包弄满了,找他们办点什么事,不送礼就免谈。现在上面的政策虽然不错,可是下面的干部不行,级别越低越不行,该管的不该管的都管,素质不高,经常瞎管。⑤

在我们的访谈材料中,只有极个别的普通农民理解到基层干部的

---

① 访谈编号:20100228
② 访谈编号:20100217
③ 访谈记录:20112033
④ 访谈编号:20100218
⑤ 访谈编号:20090705

无奈:"你村干部也就是上面下个什么文件,下面就跟着做,能有什么权力呢?村里穷,他们不都跟着一样?"①往往是村干部或曾经担任过村干部的受访者对基层干部(包括村干部)表示了更多的理解和认可。如一位在任的妇女主任就说:"说实话,对于乡里面的那些领导,他们所做的我们是看在眼里的。三天两头地下乡,要考虑很多问题,老百姓的农业生产、上面政策的落实、危房改造、外出打工人员的回村再生产问题、道路建设、生活补贴,等等。可以说,他们是相当的累。至于在领导下面工作的人,有吃苦耐劳的,积极投入工作的,也有混混饭吃的懒汉。上面的领导经常下来,自然就跟百姓亲近了好多,有时候村里面的好多工作,也需要上面的人来动员才开展得起啊。"②

普通村民对村干部几乎没有表示出认可和支持的,更不用说好感了。

在所有的访谈材料中,只有极个别是相信基层政府的。

这个肯定是比较相信跟自己贴近一点的。③

问:从基层政府到中央政府,你比较相信哪一个?
答:基层的,因为基层的比较有人情味儿。上面的都是空的。④

由农民的政治信任结构看,农村地区虽然可能会出现局部的社会不稳定,但政治稳定可以预期。因为农民信任中央,遇到问题尚有向上层反映的渠道。但问题是:地方党委、政府和基层政权的认同度如何改善?其治理效果怎样保证?

4. 对社会公正的无信心

北京大学中国国情研究中心的调查显示,中国公民具有较为普遍的公平观念。⑤ 在乡村社会调查,很容易听到农民的一句口头禅:"这太气人了!"农民之所以感到"气人",一定是某人所做的某事触及他

---

① 访谈编号:20100230
② 访谈编号:20100210
③ 访谈编号:20110843
④ 访谈编号:20110844
⑤ 唐文方:《中国民意与公民社会》,中山大学出版社2008年版,第125页。

的正义感、做人原则或道德标准。"气"是中国乡村非常重要的一种现象,直接与乡村社会的不满和抗争相关,有其自身的产生和演化逻辑。① 这说明,农民有着坚持和维护正义感的倾向。但气人的事情多了,而事情最终也未能按照他们的正义愿望发展,他们对社会现实的不正义也就感到无奈,从而逐渐丧失了对社会正义的信心。有学者在对农民上访和抗争的调查中,就听到农民无奈的埋怨:"这些人很厉害,很发达,他们在郭村惹下很多事,现在都没解决,都没人管这些事了,现在这个社会有钱就行,有钱就可以拿钱买选票,有钱就可以派人打人,砸人家的房子,还可以封人家的口。"②类似这样的埋怨在我的访谈材料中也比比皆是。

法律是一个社会公正的底线,但是农民对法律的认同度并不高。陆益龙针对农民的社会调查也表明,当前农民在诸多方面对法律机构的权威的认同或信任程度相对较低,这与目前的现实也是较为吻合的。农民对法律机构和法律权威认识得并不很清楚,而且不在迫不得已的情况下,农民很少与法律机构打交道,法律与农民的距离目前依然较大。距离感和生疏感难以让农民对其权威有较高的认同。此外,法律在乡村社会生活中的功能的专业化,也制约了它与农民之间的关系及其在农民心目中的地位。③

即使是上访这一广大农民更加倾向或不得已选择的维权途径,也有受访者看到它并不能解决问题。"上访没有成功的,我们安溪有人上访,根本没成功。因为到省里到中央之后,就有人来跟你说何必上访呢。你去上访,下面马上派人把你接回来了,不让你说了,因为他不乐意听群众反映。现实的这个问题基本不能反映,不会成功。"④

我们这次调查中,只要访谈员问到他们对现在社会风气的感受和看法,或者问到他们对现在基层政府(干部)和地方政府(干部)的看法,他们往往都是牢骚满腹,"气不打一处来!"

---

① 参见应星:《"气"与抗争政治:当代中国乡村社会稳定问题研究》,社会科学文献出版社2011年版。
② 程平源:《青天·村霸·能人:农民上访与抗争中的三个关键词》,载《青年研究》2012年第2期。
③ 陆益龙:《农民中国——后乡土社会与新农村建设》,中国人民大学出版社2010年版,第229页。
④ 访谈编号:20100208

在农民对当前社会正义不正义的看法上,有两点值得我们重视。

一是,一小部分受访者承认在大方向上,社会的正义增加了,至少在某些方面,社会变得更加正义了。

> 社会的正义？咱不是很了解……嗯,应该是……有人做了坏事,大家都来批评他,指责他,你说是不是啊!？还有政府,嗯,公平公正公开嘛,这是社会的正义。每个人都是平等的,弱者都得到了保护;另一方面呢,能得到一分汗水一份价值,也就是说自己的价值能够实现;还有一方面呢,每个人都享有基本的人权。在大方向上,这个社会变得越来越公平。一些平等问题正在解决。法制越来越健全,还慢慢地解决了养老保险啊、社会保险啊一些问题。中国走的是法治社会,通过法制保障人与人之间的平等啊,或者公平的交易啊,或者是人们之间的矛盾啊什么的。①

> 现在的农村社会,有的方面正义了,不如以前正义的方面也存在啊。正义的方面呢,现在农村社会大部分比原先有些民主化了,老百姓有法制观念了,比以前更按规则办事了。不正义的方面呢,就是这个社会风气。原来这个穷富相差不大啊,那个时候就是人帮人,人的思想那个时候是比较淳朴啊……现在说说这些不正义的啊,为追求这个经济利益,一切不择手段,一些歪门邪道,想走捷径,想发家致富,这就是农村啊。你说为啥,农村穷富差别很大了。你看那穷得不行了,就逼着他去搞些歪门邪道。再一个是选当官的,这个买票啊,搞这些关系啊,到处是这样的人啊。原来是想着先让一部分人富起来,然后先富带动后富。实际上是怎么样的呢？实际上是有一些人先富起来了,可人家不想带动别人啊,人家是想怎么让你跟不上,差距越大越好。有这个想法是不可能发挥这个积极作用啊。这距离拉大了,感情也不行了,实际上这是不好的风气。②

二是,那些中老年农民,即我们这次访谈的主要对象,他们对毛泽

---

① 访谈编号:20110838
② 访谈编号:20110841

东时代的平均主义都有着或多或少的记忆,加上中国社会源远流长的"不患寡而患不均"的倾向,农民之所以认为当前社会不正义,很大一部分原因就是结果上存在的贫富差距和社会分层,以及造成这种现状的"靠关系""走后门"等不合理现象。一位曾经做过村干部的受访者就表达了非常消极的看法:

> 现在这个社会,说政治,还不如看点老古戏。你看那老古戏,有个坏人就杀了。现在呢,该斩的不斩,该判的不判。现在的人事关系太复杂了!一个小事情,牵连一大堆人或事情……当官的都出钱,互相打坨子(行贿,送钱)。为啥子呢?小官给大官打坨子(即送礼)。你光送钱,不收钱也不行,要倒贴,你能力再强有啥用,你站不住脚。这当官的贪污受贿,买卖职位……关心政治还不如不关心,我平常也看新闻,就看点简单的。不在其位不谋其政,正因为自己从过政,了解里面的黑暗,所以我现在更不关心政治。①

另一位受访者甚至直接讲:现在不讲究公平,现在国家不管了,没有公平可言。②

但是,如果受访者不将周围人之间的贫富分化与国家联系起来,他对于村内或社会生活中的公平倒能持比较平和的心态。"村上没有什么不公平的。不能讲村上或是乡上不公平,你没有能力,赚不到钱,你没有发财的门路。村上又没有说堵着你的路,不让你去发财。像我们屋场一样,丁波发了,华华、丹妹、勇妹他们还不是发了?还是要靠自己啊。自己没有门路,我不能说是村上不公平嚓。"③

> 大多数看起来还是公平,百分之七八十。都在搞自己的,发展自己的,有能力的,有计划的,有头脑的,发展得就快;出去打工,挣钱就快。文化水平低的,就是刚才我说的那样,前怕虎后怕狼的人,永远都搞不起来……都向钱看,有胆量的人,反正冲一下,管他输就输赢就赢,就要成功。④

---

① 访谈编号:20110205
② 访谈编号:20110206
③ 访谈编号:20110228
④ 访谈编号:20110242

但若与基层政府或基层干部联系起来,受访者就对正义缺乏信心。"正义什么啊,现在就没有什么正义。举个例子,咱们村有个人贩假人民币呢,查出来了,一百多万呢。按国家这政策,就应该立即正法,进行枪决呢。可是他女婿的亲戚是在上面当官的,政法委这些都有认识的人,花了点钱,下面就把罪免了,说是什么有心脏病。这是权力与权力之间的一种潜规则。有些大官,也会有自己权力涉及不了的地方,这个时候他就需要别的官帮忙,而官与官之间是要互相帮的……村里面也是这样,只不过没有那么大的权力,类似的事情也就少点,但本质也是一样的啊。"①

显然,受访者看到和感受到的政治经验,特别是腐败现象,使他们对政治和社会公正缺乏信心。这种心理倾向是普遍存在的,而与此倾向相共生的,则是他们对清官的期待。

---

① 访谈编号:20110210

第三章

治理转型背景下的农民政治心理(下)

一、政治评价

评价的基础是了解,而社会中的个体对不同时代及其领袖人物的评价,则与他们的生命历程和历史记忆直接相关。国内关于社会记忆的研究,也基本上经历了从集体记忆到个体记忆的转化。① 这与本研究的取向也是一致的。记忆最终要落实到每一个个体,从众多个体的记忆中又可以提炼和总结出记忆的代际差异。显然,个体基于记忆的政治评价,受到不同时代政治历程的深刻影响。

1. 对不同时代的评价

本研究涉及的时段,大致分为改革开放前和改革开放后两个时期。其中,改革开放后又可以分为改革开放初期、20世纪90年代和新世纪以来这三个小的时期。据简单统计,在216位受访农民中,共有203位表达出对不同时代的评价。其中,明确肯定改革开放前时代或其政治领袖的共118人②,这说明毛泽东同志在广大农民群体中拥有的崇高声望;对改革开放初期持明确的积极评价的有74人;而对新世纪以来持认可态度或积极评价的则高达88人,这说明近期国家农村政策的调整收到了较好的民众反响。

---

① 刘亚秋:《从集体记忆到个体记忆——对社会记忆研究的一个反思》,载《社会》2010年第5期。
② 访谈材料表明,农民对毛泽东和改革开放前时代的评价是分开的。也就是说,高度评价毛泽东的,对改革开放前时代不一定留恋或向往,反倒是更接受改革开放后的时代。

总的来看,受访者对不同时代的评价都有正反两面。他们对于改革开放前的积极评价,主要是认为那时社会风气好、人们的政治思想好,而且没有现在这么不平等;但他们也觉得那时普通人不自由。他们对于改革开放初期的积极评价,则主要着眼于该时代所带来的经济发展和社会自由,但也看到社会转型对人们的思想观念和行为方式的负面影响。受访者对新世纪以来的积极评价,主要集中在政府取消农业税,实行种粮补贴、义务教育免费、新农合和老龄补助等政策方面,因为这些政策让农民看到了实实在在的好处。

受访者对改革开放前时代的评价比较集中:

> 毛泽东时代,政治治理好,贪官少,不敢贪;会议开得多,宣传多,对下层严肃管理;解放后为人民做了很多好事;无论多大的官,都用国法处理……说一不二,中央下达命令到地方上,能够贯彻执行。还有,……毛泽东不会顾及个人的面子,选最难处理的问题处理,到最贫穷的地方去,大力发展穷困地区。……美国打朝鲜和越南时,中国耗费了很大的精力在上面。不过,毛泽东确实做得好,始终保证战争在国外,不能打到国内来。①

> 那时候搞大集体,土里萝卜都不让种一点。挖完洋芋以后想自己种点萝卜,他会讲我们在搞资本主义;自己开一点荒地,也是搞资本主义……那时候讲平均主义,想象着让大家都富起来。那时候土地买得多的就是地主,请人种就是剥削,所以要把地主的财产没收了。没收以后就分给这些农民,只有贫农能分到一些,我们那时候是中农,得不到。②

> "农业学大寨"的时候,每年腊月三十还吃忆苦餐,唱这个"想起往日苦,两眼泪汪汪"。早上就吃那个丁蹦菜、猴子屁股(一种野菜),搅点糊糊(面疙瘩),其实这还不叫忆苦餐,这是好生活,我们解放后才吃得到。真正的忆苦餐是杂菜搅糠。③

建国后呀,什么时候日子最差,应该就是"农业学大寨"的时

---

① 访谈编号:20100232
② 访谈编号:20100101
③ 访谈编号:20110203

候。那时候我们不能自己做主,只能听从公社的,公社让我们种什么就要种什么。那时候呀,好好的耕地非要弄成梯田,还要我们学苦,越苦越好,哎……①

那时候不太好。集体经济不开放,政策太不自由。像我们农村的人根本就不能去其他地方赚钱。那个时候主要是怕闹事,我们村里根本就不能到其他地方去,就没有什么自由。而且,那时候也吃不饱,像饥荒的时候你爸他们没吃的,只能吃观音土,受了不少罪。②

那个时候当官的权力很大,一个小组长的权力都特别大,还莫说小队长,小队长的权力就更大。因为啥子呢?那个时候是平均主义。过来的人说,那个时候田是大家伙种,粮食收上来后,是大家伙一起分的。按你挣的工分,按你的人口平均分,人口是基数。比方说,人均一年四百斤粮食,但是挣工分多的能分到四百八,少的可能只有三百六。啥子都是分的,人强了给你高分,人弱了给你低分,所以说那时候有权的挣得多,可以干轻省事,还可以到外面做点生意,没得权的、弱的干重活,挣的工分还少。当官的给你安排重活儿,给自己和亲戚安排轻活儿。你们现在体会不到。现在你当官的,我敢跟你干,那个时候你敢吧?③

那时候也有好处,有合作社……有好的一方面,也有不好的一方面。……我们没怎么挨整,可我的父辈没少挨。本来很多时候不是那么一回事,但是人家硬是给你闹成那回事……弄个帽子给你戴着,压都压死你。"文革"的时候,我本本分分的,什么都不说,什么都不做。一方面是怕麻烦,今天你把我批下去,明天你又被人批下去,过不成安生日子;另一方面怕给自己找麻烦,我不害人,人也莫来害我。④

我二十多岁的时候经历了"文革",记得当时有好多人参加了

---

① 访谈编号:20110271
② 访谈编号:20100228
③ 访谈编号:20100201
④ 访谈编号:20100103

批斗,专门批斗那些地主、富农,等等。但也有的是乱搞,有的人本没有什么错误,莫名其妙地就拉出去批斗,原因是有的人趁机会报私仇。一旦你平日得罪了什么人,你整日都要提心吊胆的。①

说实话,那个时候遭业是遭业,那个秩序才好咧!人都简单些,你说现在贪那么多才判个有期徒刑,我们那个时候,偷一点东西就完哒。②

解放前官僚地主占用土地,没有水利设施,农民帮种田,赚点粮。解放后大兴水利,挖塘、建坝、建水库,而且农民分到了田,这些是农民的最大利益所在。……解放以后,特别贫穷,科技也发展不起来,人民生活水平无法提高。③

积极评价改革开放初期的代表性表述有:

包产到户以后,老百姓各人屋里才有吃的,粮仓才慢慢满起来。那个种粮食哪是一起搞的事啦?你看,各人搞各人的,老百姓才有劲头嘛!④

改革开放就是一个转折点咯。从那以后,国家的经济发展是很快的……⑤

改革开放以后,我们这边就开始发展了。一听改革开放的政策下来,我们一开始还不敢相信,我们什么都不敢做,生怕哪天又变成了资本主义。后来慢慢有人尝了鲜,我们才敢开家小店。你不要看这个店小,还开了不少年呢。我们这些快老的人,也不能像年轻人那样到外面闯,我们能温饱就可以了。⑥

更多的则是直接将改革开放前与改革开放后进行比较:

这是最好的时代,从这个几万年几千年来都没得现在的共产党好。我们70多岁啦,我们受过国民党的惊吓,我们现在坐在这

---

① 访谈编号:20090726
② 访谈编号:20100214
③ 访谈编号:20100232
④ 访谈编号:20110823
⑤ 访谈编号:20100207
⑥ 访谈编号:20110273

里,是通过个人的想法得出的结论勒。①

建国到现在,我还是觉得目前的政治比较好。人民生活富裕,自由。我们生在新社会,当时的政治,看怎么说。那个时期讲政治,但是管理得没有现在好。当时的制度没有现在的活,现在是责任制,以前是集体制。现在有现在的缺点,以前有以前的缺点。以前是政治浓厚些,物质生活差一点,现在是物质生活强,政治没有以前那么强调。现在主要是抓经济。目前的政治状况好,只是抢劫、盗窃等事件比以前要多些。以前的政治,毛泽东时代这样的事情比较少。②

毛泽东的时候吧,政治稳定,就是不敢说话,现在言论蛮自由。邓小平的时候,分田到户,提高了农民的积极性。毛泽东那个时候法律上就严格些,政治挂帅,讲政治思想、素质;现在是钱开道,经济挂帅,法律不够严肃,有钱可以减刑。③

要说现在,还是好些。我没读过书,说的可能没得谱,但是现在确实不要天天斗,天天整,瞎搞了,种自个的田!④

邓小平是最开放的,改革开放,政策也开放。江泽民和胡锦涛都是走邓小平的道。邓小平时代,有什么能耐就有什么样的高度,就靠能耐吃饭。⑤

就政策上面来说,邓小平那个时候比较好喽。他讲究建设中国特色社会主义国家,不管是经济上还是生活上,都跟以前不同了,都有大大的提高。改革开放以来,优缺点这个是不可避免的,但是不管是科学还是农业,都有了很大的发展。⑥

邓小平上台了,我们村民就像鱼进入了大海畅游。那时候就自由多了,人可以随意流动,我们也不用顾忌很多。那时候思想

---

① 访谈编号:20100213
② 访谈编号:20120201
③ 访谈编号:20110217
④ 访谈编号:20100216
⑤ 访谈编号:20110223
⑥ 访谈编号:20110842

比较先进,处于形势扭转的时候,所有事都有个过渡,有些还是不太成熟,到胡锦涛的时候就完全扭转过来了。①

邓老在毛老的基础上升了一步,土地下放,对外开放,把国家搞通哒,确实是把一批人搞富了……②

我们还是没得水平评的,要说这都是根据时代转化来的,一代比一代要好。不过说农民的话,还是毛爷爷时心情舒服些,他那才是真的打富济贫!现在没得原来好,农民用的钱还不抵人家揩鼻子的钱。你看,现在过个年,有的放个鞭炮就大几千,有的连小菜都买不起。③

我是毛泽东时代的人,那是拼搏的时代。初期不努力拼搏,生活就很苦。后来改革开放时代,那是自由的时代,农田交给我们自己做,很自由。农闲的时候,可以去外出打工;农忙的时候,就回家干农活。现在改革开放,只是注重建设。你要说那时快乐还是现在快乐,不在乎是现在快乐还是过去快乐,每个时期都有自己的快乐。现在生活条件改善了,自由了,心情就好。④

在毛泽东的手里,农民翻身做主。现在来讲,在做主人的基础上更加巩固。改革开放后,农民更加自由。原来不太自由,原来去赚钱就会被认为搞资本主义。邓小平讲先富光荣,你爱怎么搞就怎么搞。⑤

毛泽东时候穷,但人心齐;不过说回来,还是现在好,想玩就玩,想吃就吃。现在自在些,以前村长跑屋里来,就恭敬的不得了;现在镇长跑来哒,都不当回事。我卖我的橘子,他当他的官。⑥

毛主席的时候好点,改革开放以后乱多了,有乱抢乱偷的。现在来讲稍微要好点,但是不及毛主席那时。那时候牛马不关也

---

① 访谈编号:20100228
② 访谈编号:20100214
③ 访谈编号:20100215
④ 访谈编号:20110206
⑤ 访谈编号:20110231
⑥ 访谈编号:20100217

不担心被偷,现在就不行嘛,你稍微不注意点就没在啊。①

现在治安不行,不紧不严。案子破的慢,偷盗抢劫多了。太混乱了。现在是,有钱有人就行,打几个人没事,花钱呗,不像过去那样严。②

现在老百姓确实富了。……种田不收钱,还返钱,但是现在社会秩序乱了。现在你看,一个是小偷小摸,一个是打砸抢赌,现在是不告就算了,在毛主席那个时候肯定搞不成。③

坏人要在毛泽东手里,他就不敢贪污,你要贪污就要被公斗,就要开除你。在毛泽东手里官民一致,人人平等。现在就不是人人平等噻。现在的人,高的就在天上,低的就在地上。④

邓小平以后,政策好是好,言论自由,之前还敢乱说?说了,下面就找空子整人。但是对腐败抓得不好……⑤

现在社会风气也不如以前了,人和人之间都提防着,你怕我好,我怕你好。人的关系越来越复杂,不如以前;每个人都只为自己的利益着想。以前的社会并不是就完全好,农村人读不了书,就算读了大学也没用。但是那时候的人思想觉悟更高,比现在和谐。⑥

邓小平时代政策好。但是一条,社会不太好。毛泽东时代地上掉东西都没人要,现在不一样。现在跟以前比,确实富裕很多。邓小平说的是先让一部人富起来,先富带动后富的。但是,你看这改革开放二三十年了,有钱的始终是有钱,没得钱的还是穷得要死。为啥子呢?有钱的他有办法更有钱。⑦

从这些话语中可以看出,受访者普遍肯定改革开放前的社会风气

---

① 访谈编号:20100212
② 访谈编号:20100225
③ 访谈编号:20110208
④ 访谈编号:20110224
⑤ 访谈编号:20100231
⑥ 访谈编号:20090705
⑦ 访谈编号:20110205

和治安状况,而对改革开放前的消极评价则往往集中在两个方面:一是那时生活上比较艰难,且人身自由受限制;二是那时政治运动频繁,伤及无辜。对于改革开放以后的时代,一般都认为现在比以前富裕,生活比过去好,言行都比过去自由多了。但在谈到改革开放以来的消极面时,受访者表现出普遍的一致性,那就是认为现在社会风气没有以前好,人们没有信仰,只认权和钱,比较腐败;贫富差距太大,人与人之间的关系不好;社会治安不好,偷盗泛滥,赌博风行,等等。因此,社会公平和贫富差距的缩小,将是资源供给之外获取农民政治支持的另一途径。

进一步研究发现:相对于喜欢改革开放前的人,喜欢改革开放之后时代的中老年人在年轻的时候受教育程度相对较低,经济状况也相对较差,更多的是非体制内的人。从区域的角度看,东部地区的农民比中西部的农民对改革开放后时代的评价更高。① 这大致可以归因于改革开放政策使得东部地区的经济社会发展走在全国前列。

对于新世纪以来的社会发展,受访者的积极评价主要集中于此届政府的惠农政策,代表性的表述有:

> 现在扶农民,不过那也确实要照顾下我们,要按老路子再搞下去,就是资本家的搞法。国家就是个家庭,变化是必然的。②

> 这届领导班子政策好,领导的还蛮好,对农民好,各方面都可以,蛮稳定。③

> 现在有很多惠农的政策。你看现在电视上说得多好啊,这些年也搞了不少农村的工作,农民还是觉得很高兴的……现在有种田补贴,税收方面都有优惠。像现在,读书的不仅不交钱,还给你补贴生活费,你们就没赶上这个好时候了。④

> 现在天下太平,我们都能过上好日子。现在政治稳定,国家发达,不用担心打仗,是我们想要的社会现实。⑤

---

① 具体分析过程参见附录7:"时代评价的影响因素分析"。
② 访谈编号:20100214
③ 访谈编号:20110217
④ 访谈编号:20100228
⑤ 访谈编号:20100233

我也不识字儿,新闻上讲的那些我也听不多懂。我就知道,我小的时候家里姊妹多,上不起学,我就待家看弟弟妹妹。那时候一件衣服六个姊妹穿,老大穿完了给老二,老二穿小了再给老三,穿到老小的时候都破的不成样子了。现在要让你拾谁家的衣服穿,你肯定不愿意。过年不给你买衣服你还得找事呢(不愿意)。你再看看现在,也吃上白面了,也看上彩电了,这不就是胡锦涛领导得好吗?①

对比这几年呢,就把公粮、皇粮也免啦,甚至你种田呢,种子他还补给你,他还要补贴点钱给你。这会儿老的还要给点低保,还有点补给嘛……以前的皇帝、官员是没得哪个出来免老百姓的皇粮的,现在呢就可以嘛。②

农民现在不缴公粮,还给你补贴,一亩地给你一百多块钱。几千年了,哪个皇帝时不缴公粮?③

你说哪个朝代公粮可以不用缴的?现在不但不缴公粮,还给你粮食补助。另一方面哩,老年人还有高龄补助。要不是的话,像我这种对国家没贡献的人,力气也没少下,但没对国家做出过贡献,也不是像工人一样在厂矿里面工作,别人退休了,就有退休金。像我这种哩,又没有贡献,老年国家也不会给你退休金,可是现在哩,国家给俺老龄补助,这不是好事么。④

由此可见,新世纪以来,党和政府以改善民生为导向的一系列惠农政策,已经从根本上塑造了普通农民对当前时代的感知和评价,进而潜在地影响到他们的政治支持。这一点在后面仍将进一步讨论。

2. 对农村政策的评价

农民对农业政策印象是否深刻,一方面取决于自己是否亲身经历过该政策的实践,另一方面受制于该政策对其影响的深度。我们的访

---

① 访谈编号:20110262
② 访谈编号:20100213
③ 访谈编号:20110811
④ 访谈编号:20110810

谈材料显示,对建国初期的农业政策,农民印象最深的是斗地主和人民公社。对改革开放初期的农业政策,农民印象最深的是分田到户,实行土地承包制。对后来的农业政策,农民印象最深的是取消农业税。在216位受访者的表述当中,有199位明确谈到了自己感受最深的农业政策,其中,对建国后、改革开放前诸项政策(包括土改、斗地主、"大跃进"、人民公社和"文革")印象最深刻的有35位,对联产承包(分田到户)/改革开放印象最为深刻的有94位,而对取消农业税感受最深刻的则达到75位。我们的受访者以中老年农民居多,他们大都经历了不同的农业政策。随着时间的推移,除了部分年纪比较大的老年农民谈到对建国后、改革开放前农业政策的深刻记忆,其他大部分农民还是深刻感受到联产承包和取消农业税的意义。当然,不同年龄段和家庭背景的农民,对农村政策的感受和评价也不尽相同。

有学者通过对土改的研究发现,土地改革不仅改变了既存的土地关系,而且使乡村与社会的结构发生了根本性转换。这一转换推动了农民社会心理由"知足常乐"到"发家致富",由保守到激进,以及阶级意识代替家族意识、领袖崇拜代替民间信仰等方面的变迁。① 在访谈材料中,部分受访者就谈到了土改政策及其重大影响。

> 建国以来的政策,对我影响最大的是土改。土改的时候,我们还不大。土改,如果农村里不打倒地主恶霸,不把田地分给农民,那和旧社会还是一样的。土地还是地主恶霸的,城市里是资本家霸占了,贫困人民得不到翻身,得不到解放,还是地主、资本家霸占着。把田分了,你一份,我一份,现在的生活基本上可以达到平均。我们现在还是吃毛主席的饭,他不进行大跃进,不进行人民公社,土地不集中,我们就没有现在的社会。现在农村每人有一份地,有饭吃,现在最怕农村乱。现在农村这么平静,主要是人人都有一碗饭吃。我个人认为,现在还是吃毛主席的饭,因为土地平均了。②

更多的受访者在回顾农业政策时,认为对自己影响最大的是改革

---

① 李立志:《土地改革与农民社会心理变迁》,载《中共党史研究》2002年第4期。
② 访谈编号:20110232

开放。① 这是一个比较笼统的回答,"改革开放"不仅涉及农业政策,但包含了联产承包这样的农业政策。一位生于 1934 年的农民说,对自己影响最大的农业政策就是家庭联产承包责任制。"之前大家大部分(时间)都吃红薯面馍,吃不饱是正常现象。大家都在一起干活,按工分分粮。分地之后,就慢慢由红薯面馍到杂面馍,再到白面馍。到白面馍大概是在 80 年代末接近 90 年代初。我们受益了,生活越来越好,但感觉现在自己没有以前活得有意思,因为现在很多人都不在家,就剩下一些老年人了。"②对于饥饿,中老年农民特别是老年农民有着深刻的记忆;从饥饿到吃饱的转变,他们的印象尤其深刻。他们正是从肚皮出发评价家庭联产承包责任制的。在所有的受访者当中,对于联产承包这一政策明确提出负面评价的只有一位。③

  对自己影响最大的农业政策?应该是联产承包吧。以前嘛都是生产队里安排好的,联产承包之后,像山啊田啊都是自己安排自己打算了,像要种红枫啊,就种红枫,不一定要种粮食了。这样的话,就多了几十倍的经济效益。总的来讲,这个政策老百姓受益还是较深的。④

  联产承包影响最大。分地之后一年好于一年。自己种地,打粮食多了。受累罢了,但是能吃饱了。分地觉得好,能吃饱了,吃不了的就卖点粮食换钱。……多亏了邓小平。⑤

  联产承包制呢,让我们大家不再吃大锅饭,不再在一起慢慢地没有效率地做事干活,很大程度地提高了我们大家做事劳动的

---

① 对于改革开放之前的拨乱反正政策,只有一位受访者认为该政策对他影响最大:"新中国以来对我影响最大的政策?应该是文化大革命过后的昭雪平反。过去'三反''五反'这些是反贪官,还是好的;但是反右派、'文革'的时候,就不好了。那个时候要讲成分——'地富反坏右',成分不好的就不行;农民的子女只能一辈子当农民。现在就不一样了,你有多大的才能就赚多大的钱,做多大的事。"(访谈编号:20110243)
② 访谈编号:20100204
③ "搞分田到户,老农民都有想法,吃大锅饭都吃惯了,拐不过弯来。那就先开干部会讨论,当时我参加了,就说:这一搞要搞糟,要出现'三多'。他们都问我哪'三多'。我说一是打架斗殴的多。二是偷盗的多。为啥子呢?因为不记工分了你就把人管不住了。还有这分田到户了,你要分,他也要分。就打这放水来说,他说他的先放,我说我的先放,肯定要打架。三是拦路的多,拦路就是宰羊子,抢劫的。我就说了这'三多'。"(访谈编号:20110202)
④ 访谈编号:20110845
⑤ 访谈编号:20120701

积极性,大大地提高了那些谷子的产量。如果不是那联产承包制,话不定(说不定)我们大家到现在还会吃不饱挨饿呢。记得联产承包前那时候搞集体经济,我们都是一起吃大锅饭,一起插秧,一起劳动。那时候饭都吃不饱,买个东西都要粮票,而且每个月都会有粮票限制。只有在逢年过节时才能吃到点肉,每天早上还要拿好多东西从乡下到省里去卖。当时崽女又怕养不活他们。当时我当大队书记,一个月才几块钱的工资。那时候就放弃了当官的机会。联产承包后,每个人屋里都分到了田,自己做自己的。那时候只知道拼命地种田,也不晓得那样生活会越过越好,后来生活慢慢地好起来啦。①

联产承包那个时候啊,没有哪个不喜欢的,欢天喜地,说不出的喜欢啊。一年的收成抵生产队时十年的。我头一年就收了5000斤玉米、4000斤稻谷,还有红薯、洋芋什么的,一下子就吃得饱了,过年有大肉大鸡了。②

最愉悦的时候就是1984年,土地都分到老百姓手里面,然后不用天天跟着人家一起去挣工分了。挣多少工分才拿几百块钱,土地到了自己那,你想种什么都可以。那是最兴奋的时候。后来是逐步逐步的,哎呀,修公路了,大家高高兴兴的,然后又送自来水了,大家高高兴兴的。③

农村这承包啊,对农民是最好的。当时,老百姓是真高兴,都想挣钱,都想种点什么挣钱的东西,家家热火朝天的。老百姓都有奔头,起早贪黑,可认真干了。那时候没有不说感谢政府的,都说是感谢邓小平。④

家庭承包就是相当于那个土地分下来个嚒。土地分下来嘛都是八仙过海,各显神通了嚒。各显神通就是你这块土地归你自己,有些同样一块土地可以一年收千多块钱,有些几百块钱,那就

---

① 访谈编号:20100233
② 访谈编号:20100234
③ 访谈编号:20120210
④ 访谈编号:20110223

看你自己的造化。土地的那个施肥呀,那个改土啊,或者是那个改粮啊,播种啊那些呀,哪一样值钱,哪一样收入大一点,这就是由自己的脑壳发烧来做。①

(联产承包)那时候呀,我们村偷偷地在进行。我父亲以前是村上的会计,每次村上开会都会到我家来。那时候村长让我们各家签保密协议,分田地,不准说出去,后来他们在一张协议纸上各家按手印,那时候我们才感觉到自己真的要做主了。本来我们村还以为最早呢,后来才知道其他村比我们还早,再后来中央颁布法律说分田合法了,大家才敢说出来。②

影响最大的政策就是联产承包了。以前吃大锅饭,东西都是公家的,种地一块种,除草一块除,工具也都是公家的,吃饭也一起吃,干多干少都一样,那谁还老老实实干活?!联产承包之后才真正开始各家过各家日子,老老实实就有饭吃,吊儿郎当就没饭吃。③

要说对我影响最深的,就要算包产到户了。我记得当时我屋里大汉娃娃好几口人,一年的供应粮都交不够,更莫说吃饱了。经常是吃了上顿没下顿。后来包产到户实行开了,大队里说上头让把地按人头分了哩,就这样,我分了将近5亩地……过了没有几年,不光是我一家子,我的整个庄里的情况就变化大得很,基本上能吃饱了,屋里头也有些摆设了……④

联产承包以后,生活变化很大。以前都是平均主义,那样不好,不利于社会前进,也不利于人民生活水平的提高。分地到户以后,我们家由以前的只有一两个人做劳动力变成了全家上地干活,赚钱多了,生活水平也提高了。⑤

正是在改革开放的大背景下,外出务工成为很多人的选择,而这

---

① 访谈编号:20110248
② 访谈编号:20110271
③ 访谈编号:20110263
④ 访谈编号:20110828
⑤ 访谈编号:20110822

一点反而成为对他们影响最大的生命事件。在我搜集的访谈材料中，有一点让我感到意外，那就是当被问及建国后影响他们最大的政策是什么时，为数不少的受访者都提到了"允许外出打工"这句话。

> 对我来说，影响最大的应该算是改革开放。当然，这也是让我获益的政策。因为国家提出了改革开放，我们才有机会出去打工，有机会提高自己的生活条件，也能够过上以前工人阶级才能过上的生活。要是改革开放以前，这些想都不敢想。我记得我一开始是在矿上做事，你可能想都无法想象当时的工作环境有多艰难，但我当时还是很高兴。那时候我的想法很单纯。因为当时我的一个表叔因为较早就去了矿上做事赚了些钱，家里建了房子，买了电视、音像等等。那在当时我们看来是相当了不起的。所以，我当时就想，什么时候我们家也能过上那样的日子，我就知足了。后来我又南下广东去进厂打工，直到现在。可以说，我现在的生活应该已经超过表叔很多了。①

> 应该是改革开放吧，人口可以自由流动。经济发展起来了，我才有机会进城打工。现在虽然对农村很重视，也有不少优惠政策，但是留在村子里还是没有太多出路，不像城市里有那么多机会。这些政策使我能够进入城市，有机会脱离农村生活，改变自己的命运。②

> 对我本人来说，影响较大的事情就是出去打工。那个时候第一批打工的人有的回来了，有的在外面发财了，所以像我这个年龄的人就都往外涌，基本都是到沿海方向的。那儿经济条件比较好，机会也多一些。现在看来就是改革开放吧，经济搞活。要不，我们都出不去，在这里种田是很辛苦的。③

中年农民一般对取消农业税印象最为深刻。当然，不同农民对取消农业税的意义也有不同的解读角度。

有农民从传统皇粮国税的角度来看待农业税的取消：

---

① 访谈编号：20110238
② 访谈编号：20090703
③ 访谈编号：20090707

几千年皇粮,谁敢不交? 没想到,到如今实现了。而且不仅不交钱,种地国家还补贴钱。在过去,别说补贴,抗皇粮可是杀头之罪。就这一条,老百姓就很高兴了。①

有的则从纯经济(农民负担)的角度看待农业税的取消:

以前我和我家爱人都是在外面上班,家里的田都是给老头老太种的,他们也上了年纪。家里面的田都种得不怎么样,收成都不好,那时候都想不种地了,不种还要交农业税。后来国家出政策减免我们农业税,我们这都放宽心了,收成不好我们也不亏钱,我和我家爱人也能安心在外面挣钱。②

取消农业税影响最大,这个政策很好。不取消之前,每年都还要缴纳粮食,那时候交是按田产来交,按粮食来交。现在一样都不交了,还反过来扶持老百姓,苦的人也得到照顾,种田有补贴,还要拿钱给你,像国家几乎是拿钱请你种田来的感觉。这会儿的政策只有这样好了。③

对我影响最大的要数取消农业税。当年土改(联产承包),虽然是每人分到二分多土地,从那以后我有了自己的田地,我就自己种粮食,种菜。但是这个农业税每年几百,我们将家里一半以上的农作物卖掉才交得上。减免农业税,真的减轻了我们一个好大的负担,至少我不得饿肚子了,也能养活我几个孩子了。这些年这些政策也就取消农业税这一项最实在……④

取消农业税这个政策蛮好,当时晓得哒,心情非常舒服。原来种田好不简单,交皇粮,八亩多一年就要交一千好几。把税完了,只能管自己吃的,哪能节点余咧? 粮食价又不行,不搞点柑橘树果果拉拉的,上哪搞学费呢?⑤

取消农业税,那农民才多了点儿奔头,以前每年七八百,现在

---

① 访谈编号:20100201
② 访谈编号:20110274
③ 访谈编号:20100209
④ 访谈编号:20110241
⑤ 访谈编号:20100219

还倒补。①

现在农民负担确实减少不少啊,以前那些干部相当于咱们养着,现在他们开支的都是政府拿,有财政。以前那挨家挨户收钱,什么统筹费啥的,镇上要交钱,村里他没有啊,就跟百姓借,借了也不还。②

取消农业税,那才是做了大实事。③

取消农业税最好。以前交国家税,还要交地方上的税,而且没有明确规定,随意乱收,他们无论开支多少都要摊给我们。……那个时候无论是按田还是按人口来算,每人每年都要摊到一百三四十块钱,而那个时候的谷子只有四十几元100斤,一般人家一年的收入都不到1000元。交不起税,就要扒口粮,搬家具,甚至连房子都给拆走了……④

取消农业税就好了噻,我刚才说的,取消农业税没有哪一个说不好……⑤

取消农业税当然影响大哟。反正下去开个会儿哪,凡是通知下去他基本上到位。原来喊开会晓得是收款,敲这门那门,他不来。现在只要说开会他都要听政策,都有好处。一有好处这些的,都要来。⑥

当然,也有农民看到取消农业税作用的限度,其政治意义大于实际意义。这种冷静思考的深度,在普通农民那里是难得的:

农业税是不用交了,但是农民负担一点没感到轻。因为农资贵了,如化肥、农药比原来都贵了。这些东西涨的价甚至比免掉的农业税还多。还有城里吃国家饭的工资不断涨,物价也跟着涨,而老百姓卖的(农产品)却不见涨,这样一来农民实际收入还

---

① 访谈编号:20100215
② 访谈编号:20100224
③ 访谈编号:20100220
④ 访谈编号:20100231
⑤ 访谈编号:20110248
⑥ 访谈编号:20110246

是没得增加多少。这十多年来那些吃国家饭的条件在不断改善,哪个见过农村靠种田发家致富的?那些农村家庭条件有所改善的,不是靠到外打工挣钱,就是搞烤烟生产而没(不)是靠种田。当然了,免比不免好嘛。①

水涨船高啊,农业税是免了,那肥料、种子啊,价格也高了。种点粮食根本不够买些东西。②

取消农业税嘛,我觉得其实没什么用。你想,以前我们家上税,就是大约四五十斤麦子,而取消这些皇粮以后,其实也就是村里从我家少收1000元不到。虽然对国家来说,很多人一凑,这可能是个大数字,但对咱们单个的农民来说,是治标不治本的。③

对于新农合,一般的受访者给予了宽泛的肯定,但也有个别受访者对其评价有限:

没什么实际作用,它对特大病还是有一定帮助,小病反而使老百姓吃了亏。比如说,一个农民感冒了,这个病本来买几十块钱的药通过平常的法子就能解决,可到医院以后医生会介绍,告诉病人假使住院国家合作医疗能报,可以省好些钱,比较划算。农民一听,反正国家给报大部分,住院就住院吧。住几天院,病也的确给治好了,大概得花六七百,然后去办证明,走程序,来来回回跑好多次以后报个四百块左右。这样一来,本来几十块钱能治好的病,农民花去了三四百。……医院那些人从这中间获益很大,老百姓不懂那些东西,看医生说得在理,以为自己住院治病是得了国家的实惠,但是他们不晓得其实自己倒吃了不少亏。合作医疗这方面的失败,中央也很难意识到。不过话说回来,如果这个家庭本身条件还可以,得了大病以后还是有帮助,比如说诊上个一万两万,自己拿部分钱,国家拿部分钱,治好了,救一条老命。④

---

① 访谈编号:20100209
② 访谈编号:20100239
③ 访谈编号:20110822
④ 访谈编号:20100102

3. 对村民自治的评价①

村民自治作为党和政府着力推进的基层民主实践,其有效运行的难题一直备受各方关注,不同的研究者得出了不同的结论。1988年,我国广大农村地区开始全面试行村民自治。1998年,《中华人民共和国村民委员会组织法》正式颁布,村民自治作为我国基层民主的实现形式,从此拥有了法律保障。对中央政府而言,村民自治既是国家政权建设的需要,也是基层群众自治的重要组成部分。党和政府一直强调促进村民自治,规范村民选举,优化乡村治理。但从一开始,村民自治作为民主创新和治理转型的重大举措,在全国各地的实践状况就千差万别。而从20世纪80年代的草创,到90年代的繁荣,再到21世纪以来的日渐平静和萧条,村民自治本身也经历了巨大的转变。所有这些,都吸引了海内外不同学科学者的极大兴趣。20世纪90年代中期以来,不少学者对其作过专门的调查研究,并给予了较高的评价和期许。

但是,新世纪以来全国各地的村民自治实践,却呈现出越来越难以令人满意的诸多乱象和困局,相关的质疑之声也越来越多。即使是全国第一个村民自治示范县——山东省莱西市(县),有学者通过调研也发现,其村民自治同样面临着村委会选举贿选泛滥、"富人争权"、村"两委"交叉任职、党政职责不清、村务公开流于形式、"村账镇管"、监督主体模糊、"村企合一"加剧农村社会矛盾等新的社会问题。甚至有学者用"村庄'政治'的塌陷"②来形容村民自治所遭遇的困境。就全国范围而言,村民自治近年来遭遇的难题究竟如何,需要更为广泛的调查研究。

围绕我国村民自治的运行状况,已有的代表性研究已显示出相关问题的复杂性。关键是,对村民自治运行状况的剖析,既不能局限于一时一地的实践,也不能只看到其中一两个层面的问题。李连江就曾探究投票行为是否影响村民的外部政治效能感。他们通过问卷调查

---

① 本小节的相关分析,曾以《村民自治的运行难题与重构路径——基于一项全国性访谈的初步探讨》为题发表于《江汉论坛》2015年第2期。收入本章时有所修改。
② 蒋永甫:《行政吸纳与村庄"政治"的塌陷——村民自治制度的运行困境与出路》,载《湖北行政学院学报》2011年第6期。

发现,投票能够加强村民的外部政治效能感。李连江的研究是针对江苏省20个村400位村民的问卷调查,调查时间是全国推进村民自治比较积极的1999年。[1] 这显然是一个让人振奋的结论,即村民自治能够提高村民的政治效能感。问题是,中国农村在进入新世纪之后发生了剧烈变化,不仅国家的涉农政策发生了重大变化,更重要的是,乡村社会自身在城市化和市场化的洪流中也发生着巨变。其中最为突出的一点,就是短时间内大量村落衰败直至解体的事实。[2] 这些情况作为治理背景和社会基础,显然会深刻地影响村民自治的具体运行。因此,需要我们及时跟进对村民自治运行质量的评估。

陈捷的研究则基于在江苏问卷调查的结果,发现农村居民对村民自治制度的评价高于对选举出来的村领导的评价。村民的主观倾向,比如对村领导的政策执行状况的评价、对民主制度的信任和外部的政治效能感,型塑他们对于自治制度和选举出来的村领导的态度。[3] 将农民对村民自治制度和对村干部的评价区分开来,在学术研究上具有一定的新意,也值得进一步讨论。问题是,对普通村民来说,一方面,他们并未时时对这两个方面作严格而清晰的区分;另一方面,村民对村干部普遍的消极印象,会连带着弱化他们对村民自治制度的评价,并对该制度在农村的实践表示出无奈和悲观。而且,陈捷研究的区域是江苏这样一个经济发达的省份,其农村状况毕竟与内地普通农村存在一定的差异。因此,很难就其研究结论简单推论全国农民对村民自治运行的评价。

从村委会干部候选人的产生这一维度看,国内学者孙永芬的调查发现,20.6%的农民认为村委会干部候选人的产生不是"公正、规范"的,63.4%的农民在这个问题上表示"说不清",两项合计高达84%。[4] 这显然是一个比较消极的发现,表明村民对作为村民自治运行关键环节的村干部候选人产生过程的评价并不高。美国政治学者欧博文也

---

[1] Lianjiang Li,"The Empowering Effect of Village Elections in China," *Asian Survey*, vol. 43, no.4, 2003, pp.648—662.

[2] 刘伟:《村落解体与中国乡镇治理的路径选择》,载《中国行政管理》2014年第5期。

[3] Jie Chen, "Popular Support for Village Self-Government in China: Intensity and Sources," *Asian Survey*, vol. 45, no. 6, 2005, pp. 865—885.

[4] 孙永芬:《中国社会各阶层政治心态研究》,中央编译出版社2007年版,第90页。此处的数据为笔者根据其调查图表进一步计算而来。

认为,中国乡村选举的程序已经取得极大进步,但是农村"权力运作方式"的变化并没有能够跟上"权力获取方式"的变化,在许多村庄,乡镇政权、村党支部以及一些社会力量仍然阻碍着基层民主的运作。① 近期国内学者聚焦于村民自治运行的实证研究,也发现其中存在的诸多不足和无奈,但遗憾的是,其调查区域主要是河北这样的北方地区。② 看来,村民自治实际运行中遭遇的诸多难题是广泛存在的,这一难题需要研究者展开更为广泛的调查和更为深入的反思。

在一般人的理解中,我国各地村民自治运行状况并不一样,村民自治在不同时期的实践也存在着差异。所以,不同地区、不同年龄段的受访者对村民自治的评价应该存在差别。但从总体上看,我们这次的访谈材料却显示,与从中央到地方推进村民自治的高调相比,普通村民对村民自治的评价并没有我们期待的那样高。统计发现,超过3/4 的受访者对村民自治的评价不高,受访者对村民自治表现出比较消极的态度。村民自治从开始实行到现在已近 30 年,其间也经历了农村社会的变化,但不同年龄段的农民对这其中的变化大都未能提及。村民自治包含民主选举、民主决策、民主管理和民主监督四个方面,但受访者不仅对民主选举中的诸多乱象深表厌恶,对民主决策与民主管理的评价不佳,也对村民自治的民主监督作出较低评价。下面我从访谈材料中选择部分有代表性的话语,从中可以看到受访村民对村民自治运行各个环节的实际评价。

(1)受访者对村民选举的评价并不高。

就像一位任村民委员会副主任的受访者高度概括的:"选举村干部也是有人情网的,除了人情网、拉关系以外,上面还有人来插手。"③

针对选举并未做到真正由村民投票决定,而是流于粗糙的形式,部分受访者说得很直接。

> 横直发几张纸,那是个形式。比如我们这三个是村班子,你是村书记,我是管财务的,他是妇女主任,横直选来选去都是这几

---

① 陈刚等:《中国式民主国际研讨会综述》,载《武汉大学学报》(人文科学版)2010 年第 1 期。
② 程瑞山、贾建友:《村民自治制度运行研究》,中国社会科学出版社 2013 年版。
③ 访谈编号:20110833

个。镇里都定好了的。我们这里山区不好聚,没有公开唱票。都是把票发到屋子里。镇里派人,两个人一组,提个箱子,到屋里让我们投,往箱子里一扔,他们再回去唱票。晓得看了票没有啊?①

现在选举叫什么选举啊?上面不知道的,找两三个人,提着个箱子,挨户地跑一下。到家里,如果是有人在家呢,就看你家有几口人,该几张选票。那就填一填,划一划,往里面一放,也不开什么选举会,也不管谁是谁,也不知道有谁在选,就划着放进去。或者怎么办呢?做到一定份上,那就在现场,村长或者候选人给在场的人发点烟,就自己坐下来填上,然后对上面说自己是通过选举的。②

诸如此类选举程序上的不规范,在不少农村地区都存在。

而且,村民选举常被说成一个必须完成的形式。"比以前是更民主了,最起码在表面上是。你看现在村干部都是选举,但是上级实际上都知道这事儿,实际上就是那一个人啊。你再怎么着,这个选举它也就这个事儿。表面的形式是不做不行的。真正的民主可能还要经过很长一段时间。"③

曾经担任过村支书和村主任的一位受访者,也向我们坦言:"现在不是选的,选鬼啊选,还是上面说了算。"④

更多的不满则集中在村民选举中的拉票、买票(贿选)和派性等问题上。对此,前文已有讨论。⑤

(2)受访者对村民自治的民主决策与民主管理评价都不高。

选举是村民自治的首要环节,因为它关系到选择合适"领头人"的问题。一旦选举结束,村民自治就步入常规的决策和管理阶段。在村庄公共事务决策和管理上的真正表现,才是村民自治更为核心的环节。因为,只有使村民自治真正步入常规的民主治理过程,才能真正有益于村民利益的实现和村庄共同体的发展。但是,在相关的访谈材

---

① 访谈编号:20100237
② 访谈编号:20110269
③ 访谈编号:20110840
④ 访谈编号:20110201
⑤ 详见本书第二章第二节"政治情感"之6:"对选举拉票的厌恶"。

料中,受访者同样对民主决策和民主管理普遍做出了消极的评价。

  村民自治实行得不怎样,以前还能说说,发表自己的意见。现在不能说了,现在开会书记压你,"有啥事下来说"。村干部有啥事自己说了算。①

  现在搞的是村民自治,但还是乡政府说了算。②

  民主是做不到。村民自治是一句空话,没落实,会几年都不开几次。大队里的人拿国家工资,在搞么事? 天天打麻将,看不到人。③

  村民自治这个问题在我这里来说,是一种体制的名称。在现实社会,没有起什么作用。常年都没有开村民会,也没有学习。另外,占三分之二的人在外面打工,三分之一的老人在屋里种田。其实,现在这个机构是为了上传下达,起着上传下达的作用,并不有么事讨论,加上我们这个村又没有企业,又没有其他的经济联合体,等于个人只种个人的田地,打工的人也常年不在家……④

  联产承包之后,你自己种地自己张罗,不像过去生产队开会。现在开会也是爱去不去了,村里没什么凝聚力。凭农民的习惯和素质,实现不了民主。没人关心,都过自己的日子。⑤

可以看出,一是因为乡镇政府的干预,二是因为村干部的不民主和不作为,三是普通村民不再热衷于日常性的参与,这些共同导致村民自治在民主决策和民主管理上难有得到村民认可的表现。

(3) 受访者很少提及村民自治民主监督功能的发挥。

从应然要求看,缺乏民主监督,村民自治的常规治理功能就难以发挥。即使民主选举产生了相应的村庄"领头人",村民委员会也能坚持民主决策和民主管理的程序,但如果普通村民和村民自治监督机构不能发挥日常监督功能,村民自治最终的绩效肯定也要大打折扣。在

---

① 访谈编号:20120705
② 访谈编号:20100234
③ 访谈编号:20110213
④ 访谈编号:20120201
⑤ 访谈编号:20100227

访谈材料中,可以发现一个有趣的现象,即一般的受访者在谈及村民自治的话题时,他们最愿意发言的内容主要集中在选举上,其次是与民主决策和民主管理相关的问题,真正能明确关注到民主监督的受访者并不多。这一方面自然可以理解为村民民主监督意识不足,但另一方面至少说明村民自治在民主监督环节上的运转并不充分,以至于难以给村民留下印象。即使是少有的几位能够谈及民主监督话题的,也发现村民自治的民主监督作用极度匮乏,村民难以对村干部展开有效的日常性监督。

"村民自治现在是这样一种情况:大的框架是好的,中央的方针政策是好的,但是执行起来就不是很好了。碰到问题,如果事情不是闹得很大,闹得上面的领导都知道了,就不能得到很好的解决,村里面的人就会敷衍了事,就算是闹到镇里面也没有用,因为镇里面的人也怕麻烦。很多事情就这样过去了。"①显然,如果村民自治能够及时发挥民主监督的功能,也就不至于经常出现这一情况。

而且,村民也没有主动监督的太大动力。"这就是个形式,现在就是只要老百姓不闹事,就是那个样。现在我们老百姓比较听话,哎呀,管他谁个(当),都是一回事。只要这一个新选的比上一个强就行。不管你谁当官。"②

在所有的访谈材料中,只有两位受访者肯定了村民选举的民主监督作用。其中一位受访者在谈及村民自治带来的变化时提到:"唯一要说有变化的是,现在找村干部办事不要求爷爷喊奶奶了,这点还是有些变化了。毕竟这些干部还是选出来的,如果有做得太过的事,可以到县政府上访,这些底下当干部的还是有些怕的人和事的。"③但仔细分析可以发现,这位受访者所说的变化,即村干部不能做太过的事,主要原因还是现在的村民拥有上访这样一个"撒手锏",而不是来自村民自治内含的常规民主监督功能。

总之,就像一位受访者用朴素的话语表达的:"村民自治,这个事儿是好事儿,但实现不了,想实现非常难。"④村民自治在运行当中,也

---

① 访谈编号:20110802
② 访谈编号:20120214
③ 访谈编号:20110233
④ 访谈编号:20110221

未真正实现其内含的民主性和自治精神,村庄场域的农民对其表现也很不满意。村民自治并没有得到村民的普遍认可和支持,这才是它运行的最大难题。如果我们将制度实践的评估体系主要界定为制度内容、制度实施、实施效能与制度目标的吻合度以及制度运行的可持续性等方面①,上面所总结的三大问题以及节选的部分村民访谈,无疑可以充分说明,从全国范围来看,村民自治的制度内容与制度实施吻合度并不高,村民自治的运行效能也不理想,离党和政府当初设计这一制度的目标还有距离。不夸张地说,这些难题直接影响到村民自治在乡村社会中的可持续性推进。

村民对村民自治的评价不高,村民自治有效运行遭遇困难,表面原因是制度与实践之间的鸿沟、农民素质的制约以及拉票、买票等现象,但若深究下来则可以发现,正是村民自治所处的治理框架及其在实践中的结构性失衡,遭遇了一个剧烈变化的乡村社会和治理生态,才是近年来其运行出现系统性困局的真正原因。

其一,村民自治所处的外部框架并未改变,这构成村民自治运行的根本约束。正如有研究曾指出的,在村民自治中,乡政管理与村民自治的关系一直是个难题,无论是在理论上、制度上还是运行中都存在着误区。由于对国家与社会关系理论的片面理解,导致村民自治制度缺乏科学理论的有力支撑,村民自治与乡政管理的关系也就没能在制度中得到合理的界定。由此导致了村民自治与乡政管理在现实运行中与制度安排不时发生冲突。② 整个国家自上而下的压力型体制,势必使乡镇基层政权介入村民自治过程,村民自治机构也难免行政化,而国家监督的经常不到场,村干部权力的制约问题一直难以解决,这些都构成了村民自治所处的基本生态。

其二,村民自治运行本身的结构性失衡,导致其运行失灵。村民自治是包含民主选举、民主决策、民主管理和民主监督的一个整体。但长期以来,各地的实践只强调民主选举和民主监督两个方面,对民主管理和民主决策多有忽视;有的地方甚至只关注民主选举,连民主

---

① 程瑞山、贾建友:《村民自治制度运行质量评估体系探析》,载《新视野》2012 年第 3 期。
② 李金龙、柳泪:《论村民自治与乡政管理关系的重构——基于理论、制度与运行相结合的视角》,载《江汉论坛》2011 年第 8 期。

监督也虚化了。村民自治最终沦为形式性的选举,民主监督也因平时的无力而演变为对上访的倚重。村民自治失去其最为内核的治理功能。其中的主要原因在于,村庄内部的两个行为者——村干部和村民之间存在着内在的利益冲突,加上二者力量的不对称,致使"四个民主"的发展呈失衡状态。① 在此背景下,村民选举中的诸多负面现象及其发酵,同样影响了村民的相关评价。而少数地区的村民之所以对村民自治还能予以积极评价,是因为这些地方往往经济发达,村民自治开展得比较规范,而且的确能够起到改善村庄治理的作用。但这样的地方,就全国范围而言,显然不是主流。

其三,村民对 20 世纪末 21 世纪初干群关系的记忆,构成村民自治难获普遍支持的潜在原因。20 世纪 90 年代以来,全国各地农民负担沉重,干群关系紧张,干群冲突频发,这构成了绝大多数中老年农民的共同记忆,也影响了他们对现有乡村干部和村民自治的信心,由此形成惯性情感和惯性思维。当然,对此原因也不能过分夸大,因为农民毕竟是理性的,他们会根据村委会及其干部现在的表现来调试他们的成见。如果村民自治运行良好,他们自然会得出积极的结论。但实践中,除了少数地方解决了村民自治的有效运行及其与乡政治理的衔接,全国大部分地方的村民自治运行质量并不佳。这无疑会延续并强化村民的原有看法。

其四,自 2000 年左右开始,全国各地农村特别是广大中西部农村,普遍进入全面外出打工的时代。农村精英和青壮年劳动力普遍外流,农村成为老人、妇女和小孩的留守之地。乡村社会的基本人气和公共生活越来越难以为继。在村庄主要成员都不在村的情况下,村民自治的各项日常工作也就难以开展。加之,村庄对农民的重要性日渐下降,村委会对农民的约束力和影响力也在下降,村民自治越发失去必要的社会支持和利益关联。而村民对村庄内生价值的认同降低,也致使他们对政治参与冷漠。正如有论者指出的,从近期来看,农村人口大量进城使村民自治遭遇诸多现实难题而陷入困境;从长远来看,农村人口大量流动,使村民自治的社会条件发生深刻变化而难

---

① 邹静琴、王金洪:《村民自治制度的运行困境分析》,载《山东科技大学学报》(社会科学版)2004 年第 1 期。

以为继。①

其五,2006年全国各地全面取消农业税之后,农民与乡村政权之间日渐成为"两张皮"。一方面取消农业税,另一方面中央开始大规模反哺农业和农村,并要求乡村政权努力为农民提供公共服务。但吊诡的是,由于乡村政权不再能够从农民那里征收税费以维持自身的财政平衡,它们也就没有动力通过提供公共服务去讨好农民;而普通农民也因投入外部世界而越来越无求于村级组织,乡村政权与农民的关系由此变得比较淡漠。与此同时,最新的实证研究也表明,正是因为取消农业税,乡村政权出现财政的进一步吃紧,他们不得不另辟财源,招商引资遂成为他们共同的中心工作。② 而招商引资通常涉及土地征用和房屋拆迁,又容易引发干群矛盾。在这种情况下,村民自治的良好运转显得更为紧要,但现实却是村民自治要么形同虚设,要么因为利益冲突而难以及时产出结果。③

总之,根据对访谈材料的初步分析可以发现,村民总体上对当前村民自治运行的评价不高。具体表现在,村民对民主选举中的拉票和买票等行为表示反感;对村民自治中的民主决策和民主管理评价较低;对村民自治的民主监督环节,村民不仅认知不足,其在实践上也多有缺位。导致村民自治运行难题的原因是多方面的,但最为深层的原因在于,村民自治所处的外部框架及其在实践中的结构性失衡,难以应对急速变迁的乡村治理生态。

二、政 治 期 待

1. 对国家的政治期待

对于中国未来的政治发展,官方已指明大致的方向,学界也在

---

① 邱辉、任中平:《农村人口流动对当前村民自治的影响及对策》,载《中共四川省委党校学报》2012年第2期。

② An Chen, "How Has the Abolition of Agricultural Taxes Transformed Village Government in China? Evidence from Agricultural Regions," *The China Quarterly*, vol. 219, no. 3, 2014, pp. 715—735.

③ 参见刘伟:《难以产出的村落政治——对村民群体性活动的中观透视》,中国社会科学出版社2009年版,第245页。

探讨各种顶层设计的具体方案。相比于学界部分学者对中国未来的忧患和悲观,农民似乎比学者要乐观。他们大都认为中国会像现在这样继续发展下去,未来也会保持国家的稳定,同时会越来越民主和法治。

在笼统的关于中国未来的信心方面,216 位受访农民当中共有 173 位表达了自己的看法,其中,137 位"有信心",27 位表达出迟疑的态度(包括"不好说""说不清"和"要看中央"),9 位明确表达出没有信心的负面态度。之所以如此,有两个方面的原因值得考虑。一是农民群体见证了改革开放以来国家的巨大进步,因而增添了对国家发展的期待。就像一位受访者说的:"我们这个国家慢慢会越来越好,你看经济发展的这么快,信心还是有的。"① 二是,农民群体对此问题可能没有进行深入的思考,所以根据通常的乐观看法做出了回答。

从总体上看,农民群体基于他们的经济地位和社会处境,对国家的政治期待并没有那么高,显得比较现实。

> 好的政治,我们没得你们这些读书人好大的想法,能做到家家户户住上好的房子,手头有些闲钱做下副业,当官的不来搞乱的就好了。好的、坏的没得什么明显的标准。下面政府不乱来,当官的不搞腐败,落实上头政府的政策,满到老百姓的意就行了。②

> 我认为现在的政治非常好,能不能天长地久呢,就要看党的政策能不能一步一步到基层,实惠到各个地方。我们这些庶民还是希望那些执政的人能够保持中国的水平。③

> 要加强民主和法治的建设,要严厉惩治那些贪官,提高下面这些官员的素质。④

农民对民主选举从原则上还是认可的,但他们期待的主要是选举

---

① 访谈编号:20100206
② 访谈编号:20110233
③ 访谈编号:20110227
④ 访谈编号:20090705

基层和地方的领导人。

> 那肯定是好,哪个都知道自己选出来的好。只要是能够实现真正的民主,老百姓有公民权,而不是买官卖官,那就好。①

> 说到选举,中国的选举肯定好撒。人民选举人大代表开会,对国家提建议。选举是既民主又集中,选举考虑到候选人既有上头的意愿,又体现群众的喜欢。②

> 这个叫全县的老百姓聚去县政府选领导,不合适嘛!条件达不到。不过有一天条件达到了,这种倒是好啊。③

> 选国家领导人,我不晓得说什么,但是地方领导人应该由老百姓选举产生。④

> 可以搞直接选举,但要多些监督。要选举有能力的人、为老百姓办事的人,并且监督他们。"当官不为民做主,不如回家卖红薯。"⑤

部分农民对未来中国的民主政治有着审慎的期待,看到了实现民主的复杂性。在将来会不会民主的问题上,看到了中央态度的重要性。

> 民主嘛,只是集中指导下的民主。作为一个国家,还是应该以集中为主流,有一个集中的力量来引导人们讲民主……中国的政治也就只能这样了吧。⑥

在选举产生国家领导人的问题上,农民显得比很多知识分子更理性。

> 选举产生领导人的方式好,但是选举需要与推荐相结合。这样更能选拔一批得力的官员。中国不应该像国外一样直接选举

---

① 访谈编号:20100232
② 访谈编号:20110214
③ 访谈编号:20100211
④ 访谈编号:20110215
⑤ 访谈编号:20110219
⑥ 访谈编号:20110822

国家领导人,但是选举地方领导人还是有必要的,毕竟这是离百姓最近的官场。他们的所作所为直接影响着百姓的生活。地方领导人由百姓选举,更有利于维护群众自身的利益。中国没有必要像国外一样几个政党轮流执政,因为随着共产党的不断成熟,它可以并且一定能够带领百姓走上康庄大道。①

既然中国是人民的,农民应该也是人民,理应有选举领导人的权利。但是应不应该像国外那样,这个不好说。再说,中央领导人我们之前又认不到他,怎么选呀?地方领导人的选举,要不就是拉帮结派,要不就是老百姓糊里糊涂地投票,连个人都认不到。②

持相同看法的农民并不少见。

老百姓选国家领导人,这不可能啊!历朝历代都没这么做过,就是给你选你也选不好啊。你又不认得这些人,你晓得哪个好哪个坏?这不比选村里当干部的,国家领导人选错了,可要耽误全国上下的事……地方上当官的,人还是隔这么远,今日不熟明日也会熟的,选错了还有机会改正。国家领导人还是不能由全国的老百姓选出来。③

这不是老百姓希望不希望的问题,这得看国家的决策者以后咋去决策,这就看领头人往哪里领。中国是个农业国啊,农民八九亿,农民太多了,像欧洲国家都是工业国,农民少,思想意识不一样,人家这觉悟高啊,老百姓这素质他们本身就高。要是说中国只有两三亿农民,工人有十几亿,那中国的选举制度早就变了。那时候可能就觉着一党执政不行,国家领导人必须让老百姓亲自来选。那就变味了不是?我想中国要往那个方向走,得有很远的路程。这不是几句话的事儿,不是老百姓你想一想就中了,你光想想不就是白搭了么。④

---

① 访谈记录:20110827
② 访谈编号:20100234
③ 访谈编号:20110233
④ 访谈编号:20110812

中国农民应不应该像国外那样选举国家领导人?那可不行,毛主席早就定了的,不可能多党执政。那体制变了,这国家性质就变了,那还叫社会主义?①

中央的人只要那么多,我觉得还是选代表方便一些。每个人都去选那多耽误事啊,选个国家主席还不知道要选多久选到什么时候,还是代表去就行了。②

不要代表不行,为什么呢?我们住在农村,我们怎么知道那七八个人谁好?我们不知道吧?有代表,他就懂点。乡里选县里,县里选地区的,一层一层,这样的。你说每个人都有一票,我们怎么知道谁好呢?③

有的受访者认为:"投票好不好?怎么说呢?讲不民主也是民主的,讲民主也不好讲。大部分人投票的时候还不是随大流嘛!有些人的文化程度低,理解不到啊。外国是看谁的钞票多吧,谁的钱多谁就可以当领导人。我觉得相对来说,还是中国的要好一点。"④

值得一提的是,不管经济发达地区的受访者,还是经济欠发达地区的受访者,都比较支持现在中国的政党制度,而不认可或期待两党或多党执政。

中国不适合搞多党制度,现在共产党就蛮好。搞多党制的话,碰到一个问题,就好各人持各人的意见,就难得决定。⑤

要搞多党的话,中国会乱起来,因为中国是个多民族国家,多党制是搞不好的。不能求得统一,就不能求得发展。⑥

以后还是应该中国共产党执政,中国共产党占大部分优势,中国还是一党好,多了就乱了。⑦

---

① 访谈编号:20100224
② 访谈编号:20100103
③ 访谈编号:20110806
④ 访谈编号:20110842
⑤ 访谈编号:20110214
⑥ 访谈编号:20110227
⑦ 访谈编号:20110231

中国有个共产党领导执政了……一代人有一代接班人,他们还可以连任就是多少年。搞多党竞争,一个党办一套,中国就乱了。①

对于普通老百姓来说,多党执政有多党执政的好处,一党有一党的好处,主要是根据本国的国情来说的。是吧?对于中国来说,我觉得还是一党执政好一些。你看以前的那些暴乱啊、分裂啊,如果不是一党执政,肯定不会处理得这么好、这么快,是吧?②

将来还会是共产党执政。一是共产党人数多,其他党派没得这么多人嚯。只能是帮助共产党提出意见的。③

要是多党执政的话,互相监督,说不定会治理得好一些,像国外那些。但是中国现在这个条件,这个国情,它不可能实现啊,因为中国是个多民族国家啊;如果多党执政了,可能就解体了啊。你想原来国民党和共产党那个时候还出现纷争内战来,这么多年也没弄清,要是现在再多党执政了,那更了不得了,那有可能就分裂了。还是一党执政好。④

不行,中国现在根本不可能实现那样。那样的话,中国很有可能就分裂了。中国自古就没有这个传统,没有必要啊。这个国家政策法律已经这么规定了。你像台湾似的也不行啊,整天争过来争过去的,社会不就乱了?根本没这个可能。⑤

多党执政不可能,那都乱了。各个方面的人都想掌权,就是通过教育也不好改变。中国离了民主集中制不行。⑥

在中国嚯,如果有另外一个政党和中国共产党一起竞争……就什么事情也做不了了,权力就分散了,下面一些事情就不好办了。⑦

---

① 访谈编号:20110245
② 访谈编号:20110802
③ 访谈编号:20110229
④ 访谈编号:20110837
⑤ 访谈编号:20110838
⑥ 访谈编号:20110839
⑦ 访谈编号:20110803

2. 对农村治理的期待

在此次研究的 216 位受访者的表述中,共有 171 位涉及乡村治理究竟要依靠谁。其中,123 位强调了党和政府(包括"上面")①领导的重要性,40 位明确表达出要有好的带头人(或权威人物)才行,强调得靠农民自己的只有 14 位,而强调党和政府、带头人和农民自己结合的则有 28 位。进一步分析可以发现,大部分农民强调依靠党和政府的有效领导,既是我国乡村治理的事实,也是农民的习惯性表达。更加值得重视的是,对带头人的强调,以及对各方面力量都要结合的期待。

在我们关于村落解体与乡镇治理的调查数据中,当我们问及村民希望乡镇以什么样的方式帮助村民发展时,近 50% 的村民选择的是"与村民协商",这充分说明村民自身的主体性已经有充分的觉醒;当然,有近 40% 的村民支持政府统一规划;超过 10% 的村民选择了"放手让村民自己发展"。这些情况同样是不能忽视的。可见,单纯强调乡镇政权规划和介入的思路应该得到改变。

这里的深层原因在于,国家权力在当前乡村中依然保持着相对主导却又比较遥远的优势地位,在资源、精英和权力等方面占据着主要空间,但村民对国家权力尤其是基层政权的态度存在矛盾。一方面,村民不得不依赖于国家权力来解决问题;另一方面,又对国家的相关精英尤其是乡村精英表示出相当的不信任。② 这说明,国家权力应当转变对乡村的介入方式,以一种更能让村民接受和信任的方式进入乡村③,或者首先要解决其自身的公信力和权威问题,在此基础上帮助

---

① 需要说明的是,农民强调要依靠党和政府的领导,这里的"党和政府"更多地意味着中央或级别比较高的上级,因为乡镇级的党委和政府在农民那里的信任度并不高。

② 具体的言论参见附录之"对于村里的发展还有什么想说的?"及"对于中央和县乡政府还有什么想说的?"

③ 通过对村民信任状况尤其是其信任结构的研究可以发现,村民在利益主体性增强的情况下,彼此之间超出血缘纽带的信任依然比较缺乏,一般村民对村落精英的信任并不是十分普遍的现象,村民对村干部和基层政府的信任更不让人乐观。(参见刘伟:《群体性活动视角下的村民信任结构研究》,载《中国农村观察》2009 年第 4 期)在此情况下,精英衔接要取得成功,便不能由其自身来保证。村落内部这种不佳的信任状态不仅是社会流动和市场化的结果,更与以往和当下精英的介入方式和介入后果(经验)有关。因此,通过精英来衔接村落自生秩序与国家权力,必然意味着国家介入方式的转型,即国家能否通过合适而有效的介入,培育村民对国家及相关精英的信任心理,同时也逐步规范自身的介入范围和介入机制。

乡村发展,实现乡村治理的转型。因此,国家权力尤其是地方政府与乡镇政权,在帮助乡村发展的问题上,首先应遵循与村民协商的原则。

对于纯粹靠农民自身来解决乡村的治理和发展问题,农民表现出普遍的不认同。最主要的原因就是现在人心散了,很难团结一心办成大事。受访者普遍表示,现在农村集体活动太少了——这与我在关于村落解体的调查中发现的问题是一致的;而且农民本身没有什么资源可供发展,只有上级政府和头面人物手中才有资源。也正是因为这一点,受访者对民主在乡村治理中的有效性又表达出一种怀疑。这与他们对民主价值的认可构成一对矛盾。

> 农村以后,民主要有,权威也要有。没有权威,民主有用?没有权威,怎么实现民主?当然,更多的还是要民主。①

> 靠农民自己?不可能!天下乌鸦一般黑,选一届干部是贪官,我们以后可能就弃权了。民主关键还是国家的法律政策要到位。②

> 农村以后怎么治理?还得党和政府。老百姓不行,没那心思。谁还理会你治不治理的这念头,过好自己的日子得了,没大事谁也不掺和。③

> 农民自己搞不好自己的事的,什么都得自己来搞,什么都搞不好,各人总是为各人好,哪个会服别人的管。按我来说,农民天生就服有能力的人来管,要有人当领头的人,没得这些人管,就和沙子样,没得什么差别。④

> 毛泽东讲过"放手发动群众",我觉得群众自己也要出力才行。也要靠那些当官的人,要讲究搞工作的方法、能力、魄力,还要没有私心。这样的话,肯定能够治理好的。⑤

---

① 访谈编号:20110808
② 访谈编号:20110210
③ 访谈编号:20100224
④ 访谈编号:20110233
⑤ 访谈编号:20110842

一位受访者说得倒也非常现实:"现在治理,不管任何人,一是你要有一个公正的心,二是非要配合县级市级才能在村里动大工程呢。没有他们的配合,现在就是让村里干部干,再干十任都是这两下,他就动不起来,没有大的改革。"①

寄希望于上级政府介入或严格监管基层政府的受访者不在少数。

> 农村这些问题急需上一级政府来解决,甚至到县长到省一级的政府来解决。不是说农民这会儿要民主不要民主的问题,现在是都想民主,却解决不了问题。②

> 就希望政府尽量在一年的农业生产劳作中观察你乡政府选出来的候选人能不能对农民的这个损失和富裕两个方面来负责,要看这两个方面的差别哪个大点;如果不行啊,那你这个政府就马上有这个职责来更换。③

> 希望以后国家的改革重点放在政治上,选举能够更民主。现在基层民主程度不够,中层领导办事不尽心尽力。七里坪镇镇领导,只为自己利益,"我"字当先。每次有什么大工程,都是他们捞油水。上面的政策是好的,但实行到下面就不力。整个群众的素质也不高,主要是政府的文化教育工作做得不够,导致经常有些设施被破坏。这些方面还要继续改进,国家应该委派得力的官员来管理。④

正是基于对乡村治理现实的失望,有受访者甚至期待国家直接选调大学生去领导乡村的发展,因为这样可以避免当地各种关系的牵扯。"你这大学生如果来当书记,我看比那个本地选出来的要好。反正都是国家的财政工资,为啥子不让大学生当呢?他在这里也没亲戚,也没得家门,办起事来还好搞。我们也关心国家大事,关心国家政策,我们都说大学生村官比这个选举的好些。因为湖北省调他到这来,他啥子没的,没的家门亲戚,他肯定要好好搞事撒。"⑤

---

① 访谈编号:20110211
② 访谈编号:20110211
③ 访谈编号:20100211
④ 访谈编号:20090709
⑤ 访谈编号:20110202

就受访者普遍反映的乡村治理问题来说,社会治安状况和贪污腐败问题显得最为突出。

> 农村亟待解决的问题,首先还是治安问题。现在对这个农村治安好像有点不太重视,抓得不太严。现在是吃穿不愁了,最担心的就是自己家的东西丢了,得让咱们农民有安全感是不是?一方面,国家得抓紧这个治安工作,得有严密的制度,严格执行政策,该惩罚的就得惩罚,不能手软。要惩罚就得让他干过一次坏事之后就不敢再干了,你要偷了人家的东西那你就得赔人家,不能交点钱就放了,你要杀了人那你就得抵命。这哪朝哪代不都是这样吗?反正就是得严格处理,不能姑息。治安问题,上面是最主要哩,只要上面抓得严,那下面就不敢干坏事。当然,你要提高了人的思想水平那也有好处。

> 然后就是贪污腐败的问题,现在农村里的村官确实做得不太好。像国家的各项政策,比如:抗旱补贴、五保户补贴、低保补贴等等这些东西的透明度不够,这些事情的具体情况都不对咱农民公开,上面的惠农政策咱农民有时候根本了解不清楚,惠农款有时候也到不了农民手里。就像低保,谁有低保那直接是村干部定的。这咋会合理啊?他有时候就只给和他近门的(有亲戚关系的)或是关系处的好的,真正贫困的有时候享受不了。我想,这低保谁享有应该让村民决定,让村民选出来谁是家庭情况不好的。我感觉这样就更合理点了。①

3. 对农村的政策期待

2009年7月和8月,在民政部基层政权建设司的资助下,我组织了一项针对11个省共计19个村落的村民调查,回收有效问卷444份。在这次的问卷设计中,有两个主观问题:让农民就"对于村里的发展,你还有什么想说的?"及"对中央政府和县乡政府还有什么想说的?"作答(详见附录五和附录六)。从中可以看出,受访者的政治关注主要有:官员素质,村干部选举,村干部做事规则,村干部带头作用

---

① 访谈编号:20110819

的发挥,村干部与群众间信任,上面的政策支持、统一规划,村民权利与民主,政策执行扭曲、潜规则,等等。经济诉求主要有:修路修坝修渠、饮水工程,发展种植业,财政支持、经济项目,基础设施建设,集体山林分配、农产品销路,农民补贴,民生福利,等等。文化和教育诉求主要有:加大教育投入,推广农业技术,提高农民素质,关心老年人精神需求,引进人才,等等。农民普遍反映的其他方面的焦虑则涉及:年轻人外出太多、村民凝聚力不够,贫富差距破坏共同富裕,养老问题,社会地位,留守妇女的工作和生活,等等。从农民回答的情况可以看出他们对农村政策的期待,这种期待与本研究所依据的深度访谈的相关内容也是一致的。

这次深度访谈也显示,农民的期待主要还是国家能实施更多的惠农政策,加大对农业和农村建设的投入,帮助农村发展;对农民有更多的照顾和社会保障;对基层和地方政府/干部有更多的监督,培养或输入优秀的乡村干部。除此之外,还涉及水利问题①和"农村兼并"问题②等。

受访者对上级党委和政府的期待还是很大的:

> 现在的农村啊,上面应该经常下来人跟我们这些农民多点了解,就应该多些有知识有文化的大学生,按着党的政策带领我们致富啊。吃得饱、穿得暖、过得舒心才是我们农民期盼的哦。③

> 国家能够多替老百姓考虑就行了,没什么大的期望。国家能够减税就是个好措施。还有,这些乡镇官员要管好,贪官污吏都应该拉去砍头。④

> 国家现在钱多了,不能老往外国投,应该多投入一些到农民身上,减轻农民的负担,提高种地的收益。总得有人给国家种地的,要是老像现在这样,种地的人就越来越少了。⑤

具体的期待包括:"希望国家能够加大对农业的补贴,让我们农村

---

① 访谈编号:20110227
② 访谈编号:20110211
③ 访谈编号:20100209
④ 访谈编号:20100234
⑤ 访谈编号:20090705

劳力都愿意种田,别走出去那么多人,家里的老人孩子太孤单。还有就是农民看病太贵了,医药费我们都付不起。有了合作医疗要好一些了,但还是很贵,以前那是根本不敢看病。希望国家以后把农村医疗的范围扩大,现在我们有小病都不上医院,因为不是医保范围。"①

另一位受访者也表达了同样的期待:

> 现有的政策应该保持,不能后退。以后呢,农村和城市一样,政策要平等对人,相辅相成。应该有养老保障,农民到六十岁啊,也应该养老。这个对人民是重大的迫切要求,确实希望政府规划实施……②

三、政治人格

结合前文的分析,我们大致可以对农民的政治人格进行概括了。但是,要做到科学的概括,需要区分农民群体中普遍的政治人格倾向和不同农民身上不同的政治人格取向。我们在这里重点关注农民群体身上比较普遍的政治人格倾向。

1. 权威主义人格为主导

阿尔蒙德等把政治文化分为村民型、臣民型和参与型三种类型。村民型政治文化的突出特征是,政治成员几乎意识不到中央政权的存在;臣民型政治文化的突出特征是,政治成员能够意识到中央权威的存在,但缺乏积极参与的取向;参与型政治文化的特征是,政治成员在政治系统中扮演着"积极分子"的角色。任何政治文化都是这三种文化类型的混合,公民文化是参与型占主体的文化。③ 对于转型期中国农民的政治人格,国内学者往往借助阿尔蒙德在研究公民文化时所使用的范畴,将其界定为"臣民型"或"地域型",但也认为农民的"公民型"人格在增长。

---

① 访谈编号:20090701
② 访谈编号:20100241
③ 阿尔蒙德等:《公民文化——五个国家的政治态度和民主制》(徐湘林等译),华夏出版社1989年版,第20—22页。

前面的分析已显示,农民对政治的认知突出了政治的权力性和强制性,或是突出政治是国家的活动和政策的制定与执行,而没能看到公民参与政治的权利性;农民对清官的认可和期待,依然显示他们需要有人能更好地替他们实现正义;对民主的价值表示认可,却又对民主在中国实现的可能与效果表示怀疑;对自由的认识,也多强调私人领域的消极自由,没能涉及参与公共生活的自由。在政治情感方面,对权力表示出了强烈的渴望,对权威表示了高度的认同,对领袖产生了强烈的推崇,对国家和执政党表达出感恩心态。在政治信任上,相信中央而不相信地方,希望中央监管地方和基层而为农民主持公道。在政治期待与治理期待上,希望政府和权威人物的更多介入,而对农民自己解决自己的问题表示悲观。诸如这些方面,无不呈现了当前我国农民政治人格中权威主义的一面。

在我 2009 年组织的村落解体调查中,村民对两个开放式问题的回答也显示:一部分村民表现出对政府、执政党的极度感恩,大部分人把农村的发展寄希望于好的带头人、负责的党组织以及"上面"多给钱。在对政府与个人的关系的认识上,较大程度地带有权威政府治理下的依赖和服从意识。当然,这也有政府掌控各方面资源以及意识形态宣传等方面的因素。

梁鸿经过调查也发现:"国家对乡村的发展越来越重视,一直在努力寻找一条适合乡村的道路。但是,非常奇怪的是,农民却始终处于一种被动消极的状态,并没有真正的参政意识。政府—村干部—农民三者之间始终是三张皮,没有形成有机的统一体。当代的农村政策不停地改变,身在其中的农民不知道哪一种东西还真正属于自己,包括土地。因为没有拥有过权利,农民也不认为那些都是自己应该关心的事情,国家给一点,当然好,不给也自然。"[①]这的确是我们要反思的严峻现实。

经典的批判主义的看法是,农民的人格中充满着奴性,也即在被统治和被压制的时候就一味忍受,顺从权威,但一旦有机会"当家做主人",就对下面的人特别专横,这实际上是原有奴性的逆反。鲁迅对此的经典表述是"做稳了奴隶的时代和欲做奴隶而不得的时代"。西方

---

① 梁鸿:《中国在梁庄》,江苏人民出版社 2010 年版,第 202 页。

政治心理学对政治人格的经典研究范式中,似乎也只有权威主义人格的概念相对能适用于中国农民身上。

权威主义人格的深层心理机制其实是个体的无力感(渺小感)和恐惧感,如不少受访者对发表自己的政治看法仍然心有余悸,总是不断告诫访谈员不能随便写。

> 毛主席晚年犯了一点错误……不能写的你坚决不能写,现在要称赞人家毛主席的功劳呢,咱一个老百姓怎么能说人家毛主席的错误呢?①

> 你要写文章的话,你要写现在政策好啊,干部好啊,腐败啊那些东西可不能写啊。②

> 她(受访者)不停地提醒我小心,因为她对政治的理解就像"文革"一样,一旦运动来临,风波所及,难以避免。但是,对于我的提问,可以看得出她仍然给出了真实的回答。只不过,她嘱咐我要注意把握分寸。她说:该怎么写,你自己要小心。③

权威主义人格的另一体现就是价值取向的分裂和行为的机会主义。例如,对于贪污和腐败,农民一方面怨恨,另一方面也存着隐隐的羡慕。有的受访者甚至就讲:"我是没办法当官,没有这个条件当官。如果让我来当官,我也贪。"④这样一种心态非常普遍。一位受访者总结了这样一句话:"在农村都有这样的说法,谁干也免不了捞一把,叫咱干咱也这样做。人家要不那样,谁愿意去干?现在农村哪个书记都这样干,他都花钱,买通下面的社员。村村这样,争了有利得,无利不起早。对不对?"⑤

> 我现在感觉,人人都是这样,都想谋私利。我要到那个位置上,我也是一样……⑥

---

① 访谈编号:20110212
② 访谈编号:20110226
③ 访谈编号:20110242
④ 访谈编号:20120213
⑤ 访谈编号:20120210
⑥ 访谈编号:20110223

实际上,受访者中也有对中国人的政治人格的精辟概括:

> 所以像你们这专业(政治学),要研究这个情况(黑势力)。研究可以,但要张扬共产党的好处,要学会"粉",粉现在的社会。学问是学问,你看这教授们在大讲堂上,讲共产党多么好讲得白沫子流,背后他也说共产党不好,也说这个不公正、那个不地道。这都是人们的正常心理,因为讲学问是为了生存,是为了弘扬你自己,背后里说是为了你自己心里得到发泄,所以说这两点一定要区分开来。发泄要分清场合发泄,有位子的人才发泄,没得位子的人也发泄,就是中不溜的人不发泄,因为他还要奋斗,还想往前靠,不想落到后面,不想当要饭的、叫花子,所以他谨慎;这个啥子都没得的人,他哪个都不怕……中间的人哪个都不骂,尽是"说人话,做鬼事",他是为了生存。能人、名人是张扬个性,是彰显本事。这都是中国人基本的特点:虚伪、爱面子、唯权是重。①

2. 现代公民人格在成长

一般认为,经济发展能够促进公民政治意识的觉醒和权利意识的增强。而根据马斯洛需求层次理论②,人的需求可以分为五种,像阶梯一样从低到高,按层次逐级递升。这五个层次的需求分别为:生理上的需求,安全上的需求,情感和归属的需求,尊重的需求,自我实现的需求。当温饱、生存和家庭的需要解决后,人们会追求更高的尊重和自我实现,这其中自然包括对公共生活参与和表达的需求。基于这些理论,可以推论出,改革开放之后中国乡村地区的发展,客观上对农民的政治意识和需求产生了影响,进而在一定程度上塑造了农民政治人格的具体面向。现在需要探明的是,这种影响的范围和强度如何。

在2009年我组织的村落解体调查中,村民对两个开放式问题的回答也显示:农民在对民生的诉求之外,也提出了一些关于限制权力、民主选举等政治上的诉求,更有"政府少来干预我"这样的公民意识。诉求的变化和层次的提高反映着公民意识的部分觉醒,对一个更为民

---

① 访谈编号:20110201
② Maslow, A. H., "A theory of human motivation," *Psychological Review*, vol. 50, no. 4, 1943, pp. 370—396.

主和文明的社会的追求,已成为相当多农民的共同心声。诉求层次的高低在某种程度上也反映了农村社会阶层的分化、贫富差距的拉大,以及代际鸿沟。

在这次的访谈材料中,结合前文的分析,可以看到,不论是在政治心理的哪个层面,我们都不能说现在的农民都是高度一致的。在政治认知上,农民对民主、自由和合法性的认知就非常值得重视。在政治情感上,农民对腐败和拉票的反感,蕴含着他们对更公正政治的期许。在政治评价上,农民对改革开放包括联产承包政策的高度评价,说明他们对个人自由的珍视。在政治期待上,他们对民主和法治表示出积极的态度,对基层和地方选举表示支持。诸如这些方面,又能充分呈现当前我国农民政治人格中现代公民意识成长的一面。

更值得关注的是,农民群体内部的政治心理已出现一定的分化。即使在诸如"清官"和"信任中央"的问题上,农民的倾向比较一致,但这种一致并没有掩盖他们中的部分人对相关问题复杂性的思考。不管谈到什么问题,总有一部分农民——虽然他们不是农民群体的主流,能够坚持独立思考和判断,甚至表示出对现代政治价值和现代政治生活的明确认同。这也说明,伴随着社会的转型、社会流动的加快、市场经济的发展和社会信息的开放,社会中的每一个成员(包括普通农民)都将基于新的生活经验思考他所遭遇的政治问题。农民自身的权利意识也将强化,对政府的要求也将提高,参与公共决策的愿望也将增强,农民现代公民人格的成长也是必然的。

从总体上看,农民群体中权威主义人格依然居于主导地位,这实际上是由中国的压力型体制和政府主导模式塑造的。但进一步深究,还是可以看到在他们身上现代政治人格某些面向的成长。这种成长不仅是"总量"上的,也是"质量"上的,并伴随着农民群体的代际更替和社会流动而呈现更多的可能性。

第四章

农民政治心理的结构性紧张

一、认知局限与反思能力缺乏

早在民国时期,王亚南先生就曾在《中国官僚政治研究》中专门分析了传统社会的中国农民。他写道:"不但农民自身,就连同情农民的少数士大夫,他们亦还不能明确认知,农民生存上所受的威胁是由于在社会政治上没有取得'平等''自由'的结果,从而他们犯上作乱的要求,一般都是经济的意义大于政治的意义。"①王亚南的分析在某种程度上依然适用于现在。显然,当前中国农村的诸多不公平,是有着深刻的制度原因的,但农民往往缺乏对体制的深入认知和反思能力。传统社会农民的"犯上作乱",在当下的中国就表现为诸多的上访或群体性事件。在现有学术界和媒体关于上访或群体性事件的描写中,也较难看到农民对中国政治体系不足的思考和表达。

另一方面,"对于一个中国人来说,从一个话题、一个人、一个世纪,突然不知不觉地跳到另一地方,这种现象实在过于稀松平常,根本不值得一提,好比看着玻璃窗上的一只小虫,便可以顺着视线望见远方山上的牛群。"②这也是众多访谈员普遍反映的现象。农民在表述自己的看法时,经常从一个话题跳到另一个话题上,思维经常是不连贯的——这或许也是普通中国人的一个特点;而且,对每一个话题都没有深究,往往只是一些个人印象式的或情绪化的意见。

---

① 王亚南:《中国官僚政治研究》,中国社会科学出版社1981年版,第133—134页。
② 〔美〕明恩溥:《中国人的素质》(林欣译),京华出版社2002年版,第75页。

农民缺乏自己独立或批判性的反思习惯,他们的观念往往是主流话语的另一种复制或改版,或者显现出对主流话语的高度依赖和附从。

> 问:您觉得目前我国的政治怎么样?
> 答:这个俺不知道,这得等过去了以后,上头有个定论了,再看文件报纸啥的学习了才知道。①

农民绝少将对政治现象的分析联系到体制等层面。对他们来说,很多问题是不容置疑的。针对现在清官少的现象,一位受访者认为:"是当官的、地方的原因。上面的像老师,下面的像学生。老师出题目能有错的吗?只有学生不会做的。"②这种论断方式不仅普遍,而且根深蒂固。

受访者往往只关注到人,将地方治理和基层治理的一切问题都推到干部身上:"千说万说我还是那句话,上面的政策好,但是下面的人不落实。这有什么办法?中国改不了。不把这些贪官除了,就一天也改不了。"③或者归因于农民素质(不高)的问题上;甚至认为"百姓是没什么脑子的"④。在所有的访谈材料中,基本看不到他们对整个体制的思考。这种类型的看法比比皆是,如:

> 农村现在的问题呢,我认为主要是干部私有的观念太重了。他们就没有为别的地方考虑;一碗水不说端平,也要基本端平嘛。体制是没有问题的。⑤

> 体制是好的,国家制定的政策是好的,主要还是这些干部私心太严重了。过去毛泽东的时候,隔一段时间还有整风,这些干部哪个敢?现在整风没有了,没有人对他们有办法了。⑥

> 应该是做官的人不好吧。官员的心不向着群众,只向着一部

---

① 访谈编号:20110841
② 访谈编号:20120208
③ 访谈编号:20120206
④ 访谈编号:20110807
⑤ 访谈编号:20110243
⑥ 访谈编号:20110245

分人了。①

只有极个别的受访者,能将此类问题反思到体制上。

要真正说起来,还是体制的问题。像现在这种体制,中央和地方根本就是脱节的。中央的政策到达不了下面,下面的意见也无法到达中央。地方政府有空子瞒天过海地乱来。最主要的就是法制不够健全,有些方面根本没有法律规范,有些方面就算有法律规定也没有得到遵守。②

农村社会治理不好的地方,主要是国家体制的问题。像现在政府都是讲究 GDP 啊,追求政绩啊。③

作为乡村知识分子的一位受访者,对问题的回答同样让人无奈。

问:当官的人的素质跟水平,是不是比一般人要高呢?
答:这个是要高点的,毕竟人家十年寒窗苦读的,想升官发财也是应该的。④

从下面这段对话中,我们可以看出部分农民思维中的简单化。

问:诸葛亮、包青天、狄仁杰、海瑞这些人物,您是怎样看的?
答:我们看的是电视、电影。如果是真的,是好官。哪有几个真的,不是假的?
问:那您觉得清官能够解决中国的问题吗?
答:不但能,还可以提高人的素质。有那样的清官,就没有贪官啦,现在的贪官几多啊!
问:现在中国是不是特别需要清官?
答:需要。
问:为什么?
答:现在中国还没有清官。⑤

而不分"应然"与"实然"的中国人思维方式的通病,在农民身上

---

① 访谈编号:20110820
② 访谈编号:20110238
③ 访谈编号:20110844
④ 访谈编号:20110844
⑤ 访谈编号:20110809

体现得尤为明显。这主要表现在农民对国家的未来有无信心的回答上。受访农民不管自身状况如何,对当今社会的看法如何消极,但只要说到未来的中国,他们都表现出强烈的有信心的态度。这其中很多"有信心"的表示,细细体会,其实更多的是"应该对国家的未来有信心"。

虽然我们的统计结果显示,学历越高,对国家未来的政治和社会发展越倾向于采取消极的看法,但这种相关性比较弱。这一方面说明,受教育程度越高,越让人认识到更多,也越具有反思性。但另一方面也说明,在乡村空间,受教育程度的高低,在对人们的政治思考和政治判断上的影响并不是很强烈。

二、主导观念与治理现实紧张

在若干抽象的现代政治价值上,农民大都能表示出认同。但落实到具体的问题和他们的行为选择上,他们却不约而同或多或少地具备了权威主义人格的某种特征。因为乡村治理的现实和地方治理的现实使他们看到,他们的作用和影响力是微弱的,他们要想解决自身的问题,不能靠自己来完成,而需要一个外在的强有力权威来帮助他们,代表他们,替他们说话,为他们谋求公道。

另一方面,对于他们知道或所面对的政治问题,农民们依然习惯于运用一些传统观念和政治语词来思考、分析与评判。

> 电视上不是经常说地方官吗?为什么说"父母官"?地方官吏就跟家里当家的是一样,有些父母官为了地方付出一切,就和屋里家长为了孩子不计报酬(一样)。但是一些官员贪污腐败。[①]

> 当官的是老百姓的父母,应该给老百姓办事儿。他应该先想到老百姓需要什么,他能给多少。做官的智商必须比老百姓高,什么事都应该考虑到,也得要有权威。[②]

钦差和微服私访的观念依然存在。在现有的体制模式下,这也是

[①] 访谈编号:20110211
[②] 访谈编号:20110222

一种无奈之中的期许。"基层干部办事不力,又喜欢贪污腐败,没什么好印象。我当然不满意咯。所以说,上面的这些领导啊,要真正落实这些好的政策,就要像以前的康熙一样微服私访,了解民情,而且要不动声色地来调查了解。"①

受访农民大都习惯将"国"与"家"放在一起,看待国家的思维与看待家庭的思维经常贯通。如一位受访者就用家庭的逻辑来推论一党执政的好处:"一党执政好些,稳定些。家有千口,主是一人。像我们家里,奶奶做主,有好几个人吃饭,这个要吃硬的,那个要吃软的,这个要吃咸的,那个要吃淡的,就搞不成。只能奶奶做什么,我们就吃什么,这就没什么好说的了。"②实际上,每个人的胃口不一样,在资源有限的条件下,用一个人说了算的方式只是无奈之举。但将这种看法直接推论到国家的政治,显然是家—国逻辑主导政治思维的体现。

在政治价值的序列中,农民的政治思维依然是集体主义取向的,国家优先于人民(个人)。典型的表达如:"一个国家,第一个要建设强大的国家,第二个就是人民要安居乐业,生活要富裕。"③这显然与主流的政治话语是一致的。但改革开放后,社会和个体的解放无疑又使个体利益得到了张扬和正当化,这也造成了他们在政治评价上的"双重标准"。

主导观念的又一体现就是对政治的道德化,体现在民主问题上,就是将民主理想化、纯粹化,而与利益、人情完全对立起来。如一位受访者就认为:"村民自治,现在没有民主,就是利。没有利,谁也不去选。就像我要是选你,我也是有利,就算当时没有利,以后我去找他,他也得为我想一想,以后也有利。农村有一个利,也有一个情。有的人就是选不上,和他有那份情,我也得选他。"④

诸如此类的主导观念,要么是传统观念,要么是当下的官方话语。这些观念的"关键词"、价值取向和论证逻辑由普通农民习得后,作为他们分析政治和表达政治的基本依据。但政治与治理的复杂现实又显然不是这些观念和话语所能涵盖的,由此造成农民政治认知与政治

---

① 访谈编号:20110801
② 访谈编号:20110219
③ 访谈编号:20110802
④ 访谈编号:20110223

心态内在的冲突性。

三、情感化与理性化的不平衡

有学者曾以某村的三起农民抗争个案为例,分析了中国农民上访和抗争中的德行诉求,发现农民无论把村政腐败归咎于个别村干部还是把上访目标的实现寄托在上级"青天"身上,以及在抗争中对矿霸的控诉,在村政治理上对能人的期待,都体现了一种德行正义的诉求目标,进而遮蔽了农民对村政腐败体制性的认识。[1] 正是这种道德化的取向,更容易激发农民思维中简单的二元对立,而相关表述中强烈的情绪化,也阻碍了他们对政治相关问题的深入思考,而使诸多政治问题变成情感问题。

例如,一位曾在行政命令下搬迁的受访者,在谈到那段艰苦岁月时说:"我们那个时候搬迁受的苦多,但也不能怪国家。打比方说,张家一根甘蔗,养了五个娃子,五个娃子要分着吃;李家一根甘蔗,只养了一个娃子,就他一个人吃,因为他条件好些了啊。老子都疼儿子,这跟国家对老百姓是一样的,国家跟你个人想的肯定不一样。"[2]处境最为卑微的农民,却对抽象的国家表达出了让人惊讶的想象和理解,而这种想象竟然是将国家与个人之间的关系比作父与子的关系。这种推论逻辑显然是高度情感化和拟人化的。

有的老年农民评价政治领袖,也完全是基于对普通人的伦理要求。"要讲还是毛泽东好,打天下嘛,是政治家。他又穷又苦又吃亏,打得天下还不得福享?"[3]在众多的访谈材料中,受访者也多基于个人的感受和情绪,而对政治人物和政治问题进行评价,普遍缺乏政治分析的公共性维度和超越性标准。

对政治领袖的崇拜之情,无疑阻碍了部分受访者对领袖人物的理性认识。这充分显示了部分农民身上理性化与情感化的不平衡。

---

[1] 程平源:《青天·村霸·能人:农民上访与抗争中的三个关键词》,载《青年研究》2012年第2期。
[2] 访谈编号:20100215。
[3] 访谈编号:20100213。

毛泽东还是不赖的,是个好的"创业皇帝"啊。他可是一刀一枪干出来的啊,那说实话是不赖,比老蒋强,老蒋那家伙不行。像老蒋,你是中国人,你还有权有人,但你就是不抗日,毛泽东抗日的时候他也不情愿帮,那不是装赖么。毛泽东那可是不容易啊,八年抗日,打完日本鬼子又和老蒋打,就靠着小米加步枪创出来新中国啊,那真不是一般人。毛泽东可聪明啊,老蒋想先打他再打日本人,那毛泽东得斗老蒋和日本人啊,就逼老蒋一块先打日本人,打完日本人,那毛泽东又拐回来打老蒋,最后创立中华人民共和国……说实话那毛泽东时候的政策是不赖,而且人家抓的也到位,抓的严,不像现在政策下来了也没人检查。毛泽东那时候那真是人对人,你揭发我我揭发你,就是父子、夫妻那也得揭发,只要你有啥不老实的地方或是说了啥坏话,那肯定得被揭发,揭发了以后那就是批斗。还有那大伙(人民公社),他不实行大锅饭那不中(不行)啊,那时候穷啊,不弄大锅饭那养不了恁些人。还有大跃进,我上学的时候正赶上。那时候我刚上小学三年级,结果毛主席一说大跃进,那也上不了学了,那小学生也都下地干活啦,小孩也得干,不干那就不给饭吃。反正不管咋说那毛泽东是不赖(做得不错)……那时候不仅国家政策好,而且人的思想也好,贪污犯也少,社会风气啥哩都好。①

四、个体化与公共性的不平衡

我国台湾地区学者陈弱水认为,华人文化公共性的低落,是华人社会达成现代转换的大敌;华人世界中诸多观念、行为与环境的冲突,追根溯源,都与公民意识之淡薄有关。② 民国时期的作家萧红在《呼兰河传》③中,对中国乡村缺乏公共意识的倾向有过深刻描写。书中有一个重要场景:小城呼兰河的东二道街上有一大泥坑,常有车马陷入。尽管镇民长年花费力气帮忙拉出这些车马,却始终不见任何人或

---

① 访谈编号:20110817
② 陈弱水:《公共意识与中国文化》,新星出版社2006年版,第52页。
③ 萧红:《呼兰河传》,山东画报出版社2003年版,第6—15页。

任何组织把这个泥坑填平。乡村社会中差序格局的行为逻辑,加上公共生活训练的长期缺乏,使得农民群体在个体化与公共性之间缺乏平衡考量。这一点在当前显得更为突出。

之所以会出现农民个体化与公共性的不平衡,深层原因在于:中国传统乡村社会建立在"家户制"①基础上的宗族和村落社会,一方面抑制了农民的个体性,另一方面却提供了超越个体和家庭的公共性;但新中国社会主义的传统,一方面抑制了农民的个体性,另一方面却试图建立超越村落的基层政治共同体,这种"大公"缺乏农民个体牢固的支持基础;改革开放以后,这种强政治控制和高度意识形态化的基层政治共同体被撤销,农民以"家户制"为基础的个体化进程重新启动,但公共性层面的重塑却未能及时跟进;随着城市化与市场化的进一步深化,乡村社会日趋解体或凋敝,乡村社会出现伦理性危机,农民的个体化得到单向的突进,以至于在社会层面出现阎云翔所论的农民的"个人主义"问题。②

受访者普遍认为,实行联产承包责任制之后,农村的人心就散了。按照学术话语讲,就是农民从此逐渐个体化,农民日常生活的重心,多在对个人利益的关注,而非对集体利益或公共利益的关注。也就是说,中国农民一直缺乏基层社会、地方社会或整个国家层次的公共性,只有嵌入到基层社会的局部公共性。一方面这种传统没有得到很好的保留,另一方面国家一直未能有效建立基层社会、地方社会或整个国家层次的公共性平台,以促进农民公共性的稳步增长。

以选举这样一种公共生活的基本形式来说,如前所述,目前就存

---

① 徐勇教授的论文《中国家户制传统与农村发展道路——以俄国、印度的村社传统为参照》(载《中国社会科学》2013年第8期)对家户制进行了深入剖析。他认为,家户制是中国农村社会的本体问题。对传统需要细分。那些能够对现代社会产生长远影响的本源性传统,构成现代社会发展的基础性制度。在东方国家的本源性传统中,与俄国和印度的村社制不同,中国是家户制,并在此基础上构成独特的中国农村发展道路。其中包括:以家户经营为基础的农业经营组织,家户内部农工商结合基础上的农工商互补经济,家户互助合作基础上的农村合作形式,家国共治基础上的农村治理体系。在中国农村发展进程中,家户制是不可规避的传统,构成当下及未来农村发展的制度底色。尽管家户制一度被抛弃,但它仍然会如人体基因一般顽强地再生和复制。在当下和未来的中国农村发展中,需要高度重视和深入挖掘这一基础性制度和本源性传统,精心厘定本国的制度传统资源,注意发展的连续性而不是断裂性,在传统与现代之间建立起必要的关联,才能形成中国特色的发展道路。

② 阎云翔:《私人生活的变革:一个中国村庄里的爱情、家庭与亲密关系:1949—1999》,上海书店出版社2006年版。

在村民的个体化与公共性不平衡的状况。村庄选举属于公共过程,农民在坚持公共的评价标准的同时,却未能接受普通个体的选择价值。他们要么觉得自己的参与没有用而整体否定选举,要么完全从个人的角度评价选举结果。当然,从长远来看,如果能坚持选举和村民自治其他形式的高水平实践,农民的公共性可以得到相应的增长。正如有研究所指出的,前人的研究没有认识到政治行动者接受选举是有一个学习过程的。这个过程可以分为两个阶段:第一阶段,政治行动者尝试弄清选举是否是真实的,假如觉得选举不能帮助维护农民的利益,那么他们就不会在未来的选举中投票,会退缩在自己的私人生活之中;相反,假如政治行动者发现选举可以维护自己的利益,那么他们会进入下一个阶段,在后来的选举中积极参与,努力使用各种策略使得自己的利益得到更好的实现。所以,改革者要耐心,投票行为的改变是需要时间的,农民公共性与个体化的平衡也是需要时间的。①

在涉及农民角色和公民身份这样的问题时,个别受访者对权利缺失的清醒认识值得重视,这或许是今后农民公民性生长的基础之一。

> 现在来说,这个农民和城市里的普通职工一样,基本上没有什么权利。现在还好一点儿,假若是真的很不公平的地方,可以用权利去制约权力。在这一方面,有些人还是害怕的,特别是大家族里面,那些人他还是害怕……公民?现在作为公民,我觉得我是很不合格。现在哪有合格的?……表面上都能行使这些权利,表面上哪有不能行使的?比如说选举权,表面上是都可以选,可是你选了之后根本没用。现在的人就是这样的:"你去选举去吧!""哎呀谁去选啊,谁愿选选去吧……"现在都这种情况。②

> 农民也好,公民也好,作为国家的一分子,人人都有这个当家做主的权利。不管是当官的也好,老百姓也好,都是人人平等的。现实上不是这个样子的吧?可是想法上都是这样的嘞。那你要是自己都感觉的不平等了,那就更不行了。角色就是感觉(自己)是最普通的老百姓啊。③

---

① Jie Lu and Tianjian Shi, "Political Experience: A Missing Variable in the Study of Political Transformation," *Comparative Politics*, Vol. 42, No. 1, 2009, p103—120.
② 访谈编号:20110840
③ 访谈编号:20110841

五、自由度与主体性的不平衡

有学者直接将现代性理解为主体性,认为现代性就是主体自主性的实现。如罗蒂所言,现代性的原动力是"自信其是"①。"正如工人的解放必须以全人类的解放为前提一样,社会现代性的实现必须以农民主体性的确立而最终完成,它是衡量一个国家现代性之标杆。"②可见,农民主体性的觉醒和成长,在中国整个现代化进程中的重要地位。

反观中国的农民,如前分析,权威主义倾向依然比较明显,参与意义上的主体性并未得到充分的发展。格林斯坦认为,权威主义人格有助于促进和维护群体认同,并在一定程度上提高选举投票率,同时也因权威人格者具有对上级恭顺、对权利关系敏感以及以高度结构化的方式感知世界等特征而抑制了公民的政治参与。③ 王丽萍、方然通过调查也发现,比较普遍存在的权威主义人格在一定程度上决定了中国公民在外部政治效能感方面的低水平,另一方面中国公民的内部政治效能感也存在被自我高估的可能。④

从前面的分析中我们可以看出,转型期的中国农民依然未能实现政治自觉。其对政治的认识,其对政治的态度和具体行为表现,也未能体现出较高的主体性。但另一方面,无论是在广大农民的口头表述中,还是我们能够观察到的农民的具体行为选择,农民在经济社会方面的自由度的确大大增加了,农民的自由感也大大增强了。更准确地说,他们在非政治领域已经获得了前所未有的自由。

农民对政治生活的冷漠,面对权威和政策时的习惯性被动倾向,对权威的单向依赖,期盼清廉的官员来执行中央的好政策等,无不是农民主体性不足的体现,也是农民主体性不足的结果。这其中,可能与中国人独特的权利观念有关。裴宜理认为,中国人的权利观念是独

---

① 江天骥:《关于西方"现代性"问题的论战》,载《江海学刊》1998年第5期。
② 黄琳、王成华等:《农民主体性与现代性关系研究》,载《前沿》2009年第3期。
③ Fred I. Greenstein, *Personality and Politics: Problems of Evidence, Inference, and Conceptualization*, Princeton, NJ: Princeton University Press, 1987, p.104
④ 王丽萍、方然:《参与还是不参与:中国公民政治参与的社会心理分析》,载《政治学研究》2010年第2期。

特的。在英美传统中,权利是自然权利,被认为是由上帝赋予的而不是由国家赋予的。但是,在中国盛行的以"权利"语言构建起来的道义经济式抗议,往往只是针对不受欢迎的低级官员,但这些抗议者极少质疑党和国家及其意识形态的权威。在中国,权利往往被理解为是由国家认可的、旨在增进国家统一和繁荣的手段,而非由自然赋予的旨在对抗国家干预的保护机制。① 这种权利观念在某种意义上抑制了农民主体性的充分展开。

> 我觉得政治吧,就是上面说了算。农民他不太谈政治,不谈政治吧,就不管这些国家大事。我就觉得农民种好自己的地就行了。我就是这个观点。他不参政,他就不问这些政治上的事。好的政治就是让老百姓种好地,吃好饭,多休息下。这是最好的政治。②

政治效能感差也是权威主义人格的另一表现,同样体现了农民主体性的不足。

> 像咱们农村人,我觉得影响还是可小勒。像那些人大代表啊,政协委员啊,他们那么多人,提案又恁多,国家的哪个方面可以说都能包括了,咱们小老百姓想这些东西还是没多大用,咱也控制不了这些啊。而且咱也没时间想,是不是?家里种的有地,成天就忙地里的活。再说咱们就是想了,慢慢感觉没用处,也慢慢地就不再在意这些了。像政治这些东西应该去调查上面的那些人,主要还是他们当家,咱们下面的说话也不起啥作用。③

现代政治条件下,人的主体性与人的权利意识直接相关。即,人只有清楚地意识到哪些是自己应得的,他才具有明确的权利意识,也因此才会产生相应的主体性和人格独立。在强大的政府权力和国家政策面前,农民除了不满于中间环节政府截留中央下发的相应补贴外,对这些补贴本身是否是农民应得的,他们并没有清晰的看法。

---

① 裴宜理:《中国人的"权利"概念——从孟子到毛泽东延至现在》(下),载《国外理论动态》2008 年第 3 期。
② 访谈编号:20120210
③ 访谈编号:20110816

问:有没有想过这些是你们该得的啊?

答:那有什么该不该啊!只能说明现在政策好,什么该得不该得啊!如果没这政策,上面不愿意给,我们讨也讨不到。有政策让我去领,我就去领点;没政策下来,我也不勉强去要,跟着政策走……①

下面是一位乡村教师的消极回答:

问:你有没有希望国家在政治方面有什么变化呢?

答:无所谓。我们老百姓对谁当皇帝是无所谓的。②

类似的说法还有:现在农民哪有人管政治?自己吃饭都有问题,谁还有心思管这些?只要农民生活过好了,管什么都好说。③

乡村社会的文化精英依然沿用皇帝的话语,其"无所谓"的回答,透露出的意思着实让人感慨。在所有的访谈材料中,只有极个别的受访者认为农民得靠自己去争取民主:"实现民主?必须得靠自己,还能靠国家让你实现民主吗?国家政策引导你,你自己要争取民主呢?"④

六、代际、阶层与干群差异性

张佑宗、吴振嘉通过对调查数据的统计发现,只有年龄对于民主价值具有统计学意义上的显著性,其方向是正面的。受访的村民越年轻,其民主价值越强。⑤ 在我们的研究中,由于受访的村民主要为中老年人,年轻村民的样本量相对较少,因此,比较难做出年轻人与中老年人之间的系统比较。但有一点值得注意:中老年农民在政治态度和政治评价方面存在明显的代际差异性。

不同代际的受访者在相关问题的回答上呈现出明显差异。如较完整经历过计划经济时代的受访者,有的仍保留着对阶级斗争必要性

---

① 访谈编号:20100103
② 访谈编号:20110844
③ 访谈编号:20100230
④ 访谈编号:20110212
⑤ 张佑宗、吴振嘉:《经济发展、基层选举、传统文化与中国农村民主价值的发展》,载《首届世界农村和农民学论坛论文集》,华中师范大学中国农村研究院,2013年5月。

的看法。

> 好的政治,现在我个人来说,还是要抓阶级斗争。虽然不像毛主席说的一抓就灵,但是对于打击坏人还是比较好的。像我们谢里一样,如果人人专政,人人懂得法律,这个社会才好。光是公安机关在干,是搞不好的。①

> 搞运动好,搞运动的话,坏人都不敢办坏事了,不敢出头露面了。②

另一方面,老年人似乎对近年来的农村发展感到更满意。"农民心里的想法,岁数大的百分之八九十或者百分之百的都有这个想法嘛。岁数到这里去了,现在这个社会是早一点来就好了。有好多是这样子说。不只是其他的人这么说,你像连我们都是最近这一两年就是这样子的噻,特别是那农业税一取消过后,好成那个样子哦。国家,说实在话,还是发展得相当快,不过我们这岁数真的话是那个一混就是七十几哒,如果能倒转去四五年就好哦。"③

未来中国乡村治理变革的希望,或许就在年轻一代的农民身上。一位年轻的农民工就能将问题反思到体制上:"干部是国家选出来的,干部出了问题,说明国家体制出了问题。如果国家体制健全,干部就不会出那么多问题了。"他甚至认为:"中国还是需要革命,只不过是从之前的流血牺牲的革命,转变成开会辩论的革命,进行政治制度改革。"④这种既理性又大胆的观点,很难让人把他与"农民"这个形象联系在一起。又如有的受访者明确说:"现在的国家主席跟以前的皇帝完全不是一回事。他们现在的思想根本跟以前的皇帝思想不同了。"⑤

对于当前我国的政治和治理,普通农民,特别是经济状况比较差的农民,非常容易将话题引到对社会的不满和批判上。他们谈得最多的话题就是腐败和贪官。相比之下,经济状况比较好的普通村民,则对当前社会做出了相对肯定的评价。而村干部往往更能做出客观、温

---

① 访谈编号:20110232
② 访谈编号:20110810
③ 访谈编号:20110248
④ 访谈编号:20120704
⑤ 访谈编号:20110240

和的判断：

> 当然，我们国家并不是什么地方都很好，它本身那么大，也不可能面面俱到。大体上来说，政策和方针是好的。历朝历代，政策从中央到地方的话，都不是完全实施和落实到本意上来的。这个贪官啊是杀都杀不绝的，特别是从市、县到镇这几级，就是特别的贪污。古话说：人情大过网。国家对腐败贪官的惩治和监督是不到位的，国家那么多的俸禄给他们，他们却结一个秘密的关系网腐败，攻都攻不破。有些政策还是不透明，他们会扣留一部分钱。当然，领导也不好当，有时候也没有办法。比如，宪法规定不要地方保护，但是官员为了地方的发展……中央也无法监督到。我们国家提到的德才兼备，提的非常好。但是，如果你没有关系，那你有才也可能没有用，没有才的人却干上了好工作。有才的没有大树给你撑腰的话，你是施展不出来的。①

一位村副支书也能认识到："清官是改变不了一切的，要靠制度和政策。如果照这样的情况发展下去，清官会越来越难过日子的。所谓的忠臣和奸臣，奸臣就要好过日子点。比如，一个村领导和乡领导，村领导不知道怎么就开上了小车、盖上了洋房。这其中就有黑幕。"②

另一位村干部则对中国的制度表达出了高度的认同："我看电视上台湾的民进党跟国民党一开会就打架，中国共产党就不会这样。共产党温暖啊，这是社会主义的优越性啊，像汶川地震、玉树地震、西北干旱，就处理得蛮好。资本主义就搞不成，这也是中国特色社会主义啊。中国的一党执政比国外的轮流执政要好。资本主义国家光扯淡。只有社会主义才能救中国，中国在世界上的威望越来越大……"③

村干部之所以对相关政治问题持比较理性或辩证的温和看法，一方面源自他们的身份，该身份使他们对体制有更多的体会和认识，也更容易采用主流的话语和看法；另一方面，我们也不得不承认，在对访谈对象基本资料的初步统计中，我们发现一个非常突出的现象，即党

---

① 访谈编号：20110833
② 访谈编号：20110832
③ 访谈编号：20110218

员和村干部的身份与该访谈对象在村庄中的阶层地位密切相关,村干部或党员在村庄中的经济地位往往居于中上。我们也发现,很多村庄的村干部往往是该村最富有的人。可见,经济社会地位高的人对政治问题的看法往往更接近主流,因为他们从现有的政策或体制中获益了。

部分基层干部基于自身的工作处境和干部身份,仍延续着视某些农民为"刁民"的传统观念。

> 像现在的大环境下,种田上面还有补助,但是现在总有一些刁民喜欢捣乱,好的不学,坏的一学就会,真是蛮头痛的。像我们张家队(郎村的一个小队)其实是推迟一年才弄联产承包的。我们张家队比较保守,怕饿肚子,觉得还是大家在一起比较好,后来第二年看到隔壁小队弄了效果比较好,我们小队才开始弄的。一直到2001年、2002年左右都是没有问题的,但是到2005年,种田的人就少了,毕竟在外面经济收入高,所以种田也就无所谓了。在种田方面政府真的是煞费苦心啊,像种田补助啊,真是想尽了办法。但是,尽管这样,总还是有一些刁民钻空子,弄得我们有些事情不好做。①

或者对人心不齐的现状耿耿于怀:"分田到户后,人心不齐。每个人只考虑自家的利益,对自家有利的事情就好。毛主席领导时人心齐。"②这种看法主要是基于村干部的立场形成的。

即使是村民小组长这样级别最低的村干部,也容易从群众意识不到位和国家不允许的角度出发,不认可县长直选,而只能由代表来选。③ 在干部特别是基层干部的口中,"素质论"非常普遍。但显然,很多时候他们都将利益问题或普通农民个体观念的觉醒看作是"素质低"的表现。"我做村支书一年了,最大的难处还是在和老百姓的沟通、配合上面。搞建设啊,搞钱啊,我们不怕吃苦,关键是和老百姓,和没有素质的群众,配合不好。本来都是对大队有好处的事情,比如修

---

① 访谈编号:20110845
② 访谈编号:20110216
③ 详见访谈材料(编号:20100212)

路占田,他们横直不让。农民根深蒂固的都是这样。"①

相比而言,农民自己意识到的心态变化,更多的是社会生活方面:"心态上的变化,咋说哩……说莫有其还有,有又不好说……基本上就是人都更重私人利益咯,更自私咯。人心不如以前好啦。不过话说回来,咱也不全怪农民。你说现在干个啥不要钱?远了不说,就说这几年肉价涨了多少?都翻了好几番啦,但农民还是挣不了几个钱。哎……没钱不成啊,你要是莫钱,有时候就连你的亲戚都看不起你。你说这个社会已经这样子啦,又能咋办呢?"②农村政治和治理的变迁的确给他们的生活和心态带来了变化,虽然这种变化他们不一定能够充分意识到或表达出来。

总之,因为农民群体内部的高度分化——干部与非干部、在任的与卸任的、党员与非党员、富有的与贫穷的、年长的与年轻的,在同样的政治问题上,他们往往有不同的表达,透露出他们不同的认知、思维和心态。政治心理在不同的阶层之间与代际呈现出较大的差异性。这一方面说明政治心理受制于政治主体自身的经历和处境,另一方面也说明随着时代的变化,农民政治心理的各个方面将呈现进一步变革的前景。

---

① 访谈编号:20100243
② 访谈编号:20110828

第五章

基于农民政治心理，促进乡村政治发展

1992年，孟德拉斯在其著作中开宗明义地说道："20亿农民站在工业文明的入口处；这就是在20世纪下半叶，当今世界向社会科学提出的主要问题。"①历史的车轮已经驶入21世纪，对中国这样一个农民数量依然庞大的社会来说，孟德拉斯的话对中国显得尤具深意。当然，他所关注的是农民如何面对工业文明的冲击，农民的政治心理及其变化并未得到他的重视。在农民步入工业文明乃至后工业的过程中，必然牵涉农民如何适应新的治理体系和治理规则的问题，农民政治心理的变化理应成为社会科学家特别是中国的社会科学家关注的重大问题。

前文对访谈材料的梳理和分析显示，农民的政治认知处于传统与现代之间，农民虽然认识到一部分现代政治价值，但对不少政治问题的认识仍流于传统观念；政治情感上，他们一方面流露出比较突出的权威主义倾向，另一方面也对腐败和贿选表达出强烈的不满；政治信任上，"信中央，不信地方和基层"的差序政府信任倾向明显；在政治评价和政治期待上，改革开放以来的政治发展特别是涉农政策得到了较高的认可，农民希望执政党和政府在进一步加大惠农利农力度的同时，按目前的态势持续稳定地发展。基于转型期农民政治心理诸面向的实际状况，合理设定未来我国乡村地区的政治发展与治理路径，如下几个方面的问题需要重点考虑。

---

① 〔法〕孟德拉斯：《农民的终结》（李培林译），社会科学文献出版社2010年版，"封底"。

一、重塑农民的基层政治信任

在政府与民众的关系上,最为重要的就是民众的政治支持与政府对民众需求的有效回应。就民众的政治支持而言,普通农民对中国政治表现出总体支持和局部不支持的态度,这一状况的持续演化将不利于乡村地区的基层治理。因此有必要重塑农民的政治信任结构,适当提升他们对地方政权,尤其是基层政权的信任。

前文分析显示,因为取消农业税,中央政府又一次轻易地获得了农民群体的信任和支持。而基层政权的处境却发生深刻变化,其工作重心和行为方式也发生相应改变,致使农民对它们的低信任不仅难以改观,反而更容易走向恶化,基层政权的低信任得到进一步强化。两相结合,农民的差序政府信任在中央和基层这两个层面分别得到高信任和低信任的强化,差序政府信任的格局由此得以再生产。而由于在农业税取消的同时,中央还下达了一连串惠农补贴政策,这不仅进一步强化了农民对中央的信任,也进一步塑造了基层政权不被信任的尴尬处境。仅2011年,中央财政用于种粮农民直接补贴、良种补贴、农机具购置补贴和农资综合补贴的支出就超过1400亿元,这些都是直接发到农民手中的。①这体现了中央政府对基层政权的不信任。与此同时,中央政府还脱卸了农村基层政权的部分治理性权力,基层政权的治理主体性未能得到有意维护。

问题是,乡村政权只有成为名副其实的基层治理主体,并获得普通农民稳定的政治支持,广大乡村地区的有效治理才能得到保障。中央政府获得的高信任,可以维系整个政治体系的稳定和中央政府的权威;但乡村政权获得的低信任将最终决定基层治理的绩效。差序政府信任不仅如有研究者所谈到的,具有政治风险,因为它容易引发以中央为依据的基层抗争。②更为关键的是,差序政府信任使基层政权的治理难以获得基本的民众支持。任其恶化,就会使基层治理陷入经典

---

① 陈锡文:《农业和农村发展:形势与问题》,载《南京农业大学学报(社会科学版)》2013第1期。
② Lianjiang Li,"Political Trust in Rural China", *Modern China*, vol.30, no.2, 2004, pp.228—258.

的"塔西佗陷阱",即不管基层政府及其政策是好是坏,社会均采取"老不信"的立场。① 很难想象,在此境况下的基层政权能够拥有合格的治理表现。

若将基层政权作为最低层级的地方政府来看,其遭遇的上述治理困局既是新的,也是旧的。说其新,是因为基层政权乃近代以来国家政权建设的产物,传统中国的基层政权只达至县,县之下是非正式的乡绅自治;而说其旧,则是因为当前基层政权所面临的问题,仍未脱离我国"上下分治的治理体制"的基本逻辑②,即国家通过"治官权"与"治民权"的分离,使得包括基层政权在内的地方政府承担治理的实际责任,而中央则通过处理官员而维持权威和稳定。但在此体制中,基层政府的民众信任就成为一个不容回避的难题。农民平常主要接触乡村基层干部,基层干部离农民最近,直接面临利益冲突和矛盾解决。乡村干部事实上可能做对了很多事,但只要有一件事没做好,就不会被村民原谅。而基层干部群体的素养,所能调动的有限资源,所掌握的有限权力,面对其承担的重大责任,自然是捉襟见肘。

针对此一困局,着眼于国家未来的有效治理,必须通过体制变革和乡村治理的重塑,提升基层政权的民众支持度,在农民保持着对中央的高信任的条件下,适当提升他们对基层政权的信任度,及时夯实基层治理的社会基础。做到这一点具有相当的难度,因为在中央集权的体制下,中央政府拥有先天的权威资源和政策优势,其致力于改善基层民众处境的政策和努力,首先就会强化基层民众对它的政治支持。在相当长的时期,差序政府信任中的高中央信任难以改变,也不必改变。但是,差序政府信任中的低基层信任必须改变,而且也不是不可以适当改观的。这需要在以下几个方面着手:

首先,在国家全面反腐的背景下,促使基层政权严格执行中央政策,要求基层干部改进自身工作作风和行为方式,增加农民对基层干部的信任感和支持度。而中央也应该在不断完善法治、上级监督和社会监督的基础上,逐步改变之前不信任基层政权的明显取向,并适当

---

① 耿静:《政府信任的差序化:基层治理中的"塔西佗陷阱"及其矫正》,载《理论导刊》2013年12期。
② 曹正汉:《中国上下分治的治理体制及其稳定机制》,载《社会学研究》2011年第1期。

引导农民信任基层政权和基层干部。其次,通过制度创新,重塑基层政权的治理主体地位,保障基层政权的治理资格,供给基层政权必需的治理资源,赋予基层政权开展工作的必要权力,让基层政权发挥在基层治理方面的能动性。最后,也是最为关键的,让普通农民能够参与和监督,并切实拉近基层政权与他们之间的距离。不仅促进基层政权运作的公开化,也通过制度创新,让普通农民能够切实参与基层治理,促进基层政权自治性的回归。在这方面,中央可以通过资源下沉,要求普通村民在基层治理过程中的有效参与,让村民和乡村干部在治理过程中产生密切互动,进而在有效监督和责任机制的基础上规范乡村干部的行为,并逐步建立村民对他们的政治信任。实际上,基层治理的重塑并非完全缺乏动力。毕竟,村民政治信任的理性化也已是一个明显的趋势。[①] 只要供给相应的利益和资源,并确立公平合理的公共规则,乡村基层政权就可以通过实际表现逐步获得农民的信任和支持。

二、重构基层的治理与自治

从前文的分析中可以看出,中央政府的权威和国家的政治体制得到了农民群体的高度支持。总体上,当前的农民群体对中央层面的认同度高,感恩心态比较明显。诸如取消农业税、新农村建设和新农合等惠农利农政策取得了良好的成效。农民的不满主要指向地方政府和基层政权。尤其是从农民对地方政权的低信任度和对基层政权的不信任来看,对地方和基层的权力运行实施有效的监督和制约是非常必要的。只有这些权力的运转步入规范的轨道,农民才能恢复对他们的信任,它们也才能有效发挥治理地方和基层的功能。

在中央看来,地方干部和基层干部最大的责任就是严格执行中央的各项政策和指令,完成中央设定的各项指标。一方面实现地方与基层社会的稳定与秩序,另一方面带动地方与基层社会的繁荣和发展,使老百姓能够安居乐业。但难就难在,中国各地的情况并不一样,所

---

① Ran Tao, Fubing Su, Xin Sun, Xi Lu, "Political Trust as Rational Belief: Evidence from Chinese Village Elections", *Journal of Comparative Economics*, vol. 39, no. 1, 2011, pp. 108—121.

以中央的统一要求实际上也都比较原则化,或者只是设定一个范围或底线。在中央集权体制下,各级地方政府在执行中央政策的过程中,也都会加入自己的意图和变通,致使基层政权在执行时,其所真正承担的政策"早已不是当初的模样"。但出了问题,责任却全部落在他们身上。对中央而言,基层出了问题,基层干部首当其冲要承担相应的责任。因为在中央看来,自己的政策本来是好的,一执行到基层就坏了。由于鞭长莫及,中央也难以有效管理基层干部的行为。中央只能将板子打到地方干部和基层干部身上,尤其是形成了对基层干部的负面印象。基层干部在中央眼里的负面形象,是由他们之前的表现造成的。到后来,为保持中央的权威并获取基层民众对中央的支持,中央对基层干部越来越不信任。具体体现就是,近年来,先是全面取消农业税,上收财政权,后是在诸多惠农资金的发放上,中央也力主直接发放到农民手中。诸多涉农工程,也是中央和地方政府绕开乡镇,直接承包给公司去操作。基层政权不再受倚重,基层干部不再受信任。

但是,国家的繁荣发展,最终还是要落实到基层,体现到基层。所以,基层社会的良善治理,对中国这样一个大国而言,其重要性是怎么强调都不为过的。前述基层干部形象上的诸多尴尬,即反映了中国在大国治理机制上的困境。中国作为一个超大规模的社会,实行的并非基层政权自治的治理模式,而是采用了中间层级较多的中央集权制。基层干部处在权力科层体系的最末端,权力不大,资源不多,责任却异常重大。在话语权上,他们面对上级政府只有执行的义务却无反驳的权力;面对媒体,他们也处在一个被塑造的位置;面对基层民众,他们也没有多少道义上的正当性,因为民众可以拿中央的政策和要求捍卫自己的利益。既缺乏道义资源,又欠缺治理资源的基层干部群体,在承担基层最繁重的治理任务时,应该得到更多的理解和"正名",他们尴尬的形象应该得到更多的改观。而这种改观能否实现,归根结底,取决于中国治理结构的调整和变革。更明确地讲,就是我们对基层政权究竟如何定位,是否承认其作为一级治理单位的必要性和主体性,同时采取切实有效的措施监督基层干部和基层政权的运作。只有这个问题得到了明确,基层干部的主体性才能建立,其形象才能得到真正的改观,基层的有效治理也才有了保障。

在此背景下,村民自治的重塑也就成为一个不容回避的问题。前面基于访谈材料发现,农民对村民自治的评价普遍不高,并对当前村民自治运行中的诸多负面现象表现出不满。这与之前村民自治的高调推进形成强烈的反差。近年来我国村民自治的运行遭遇难,前文分析了产生这一难题的诸多原因。其中最值得强调的有两个方面:其一,村民自治制度内涵的"四个民主",长期以来未能得到均衡推进,民主选举单线强化而拉票、买票现象严重,民主决策、民主管理和民主监督这些常规的治理机制并未得到应有的开发,致使结构失衡的村民自治面对急速变迁的乡村社会时捉襟见肘。其二,村民自治制度被置于一个迥然不同于20世纪80年代和90年代的治理生态,乡村社会急速衰败直至解体,农民与乡村政权之间的关系趋于松散,乡村社会出现新的利益冲突与治理需求。

因此,今后我们在村民自治运行的问题上,一方面,全国各地的所有村庄应该超越单纯强调民主选举的思路,而应强化有效治理的现实思维。民主选举固然重要,也应该进一步规范化和法治化。但是我们更应开发村民自治本身内涵的民主决策和民主管理功能,在民主选举的基础上实现乡村社会民主治理的常态化。另一方面,应该基于乡村治理的现实需要,大胆探索适合各地村情和民情的村民自治有效实现形式。既要考虑少数经济发达地区乡村的治理需要,更重要的是要考虑大部分处于衰败和重组之中的乡村地区的治理需要。只有这样,村民自治运行的难题才能在其自身重构的基础上,应对今后我国广大乡村地区必将出现的治理挑战,为整个国家的基层治理创造出优良的制度绩效。近期现实的思路,应是从治理重构的高度检视各地的村民自治运行状况,并努力寻求符合各地村情民情的村民自治有效实现形式,从而提高村民自治的运行绩效。

三、重建国家、精英与农民的关系

对转型期中国的农村地区而言,只要民生工作做好了,其政治稳定就有了根本的保障。访谈材料显示,我国大部分农村地区最为迫切的问题,并非大幅度地拓展民主(特别是民主投票);相反,农民们最急切需要的是国家治理资源的进一步供给,以及中央和上级政权对地方与基层政权的严格监督,最终落实为农民生活和社会环境的改善。这样,在乡村地区长远的政治发展和治理变革上,党和政府的介入、基层权威(包括"能人")的引导和农民的参与一样都不可缺少,依然是以权威为主导,带动普通农民参与。一位受访者一句看上去有点让人摸不着头脑的话,在不经意之间概括了普通农民对国家介入、权威引导和农民参与相结合的需求:

> 光靠农民没有政府不行,光靠政府农民不自觉也不行。党领导一切,都得听党的。现在实际是通过权威人物来治理,村民自治最好。①

自中央的第一个"一号文件"出台以来,中央几乎年年都提倡让农民调整经济结构,要增收致富奔小康,要由基层组织带领农民致富。党的十三大报告《沿着有中国特色的社会主义道路前进》指出,"凡是适合于下面办的事情,都应由下面决定和执行。这是一个总的原则","在党和政府同群众组织的关系上,要充分发挥群众团体和基层群众性自治组织的作用,逐步做到群众自己的事情由群众自己依法去办"。党和政府对基层组织带动农民参与的重视是非常明确的。

另一方面,正如有论者指出的,在当前的后乡土社会,民间权威的认同程度明显下降,而媒体权威和政府权威的认同度大大提高。因此,在乡村社会秩序建设中,需要充分发挥这些权威的积极作用,使得中国乡村走向更加公正、更加有序的社会。② 有一位受访者就明确地表示了对政府的信任和依赖:"连政府都不相信,你相信谁呢?"③这句话很能代表普通农民的基本心态。因此,在今后我国乡村的政治发展和治理变革中,政府特别是中央政府和地方政府的必要介入和权威保持,将是至关重要的。当然,作为社会公器的媒体,也应发挥越来越重要的帮助和监督作用。

国家在推进乡村地区的政治发展和治理变革中,必然涉及大量的利益纠纷和治理难题;而在今后我国乡村中要保持社会的和谐稳定与良性治理,仅靠单纯的资源植入和党政主导,仍难以完全解决其所面

---

① 访谈编号:20120703
② 陆益龙:《农民中国——后乡土社会与新农村建设》,中国人民大学出版社2010年版,第229页。
③ 访谈编号:20110842

临的利益冲突。这就迫切需要我们结合农民政治心理的现状与特征,提前思考可能遇到的治理问题。特别是在经济发达地区,面临城镇化和土地拆迁的城乡结合地带,自村民自治实施以来,这些地方的农民普遍参与了不同形式的村庄政治。近十年来,乡村社会本身的剧烈变迁,农民所处的内外生存处境更是发生了重大变化,农民的权利需求和权利伸张空前高涨,因此在政治参与的形式上出现了一些新情况,他们的政治心理也发生着"静悄悄的革命"。如何通过有效的制度创新和政治社会化努力,及时引导这种心理态势,化解相关的消极政治心理,对于规范农民的政治行为,实现乡村乃至整个国家的政治稳定与可持续治理是至关重要的。

首先,搭建多方参与、协商的复合治理平台,确立各方协商参与的规则和运行机制。在村庄改造、村庄集中、产业发展、城镇化等诸多方案的形成过程中,以及新农村建设项目实施过程中,特别是在此类工作的中前期,在党和政府的引导下,充分吸收村民(村民代表)的意见,充分尊重他们的利益和意愿,创设他们能够参与和表达的制度化渠道。同时,将社会组织、企业也纳入党和政府的决策与施政过程中,形成利益相关各方共同参与、协商的复合式治理结构。这不仅关涉我国乡村地区发展的质量,更事关我国乡村的可持续治理。

在此问题上,温岭的民主恳谈会模式值得借鉴。温岭模式强调就镇的公共事务特别是财政预算问题,吸收村民代表全程参与和监督,构建了比较稳定的协商民主机制。这一模式吸引了学界和海内外观察家的关注与探讨,形成了良好的社会影响。其实,我国农村现有的村民议事会制度就是一个很好的制度平台,包括中央要求在农村实行的重大事务"一事一议"的制度,也有其理论上的必要性。不能贪多求快,不怕充分沟通"耽误了时间"。我们可以在村民议事会的基础上,创设一个更多方力量都可以参与的协商机构,作为村民和政府打交道的缓冲地带。这样才能使党和政府的施政更加科学,更能够得到民众的认同和支持,更能够在此议事过程中平衡政府、企业、非政府组织、乡村组织和普通村民的利益。

其次,优化治理元素,改善乡村治理的结构。一方面,村庄治理能够兼顾致富能人(经济能人)和传统村庄精英,让他们共同参与到村庄的治理中。显然,当前的村庄治理一方面需要由经济能人来带动,但又不能只依赖经济能人。因为,现在留在村庄的主要是老人、妇女和小孩,他们当中的长者其实也应该作为村庄治理的重要力量得到重视,从而平衡传统精英和现代精英在村庄治理中的作用。另一方面,城镇居民精英能够与农村居民建立常规联系,以实现城乡互通。其实,从乡村社会走出去的城镇精英,还是具有一定的故乡情怀和乡土观念的。他们如果能够将资源带进村庄,并能够以适当的方式参与到村庄的治理当中,则可以弥补当下村庄精英缺乏的窘境。比如,可以通过城镇社区和村庄社区结对子的方式,或者城镇家庭与农村家庭结对子的方式,建立这种联系和沟通机制。最终让城镇治理的优化带动乡村治理的优化,同时也不使乡村治理失去其特色。

从长远来看,今后我国的乡村治理和城乡关系到底呈现什么样的状态?我们应该以什么样的理论看待和反思中国的城乡关系?对于这些问题的回答,要求我们对农民的心理(包括其政治心理)有深刻动态的把握。在现代化的已有经验中,城市化、城乡一体化、公共规则普遍适用、农民变成公民参与国家政治等,都是重要的目标。但中国乡村地区的广袤,发展形态的巨大差异性,村落数量的众多,农村人口规模的庞大,农民更多的是作为"被治理者"而不是政治参与者,等等,都使这些问题具有某种复杂性。

一方面,我们要坚持乡村现代化的基本方向,进一步推进城市化、市场化和国家政权建设,另一方面又要对过于急躁的主张有所警惕。中国的村落会逐步萎缩,但依然会保留一些主体乡村区域,而且这个过程将比较漫长;中国的乡村发展模式将依然保持多样化;农村依然保留大量常住人口,农民工的市民化也将是一个比较漫长的过程,这些人的发展和国民待遇普及也将是一个艰巨的任务;执政党和政府将以更主动的姿态和更现代的途径进入乡村,整合农民,帮助他们发展;农民群体参与地方政治和国家政治,将是一个逐步展开的政治过程。所有这些方面,都需要对中国乡村进行全面了解和深入调查,更需要全面总结和反思先发国家和后发国家的城乡关系变动经验。如何保持中国乡村自身的独特形态和秩序机制,又让乡村和农民进一步与城市和国家融为一体,走一条中国特有的城乡和谐之路和大国治理之路,是值得理论界慎重思考的问题。

四、以政治建设促进农民现代化

历史表明,世界上绝大多数国家在政治现代化之前,都普遍经历了更为漫长的农业社会政治。而所有农业社会的政治,我们也都习惯称其为"传统政治"或"前现代政治"。政治现代化就意味着从农业时代的政治向工业时代和后工业时代的政治转型。问题的复杂性在于,各国农业时代的政治状况既有相似,更存有差异。同时,农业时代的政治,并不因一国的现代化而自动消失,相反,它会延续和渗透到现代政治当中。

如果从主体的角度来分析,上述问题则可以转化为政治现代化进程中的农民问题。也即,农民在这一进程中到底扮演着什么角色?政治现代化应该如何解决农民问题?而在一般的观念中,既然农民是农业社会的代名词,现代社会则意味着大规模减少农民和转变农民,也即让农民变为工人、市民和公民,整合到现代政治体系中。这样,农民问题就被消化掉,进而转化为现代城市治理和国家治理的问题。这种看法基本上可以成立,也大致符合了部分先发国家的经验,但也可能使问题简单化了。

如前所述,各国农业时代的政治是不同的。欧洲诸国在启动政治现代化以前,虽说大都经历了一个专制集权的王权时代,但王权的集中程度却有着极大的差别。如资产阶级民主革命爆发前的英国和法国,在这方面就相差悬殊。更不用说那些迟迟未能实现国家集权的国家(如德国)了。王权的集中是一方面,王权之下的农民和乡村社会则是另一方面。虽然农民天然具有聚居的特点,乡村社会也都普遍具有"村社"共同体的特征,但因国王集权程度的不同和领主(地主贵族)分布的差异,欧洲各国的农民和乡村社会也存在差别,比如德国的农民问题与法国的农民问题就有所不同。从某种意义上讲,法国而不是德国与我国的情况更为接近。

而在接下来的政治现代化中,西方各国一般都经历了政治革命和政治建设两个阶段。政治革命中,不同国家的农民卷入的程度有深有浅,如法国的农民就参与到大革命当中,推动着政治的现代化;而英国和德国的政治革命,更多的只是上层阶层的政治游戏,农民的角色相对被动和模糊。

关键的问题在于,在革命之后的政治建设中如何解决农民问题,以使这一群体被整合到现代政治当中。总的来看,西方国家在政治建设中解决农民问题具有更多的共性,它们普遍采取了如下路径:一是逐步减少农民的数量,让他们中的部分人直至大部分人到工厂(或企业)上班,到城市生存,通过工人阶级政治和现代城市治理逐渐消化农民问题。二是在提高农业生产率的基础上,培育新型的农业从业者。更重要的是,通过国家建设,现代政治的一系列组织(政党、利益集团和民间组织)和制度(现代选举制度和法律制度),连接着这些新式农民与国家,使他们成为与市民一样的政治公民。

这两个方面尤其说明政治现代化进程中农民问题的实质,即农民从原来的不自由变为自由,由被动消极变为主动参与,由受领主或村社的束缚转变为国家保障下的自主治理。当然,如果具体分析这每一方面,西方每个国家的做法也会存在一定的差异。但它们在解决农民问题上所具有的普遍经验,代表了政治现代化的基本方向,无疑是值得我们重视的。

只是,不论中国政治现代化之前的农民问题,还是当下已基本完成第一次现代化时的农民问题,都与西方发达国家存在差异。这就是中国政治现代化的特殊性。中国是一个源远流长、地地道道的农业社会,农民数量极其庞大,小农观念尤为深厚,它们是传统政治的基础。与西方国家不同的是,中国自秦以后就建立了相当完备的官僚式帝国。帝国的政权一般只设到县,县之下主要是由乡村社会的士绅来自治,虽然帝国有"编户齐民"的管理普通农民的手段,但终因国土辽阔和交通不便,普通农民只会感觉"天高皇帝远"了。这就使中国的农民一方面具有强烈的皇帝情结和服从意识,另一方面又有着乡村自治、疏离国家的倾向。

到了近代,中国被迫卷入现代化。从清末开始的政治现代化努力,基本上都未将农民作为主体来对待,农民依然处在现代政治之外。只有在中国共产党的民主革命中,农民才真正被动员起来,成为政治革命的主力军。正是他们打破了乡村原有的社会秩序,并建立了新秩序。新中国成立以后,为实现国家的工业积累,国家运用强大的组织力量和意识形态,在短时间内又进一步使农民走上集体化的道路。但历史证明,这并未真正解决农民问题。农民的确深深地卷入到民主革命当中,成为推动中国政治现代化的主体之一。农民在政治上也的确"翻身做主人"了,这在中国历史上是前所未有的。但是,"人民公社"中的农民并不自由,城乡二元结构更是强化了他们农民的身份而不是公民的身份。农民的数量并未减少,相反,人口得以大规模膨胀,而且只能在农村从事着效率并不高的农业生产。新政权的组织、制度和话语虽然进入了乡村,但农民并未能顺利地转变为国家的公民,他们完全被各种体制束缚,失去了自由;同时,也与市民形成天壤之别的两种社会身份。

改革开放以后,中国的农民再次经历着现代化的洗礼。从政治现代化的角度看,不经意当中却与西方先发国家解决农民问题的路径相呼应,只是中国农民的政治现代化尚在进行当中,这种呼应也只是局部的。具体来说,改革开放以后,家庭联产承包责任制确立,人民公社被废除,农民最大的转变就是其个体的独立和自由的部分实现,这导致了农民问题的根本变化。农民开始自主经营,并展开与外部世界的沟通。农民自由流动逐步实现,部分农民移居到城镇,减少了农民的数量。一部分农民变为市民,另一部分农民则成为中国独有的"农民工"(最新的统计数字是2.5亿)。农民问题部分转化为城市治理的问题,这有些类似于英国工业革命初期从农村到城市谋生的工人问题。而村民自治的实施和一系列政策、法律向农村的推广,使得农民与国家的联系也越来越紧密,农民的公民意识和现代政治意识也发生着潜移默化的变化。但是,农民与政治发生关联主要停留在基层社会,农民参与全国性和地方性政治尚缺乏有效的政治过程。

今后我国政治现代化进程中农民问题的解决,将取决于对既往历程的反思。在政治革命之后,西方先发国家解决农民问题花了两三百年的时间。考虑到这一点,我们努力的时间并不算长。而对我们这样一个超大规模的农民国家而言,要真正实现政治现代化,问题远比西方国家要复杂。综合前面的分析,今后我国若要顺利实现政治现代化,仅从农民问题的角度看,至少需要着意解决如下几个问题。

其一,在推进城市化的同时,进一步减少农民的数量,特别是逐步消化吸收"农民工"为市民,从而将农民问题分解出来,使其部分成为工人问题和城市治理问题。虽说2010年的统计表明,我国常住城镇人口和乡村人口已非常接近,但考虑到农民工多被记入城镇常住人口,农民在人口中的比重显然还是偏高的,而常住农村的6.74亿人口无疑还是多了。逐步减少这一庞大的人群是异常艰巨的任务,这有赖于城市管理水平与整合水平的提升,也有赖于现有的作为城乡二元结构核心的户籍制度的改革。

其二,让人大、政府、法院和检察院与农民产生更多的关联,进一步密切中国共产党与农民的联系,并通过其他渠道(如媒体和信访)使农民及其代表有效地参与到地方政治和全国性政治当中。同时,完善既有的农民组织,帮助和推动农民建立形式多样的合作组织,使农民通过这些组织建立与城市和国家的有效联系。在现代政治中,农民是开放的,而开放的途径就是各种组织。

其三,减少城乡之间经济、社会和文化方面的发展差距,减少市民和农民的身份性差距。即通过城乡统筹等各种有效的发展措施,使市民和农民都能享受到基本一致的教育、医疗和社会保障等国民待遇。同时,通过新农村建设等相关政策的深化,实现乡村的繁荣和再造,使乡村成为中国治理的半壁江山,也成为中国城市发展和整个国家现代化的坚实基础。因此,需要从总体上加大对乡村治理资源的投入,兑现现代国家的职责。这主要包括村民作为公民的各项基本权利,如公共交通、政治权利和享受医疗保障的权利。

其四,从深层看,现代化最终取决于观念和意识的现代化。而我国的政治现代化,归根结底取决于农民群体政治观念的现代化,以及其他群体政治心理的革新。只有独立、自主、理性、参与和合作的现代农民,才能成为合格的国家公民。如何通过政治实践培育和塑造他们的现代公民人格,是摆在我们面前的又一使命。正如列宁所讲的:"改造小农,改造他们的整个心理和习惯,这件事需要花几代人的时间。"① 在某种意义上,革命阶段的政治现代化可以不首先考虑农民的公民化,但建设时期的政治现代化则需要认真考虑农民的公民化。具体来说,后发国家政治文化的革新主要有如下几个目标:① 塑造政治认同:个人认为自己是某个民族/国家明确的成员。② 政治效能感:个人认为自己可以影响政治和政府,可以而且应该积极地这样去做。

---

① 列宁:《列宁选集》第4卷,人民出版社1995年版,第447页。

③ 建立人际信任:相信自己的同胞及与他们共事的能力。④ 培育理性思考:提高获取信息并做出政治判断的能力。⑤ 塑造新合法性:强调主权在民、政府责任与民主合法性。结合前文对访谈材料的分析,可以发现,在这五个方面,特别是后四个方面,我们仍有大量的工作要做。

余 论

农民的政治心理与中国人的政治心理

民国时期,费孝通先生就曾说"理解中国的关键是农民"①。伴随着中国城镇化进程的推进,很多人误以为我们已经告别了乡村社会;伴随着市场化进程的全面推进,很多人误以为我们已经告别了小农经济;伴随着现代化进程的全面推进,很多人误以为我们已经告别了传统,而传统社会的主体人群就是农民。实际上,就算一个社会的基本形态已经发生了改变,甚至是根本性的改变,该社会的观念并不一定发生根本性的改变。因为,观念、心理和行为模式一旦形成,便构成文化和习惯,这种文化和习惯就成为这个社会的基因,甚至是集体潜意识,从深层影响或决定着后来者的心理和行为倾向。②而一个简单的事实是,我们有着漫长的小农帝制社会的历史,我们真正走向现代化的时间并不长,而我们的现代化历程又是独特的。帝制时期农民的传统政治心理,一部分会延续到现在和今后,成为整个民族的心理底色;而近代以来,特别是建国后和改革开放以来所形成的农民政治心理倾向,同样构成了不同成色的新传统,影响着当下和未来国人的心理过程。

从这个意义上讲,研究经历了建国后重大政治变迁和政策变革的普通农民,直接关涉"我们时代的大问题,即当代中国集体性的自我理

---

① 费孝通:《中国绅士》,中国社会科学出版社2006年版,第102页。
② 当然,对于"文化",包括心理意义上的"政治文化",我们也应注意分析和推论的边界。不得不承认,当前我国农民的政治观念、思维模式和价值取向,一部分来自传统政治心理的延续,另一部分来自现有权力体系的塑造和农民在现有权力框架下的理性选择(或现实选择)。在这个意义上讲,区分"理性"和"文化"在政治心理研究中是非常必要的。参见刘瑜:《当我们谈论文化时,是在谈什么?》,载《读书》2013年第9期。

解,说白了就是'我们是谁?''我们从哪里来,要到哪里去?'这样的问题"①。要看清当下中国民众的政治认知、政治情感和政治评价,必须回头看看帝制时代的小农意识,重新认识建国后政治对农民政治心理的影响,更要仔细研究改革开放后农村政策的调整对农民政治心理的深刻改变。一方面要看到农民政治心理的"变",另一方面也要看到这种"不变"。无论"变"与"不变",都关系到全国不同阶层的普通民众,而不仅仅与农民群体相关,不仅仅与乡村社会有关。

进而言之,我们很多时候过于强调市民、工人和学生这些非农民群体与农民群体在政治心理上的差异,而没有看到中国整体的国家—社会关系与政府—公民关系对所有社会成员的一致性影响。在这个意义上,研究清楚了转型期农民群体的政治心理状况,也基本上理解了其他群体在面对政治时基本的心理和行为倾向。至少可以将其作为一面镜子,让其他群体看到自己从传统国民性(农民性)中脱胎而出的具体程度,更看到自己与农民群体在政治心理形成上的相近逻辑。虽然"是农民(性)还是公民(性)?"②的发问一直萦绕在中国社会科学界,但简单地将农民与公民二元对立显然是不客观的。如前所述,转型期的中国农民既有传统的农民性,也渐渐生长着现代的公民性,虽然这种公民性尚不是完整的公民性。转型期的中国其他群体,公民性的诉求越来越明显,但同样保留着传统的思维、心态和行为逻辑。

研究农民政治心理的现状及其由来,说到底,关系到如何判断当前中国政治社会的心理基础,以更审慎地设计中国政治社会改革的阶段性目标。从中国社会普通成员的角度看,反思农民的政治心理问题,关系到他们如何在观念和行为层面适应现代的政治社会生活,并努力开创现代的政治社会生活。英克尔斯早在1983年首次访华时,就针对当时中国的"四个现代化"纲领和实际国情,意味深长地提出了"第五个现代化"(即"人的现代化")的建议。③ 在他看来,一个国家和社会的现代化,归根结底还是人的现代化。"一个国家,只有当它的人

---

① 张旭东、王安忆:《对话启蒙时代》,三联书店2008年版,第62—63页。
② 王斯福:《农民抑或公民——中国社会人类学研究的一个问题》,载王铭铭、王斯福:《乡土社会的秩序、公正与权威》,中国政法大学出版社1997年版。
③ 〔美〕阿历克斯·英克尔斯:《人的现代化素质探索》(曹中德 等译),天津社会科学院出版社1995年版。

民是现代人,它的国民从心理和行为上都转变为现代的人格,它的现代政治、经济和文化管理机构中的工作人员都获得了某种与现代化发展相适应的现代性,这样的国家才可真正称之为现代化的国家。否则,高速稳定的经济发展和有效的管理,都不会得以实现。即使经济已经开始起飞,也不会持续长久。"①这句话在今天看来依然让人醍醐灌顶。

从保守主义的视角看,本书初步呈现的转型期我国农民政治心理的诸多面向,不仅是传统政治与现实政治共同塑造的结果,也是与当前政治体制、政治价值与政治运作大体一致的,基本构成了对当代中国政治体系的心理支持。这主要包括农民对清官和民主的认知、农民权威主义倾向的政治情感、农民"信中央,不信地方与基层"的差序政府信任、农民对惠农政策的高度评价、农民对国家介入和权威引导的期待等方面,恰恰与当代中国政治的性质形成共生关系。在这个意义上,如果我们承认某种类型的政治心理一旦形成就会具有韧性,那么我们在思考我国未来政治改革与治理变革的现实路径时,就必须尊重农民群体的政治心理现实,包括他们的政治观念、政治态度与政治需求。农民作为中国人口中规模最大的群体,他们对政治的认知、情感、信任、评价与期待,是其他所有群体需要诚实面对的。正是基于农民政治心理的现状,我们能看到当代中国政治变革的长期性,因而也能看到当代中国政治的某种正当性与合理性,而对激烈批判当代中国政治的学术倾向保持必要的清醒。

从建构主义的视角出发,欲在中国建立成熟的现代民主政治,或实现国家治理的现代化,就必须培养具有相应政治心理与行为逻辑的政治人,因此需要继续启蒙。在农村,意识形态的宣传、政治正确的观点依然根深蒂固,这当然与权威政府的属性有关。一个权威主义的政府不大致力于培养有独立思考能力的普通民众,所以意识形态的灌输作为一种统治手段在这里传递到农民群体的头脑里。政府文件、党宣媒体塑造了一种话语体系,这种话语体系强调国家高于集体、集体高于个人、党是领导核心、社会主义的优越性等,长期的反复宣传,加上农民的文化水平低,给农民设置了一个难以独立思考的藩篱。人民选

---

① 殷陆君:《人的现代化——心理·思想·态度·行为》,四川人民出版社1985年版。

举组成政府、官员的权力由人民授予,这些在西方已经有了几百年历史的政府观、权力观,在这里很容易被曲解为父母与子女的人格化关系。这套话语体系的突破,有赖于现代政治观念的普及、政治灌输式宣传的调整和民主实践的不断积累。当然,最终还依赖于普通农民在生活实践和社会接触中不断反思自己所面临的政治话语和政治现实。

当然,从不同群体在政治体系中的地位看,政治精英、知识分子、经济精英相比于普通农民,对未来中国的政治发展将发挥更大的影响力。他们的政治心理状况更值得我们重视。因此,我们认识农民政治心理的现状和形成逻辑,一个方面是认识农民群体本身,第二个方面是从农民政治心理中反思普通中国人政治心理的某些共同面向,第三个方面或许更为重要,就是要进一步比较研究农民之外的精英和民众的政治心理,以看到他们与普通农民之间在政治心理诸方面存在的差异,以看到政治发展的文化动力结构,也看到政治改革的希望。

附 录

一、访谈提纲

围绕下面列举的相关问题,主要通过自然而互动式的闲谈、交流,激发、捕捉有价值的信息。国家政治与政策(历史和现实的)作为影响村民生活的因素,访谈时要留意谈话者的具体表达,更要留意村民在以他们的语言方式和想象来谈论国家、政治和某些人物(如历史和现实中某些值得称颂的人物)时的具体表述。

1. 政治概念与对政治的想象

一提到"政治",您首先想到的是什么?您觉得好的政治应该是什么样的,比较糟糕的政治又是什么样的?您觉得建国后,我国什么时期的政治比较好,什么时期的政治比较差?为什么?目前我国的政治状况怎么样?您为什么这么看?您依据的是什么标准?您感觉自己对政治的看法和态度,受到了哪些因素的影响(历史遭遇、电视、广播、网络,与外面的人交流,自己的学习思考,等)?

2. 对我国政治传统的看法

对皇帝和传统政治的看法。可以通过乡村中的各种民间传说以及对电视剧中各种古装戏的评价和喜爱程度来谈。是不是觉得电视上的某些皇帝比较好,也相信有这样的皇帝?认不认为现在的国家第一号人物是真龙天子?为什么?

对清官如诸葛亮、包青天、狄仁杰、海瑞等人物的看法。为什么这么看？清官能解决中国的问题吗？现在中国是不是特别需要清官？为什么？

当官的是不是就有资格也应该来管理老百姓？做官的人的素质和水平就比一般人高些吗？中国是不是只有靠某些有权威的人物，才能实现中央和地方各层次的良好治理？农村状况的好转是不是非得靠有能力的官员领导才行？

3. 对建国后政治变迁的历程和政治现状的看法

建国60余年来对您影响最大的政策是什么？（重点如斗地主分田地、"大跃进"、人民公社、"文革"、改革开放、联产承包、村民自治、取消农业税、新农村建设等政治事件/政府政策对个人社会地位、处境和生活状况的影响）当时的情景是什么样的？您个人的感受和表现是什么样的？（让被访者详细回忆）在影响您最大的这件事/政策上，您个人是受益了还是受损了？因为这件事/政策，您对国家/政治/政府的看法和态度是不是有所改变？

您对自己作为农民/公民的身份/角色是怎样看的？这几十年来是否发生了一些改变？是如何改变的？

这几十年来，您觉得农村社会是不是变得更正义/不正义了，也比以前更民主/不民主了？您是怎样理解一个社会是不是正义的？您又是怎样理解一个社会是不是民主的？农村中当前实行的村民自治是民主吗？

毛泽东、邓小平、江泽民、胡锦涛四位领导人，您分别怎么评价？您为什么这么评价？基于此，您对各时期的社会风貌、精神状态有什么看法？这种情况是不是由政治的变化和政府政策造成的？您自己各个时期的心态是怎样的呢？如改革开放前的时代主题是什么？是不是只有阶级斗争？民风是否淳朴？现在的时代主题您认为是什么呢？您怎么评价这个时代主题？

取消人民公社，实行联产承包责任制以后，国家又实行了村民自治。您觉得村民自治这么多年实行得怎样？对农村的发展和秩序有没有起积极作用？

国家后来取消农业税，大力进行新农村建设，这个政策有没有带来农村状况的根本好转？为什么？

在国家不断调整农村政策的过程中,您觉得您自己以及周围的农民兄弟是否发生了一些心态上的变化?您是怎样看待这些心态上的变化的?

这几十年来,让您最寒心的事是什么?这件事的主要过程是什么样的?您是怎么了解的?为什么这么让您寒心?

村干部最让您讨厌的是什么时候?最讨厌的地方在哪里?乡镇干部最让您讨厌的地方在哪里?为什么?什么时候开始不相信乡和村里的干部了?

什么时候开始觉得村里人心散了?您觉得主要原因是什么?跟当年国家对农村的改造(各种运动)、国家的政策、现在干部的作为有没有关系?或者仅仅是农民自己的问题?或是觉得这是社会发展的正常结果?

什么时候开始觉得不相信基层政府了?为什么不相信基层政府呢?是不是哪件事让您对基层政府再也不抱期望?或者有没有哪件事让您对现在的政府更有信心了?

您是不是觉得中央政府会更公正,能够帮助农民说话,考虑到农民的利益?您觉得层次越高的政府越公正,越值得信赖?为什么?

您觉得现在农村的治理不好,主要是我们国家(体制)的问题还是干部自身的问题?如果您在那个位置,您觉得您能做得更好吗?

4. 对国家未来的政治想象和展望

您最希望国家对农村有什么样的改革措施?您希望未来的农村社会是什么样的?如果农村社会变好了,您也有机会到城市生活,您怎样选择?

您对国家的未来是否有信心?是否觉得国家能像现在这个样子继续稳定发展?变得更加民主?变得更加依法办事?(涉及国家稳定、民主和法治发展的有利因素和隐患是什么?为什么?)您对国家的期待有哪些?希望国家在政治方面有什么大的变化吗?为什么?

今后,农民凭他们的习惯和素质能够很好地实现民主吗?为什么这么看?那您希望以后农村应该怎么来治理?是要靠党,靠政府还是靠农民自己?是通过民主的方式,还是通过某些能人或权威人物来带领大家?

选举产生领导人您觉得好不好？中国的农民应不应该像国外那样选举国家的领导人？地方的领导人应不应该由当地的老百姓选举产生？

二、访谈对象基本情况一览表

访谈员	访谈时间	被访者编号	被访者所在地	所在地区域特征	被访者性别	被访者年龄	被访者身份	被访者文化水平	被访者经济状况（在本村的相对阶层位置）	访谈材料编号（年+月+序号）
塞莉	2010年1月	1	湖北省利川市团堡镇	中部山区	男	48	群众	初中	中下	20100101
塞莉	2010年1月	2	湖北省利川市团堡镇	中部山区	男	50	群众，小学校长	中师	中上	20100102
塞莉	2010年1月	3	湖北省利川市团堡镇	中部山区	男	63	群众	小学	中下	20100103
塞莉	2010年1月	4	湖北省利川市团堡镇	中部山区	女	58	群众	文盲	中下	20100104
李哲	2010年2月	5	河南省淮阳县王店乡	中部平原	男	72	曾任队长	小学	中等	20100201
李哲	2010年2月	6	河南省淮阳县王店乡	中部平原	男	60	五保户	小学	中下	20100202
李哲	2010年2月	7	河南省淮阳县四通镇	中部平原	男	76	党员	小学	中等	20100203
李哲	2010年2月	8	河南省淮阳县四通镇	中部平原	男	60	群众	小学	中等	20100204
谢秋菊	2010年2月	9	福建省泉州市安溪县	东南山区	男	44	群众	初中	中等	20100205
谢秋菊	2010年2月	10	福建省泉州市安溪县	东南山区	男	65	曾任村主任	小学	中下	20100206
谢秋菊	2010年2月	11	福建省泉州市安溪县	东南山区	男	76	群众	小学	中下	20100207
谢秋菊	2010年2月	12	福建省泉州市安溪县	东南山区	男	86	原省卫生厅秘书	高中	中上	20100208
冉亚榴	2010年2月	13	贵州省平塘县谷硐乡	西部	男	62	群众	小学	中等	20100209
冉亚榴	2010年2月	14	贵州省平塘县谷硐乡	西部	女	45	村妇女主任	小学	中等	20100210
冉亚榴	2010年2月	15	贵州省平塘县谷硐乡	西部	男	55	曾任村主任	小学	中上	20100211

(续表)

访谈员	访谈时间	被访者编号	被访者所在地	所在地区域特征	被访者性别	被访者时年龄	被访者身份	被访者文化水平	被访者经济状况（在本村的相对阶层位置）	访谈材料编号（年+月+序号）
冉亚榴	2010年2月	16	贵州省平塘县谷硐乡	西部	男	53	村民小组组长	小学	中等	20100212
冉亚榴	2010年2月	17	贵州省平塘县谷硐乡	西部	男	73	群众	小学	中等	20100213
孙清华	2010年2月	18	湖北省宜昌市枝江市董市镇	中部	男	69	曾任生产队会计	小学	中等	20100214
孙清华	2010年2月	19	湖北省宜昌市枝江市董市镇	中部	男	49	群众	初中	中等	20100215
孙清华	2010年2月	20	湖北省宜昌市枝江市董市镇	中部	女	64	群众	小学	中等	20100216
孙清华	2010年2月	21	湖北省宜昌市枝江市安福寺镇	中部	男	55	群众	小学	中上	20100217
孙清华	2010年2月	22	湖北省宜昌市枝江市安福寺镇	中部	女	53	群众	小学	中上	20100218
孙清华	2010年2月	23	湖北省宜昌市枝江市安福寺镇	中部	男	48	群众	高中	中等	20100219
孙清华	2010年2月	24	湖北省宜昌市枝江市安福寺镇	中部	男	66	群众	小学	中下	20100220
孙清华	2010年2月	25	湖北省宜昌市枝江市安福寺镇	中部	女	74	曾任妇女主任	文盲	中等	20100221
孙清华	2010年2月	26	湖北省宜昌市枝江市顾家店镇	中部	女	38	妇女主任	中专	中上	20100222
孙清华	2010年2月	27	湖北省宜昌市枝江市马家店镇	中部	男	50	群众	初中	中等	20100223
王美婷	2010年2月	28	辽宁省海城市甘泉镇	东北	男	70	曾任村委会会计	初中	中等	20100224
王美婷	2010年2月	29	辽宁省海城市甘泉镇	东北	男	57	曾任村宣传干事	初中	中上	20100225
王美婷	2010年2月	30	辽宁省海城市甘泉镇	东北	男	63	群众	小学	中等	20100226
王美婷	2010年2月	31	辽宁省海城市甘泉镇	东北	女	58	曾任村支书	初中	中上	20100227
徐辛欣	2010年2月	32	湖北省咸宁市通山县富池镇	中部	女	42	群众	初中	中等	20100228

(续表)

访谈员	访谈时间	被访者编号	被访者所在地	所在地区域特征	被访者性别	被访时年龄	被访者身份	被访者文化水平	被访者经济状况（在本村的相对阶层位置）	访谈材料编号（年+月+序号）
徐辛欣	2010年2月	33	湖北省咸宁市通山县富池镇	中部	男	22	群众	高中	中等	20100229
徐辛欣	2010年2月	34	湖北省咸宁市通山县富池镇	中部	男	53	群众	小学	中等	20100230
刘方斌	2010年2月	35	江西省新建县生米镇	中部平原	男	56	曾任村干部	初中	中等	20100231
刘方斌	2010年2月	36	江西省新建县生米镇	中部平原	男	77	当地文化精英	高小	中等	20100232
刘方斌	2010年2月	37	江西省新建县生米镇	中部平原	男	69	群众	小学	中等	20100233
唐玮	2010年2月	38	湖南省桑植县白石乡	中部山区	男		群众	小学	中等	20100234
唐玮	2010年2月	39	湖南省桑植县白石乡	中部山区	男		村主任		中等	20100235
韩思琦	2010年2月	40	湖北省长阳土家族自治县龙舟坪镇	中部山区	女	76	群众	文盲	中等	20100236
韩思琦	2010年2月	41	湖北省长阳土家族自治县高加堰镇	中部山区	男	54	曾在邻镇林业所工作	高中	中等	20100237
韩思琦	2010年2月	42	湖北省长阳土家族自治县龙舟坪镇	中部山区	女	48	上访户	小学	中等	20100238
韩思琦	2010年2月	43	湖北省长阳土家族自治县龙舟坪镇	中部山区	男	74	曾任生产队长	小学	中等	20100239
韩思琦	2010年2月	44	湖北省长阳土家族自治县龙舟坪镇	中部山区	男	81	曾参加解放军	小学	中等	20100240
韩思琦	2010年2月	45	湖北省长阳土家族自治县龙舟坪镇	中部山区	男	53	村民代表	小学	中等	20100241
韩思琦	2010年2月	46	湖北省长阳土家族自治县龙舟坪镇	中部山区	男	39	农民企业家	初中	中上	20100242
韩思琦	2010年2月	47	湖北省长阳土家族自治县龙舟坪镇	中部山区	男	48	村支书	初中	中上	20100243
郭晋	2009年7月	48	湖北省红安县七里坪镇	中部丘陵	女	63	群众	文盲	中等	20090701

(续表)

访谈员	访谈时间	被访者编号	被访者所在地	所在地区域特征	被访者性别	被访时年龄	被访者身份	被访者文化水平	被访者经济状况（在本村的相对阶层位置）	访谈材料编号（年+月+序号）
郭 晋	2009年7月	49	湖北省红安县七里坪镇	中部丘陵	男	37	群众	小学	中等	20090702
郭 仪	2009年7月	50	湖北省红安县七里坪镇	中部丘陵	男	30	农民工	初中	中等	20090703
郭 仪	2009年7月	51	湖北省红安县七里坪镇	中部丘陵	女	46	群众	小学	中等	20090704
郭 仪	2009年7月	52	湖北省红安县七里坪镇	中部丘陵	男	66	钢材加工厂老板	小学	中上	20090705
郭 仪	2009年7月	53	湖北省红安县七里坪镇	中部丘陵	女	35	群众	小学	中等	20090706
黄宇博贺小力	2009年7月	54	湖北省红安县七里坪镇	中部丘陵	男	30	农民工	初中	中等	20090707
黄宇博贺小力	2009年7月	55	湖北省红安县七里坪镇	中部丘陵	女	39	群众	小学	中等	20090708
黄宇博贺小力	2009年7月	56	湖北省红安县七里坪镇	中部丘陵	男	75	革命烈士遗孤	小学	中上	20090709
黄宇博贺小力	2009年7月	57	湖北省红安县七里坪镇	中部丘陵	男	34	农民工	小学	中等	20090710
黄宇博贺小力	2009年7月	58	湖北省红安县七里坪镇	中部丘陵	男	60	群众	小学	中下	20090711
焦常坤	2009年7月	59	湖北省红安县七里坪镇	中部丘陵	女	69	群众	N	中等	20090712
焦常坤	2009年7月	60	湖北省红安县七里坪镇	中部丘陵	男	60	群众	N	中等	20090713
焦常坤	2009年7月	61	湖北省红安县七里坪镇	中部丘陵	男	65	曾在镇林业局工作	中专	中等	20090714
刘 婧	2009年7月	62	湖北省红安县七里坪镇	中部丘陵	男	56	群众	小学	中等	20090715
刘 婧	2009年7月	63	湖北省红安县七里坪镇	中部丘陵	女	70	群众	文盲	中等	20090716
刘 婧	2009年7月	64	湖北省红安县七里坪镇	中部丘陵	男	45	村支书	高中	中上	20090717
吕金洲	2009年7月	65	湖北省红安县七里坪镇	中部丘陵	女	47	妇联主任	小学	中等	20090718
吕金洲	2009年7月	66	湖北省红安县七里坪镇	中部丘陵	男	78	曾任乡党委书记	小学	中等	20090719
吕金洲	2009年7月	67	湖北省红安县七里坪镇	中部丘陵	男	56	镇某商店经理	小学	中上	20090720

(续表)

访谈员	访谈时间	被访者编号	被访者所在地	所在地区域特征	被访者性别	被访时年龄	被访者身份	被访者文化水平	被访者经济状况（在本村的相对阶层位置）	访谈材料编号（年+月+序号）
万安洛	2009年7月	68	湖北省红安县七里坪镇	中部丘陵	男	66	群众	小学	中等	20090721
万安洛	2009年7月	69	湖北省红安县七里坪镇	中部丘陵	女	43	群众	小学	中等	20090722
万安洛	2009年7月	70	湖北省红安县七里坪镇	中部丘陵	男	65	"文革"时做过民兵排长	小学	中下	20090723
叶回苏	2009年7月	71	湖北省红安县七里坪镇	中部丘陵	男	59	某轧米厂老板	小学	中上	20090724
叶回苏	2009年7月	72	湖北省红安县七里坪镇	中部丘陵	男	63	群众	小学	中等	20090725
叶回苏	2009年7月	73	湖北省红安县七里坪镇	中部丘陵	女	60	群众	小学	中下	20090726
郑红萍	2009年7月	74	湖北省红安县七里坪镇	中部丘陵	男	75	曾任小队队长	小学	中等	20090727
郑红萍	2009年7月	75	湖北省红安县七里坪镇	中部丘陵	女	45	曾任村妇女主任	小学	中等	20090728
郑红萍	2009年7月	76	湖北省红安县七里坪镇	中部丘陵	女	64	群众	文盲	中等	20090729
李梦圆	2011年2月	77	湖北省宜城市郑集镇	中部	男	53	曾任村支书,村主任	初中	中上	20110201
李梦圆	2011年2月	78	湖北省宜城市郑集镇	中部	男	75	曾任村民兵连副连长	小学	中等	20110202
李梦圆	2011年2月	79	湖北省宜城市郑集镇	中部	男	58	群众	小学	中等	20110203
李梦圆	2011年2月	80	湖北省宜城市郑集镇	中部	男	56	党员,曾任村小学校长	初中	中等	20110204
李梦圆	2011年2月	81	湖北省宜城市郑集镇	中部	男	60	党员,曾任小队队长	小学	中等	20110205
李梦圆	2011年2月	82	湖北省宜城市郑集镇	中部	男	56	党员,曾任小队队长	小学	中上	20110206
李梦圆	2011年2月	83	湖北省宜城市郑集镇	中部	男	63	群众	小学	中等	20110207
李梦圆	2011年2月	84	湖北省宜城市郑集镇	中部	男	54	党员,村卫生室医生	初中	中上	20110208

(续表)

访谈员	访谈时间	被访者编号	被访者所在地	所在地区域特征	被访者性别	被访时年龄	被访者身份	被访者文化水平	被访者经济状况（在本村的相对阶层位置）	访谈材料编号（年+月+序号）
李梦圆	2011年2月	85	湖北省宜城市郑集镇	中部	男	63	党员，曾任村支书	小学	中等	20110209
孙丽华	2011年2月	86	山西省运城市稷山县	北部	男	48	群众	小学	中等	20110210
孙丽华	2011年2月	87	山西省运城市稷山县	北部	男	40	群众	小学	中等	20110211
孙丽华	2011年2月	88	山西省运城市稷山县	北部	男	70	群众	小学	中等	20110212
雷配	2011年2月	89	湖北省应城市三合镇	中部	男	65	党员	小学	中等	20110213
雷配	2011年2月	90	湖北省应城市三合镇	中部	男	69	群众	小学	中等	20110214
黄明月	2011年2月	91	湖北省荆门市沙洋县	中部	男	65	群众	小学	中下	20110215
黄明月	2011年2月	92	湖北省荆门市沙洋县	中部	男	55	村主任	小学	中等	20110216
黄明月	2011年2月	93	湖北省荆门市沙洋县	中部	男	50	村支书，镇人大代表	初中	中上	20110217
黄明月	2011年2月	94	湖北省荆门市沙洋县	中部	男	66	曾任村主任，区人大代表	小学	中等	20110218
黄明月	2011年2月	95	湖北省荆门市沙洋县	中部	女	42	群众	初中	中上	20110219
孙晗雪	2011年2月	96	辽宁省营口市九垄地镇	东北	男	39	党员	初中	中等	20110220
孙晗雪	2011年2月	97	辽宁省营口市九垄地镇	东北	男	73	群众	小学	中下	20110221
孙晗雪	2011年2月	98	辽宁省营口市九垄地镇	东北	女	45	群众	小学	中等	20110222
孙晗雪	2011年2月	99	辽宁省营口市九垄地镇	东北	男	47	群众	小学	中等	20110223
谢飞龙	2011年2月	100	湖南省汨罗市火天乡	中部	男	59	群众	小学	中等	20110224
谢飞龙	2011年2月	101	湖南省汨罗市火天乡	中部	男	62	群众	小学	中等	20110225
谢飞龙	2011年2月	102	湖南省汨罗市火天乡	中部	女	60	群众	小学	中等	20110226

（续表）

访谈员	访谈时间	被访者编号	被访者所在地	所在地区域特征	被访者性别	被访者时年龄	被访者身份	被访者文化水平	被访者经济状况（在本村的相对阶层位置）	访谈材料编号（年+月+序号）
谢飞龙	2011年2月	103	湖南省汨罗市火天乡	中部	男	58	当过兵	小学	中等	20110227
谢飞龙	2011年2月	104	湖南省汨罗市火天乡	中部	男	50	群众	高中	中上	20110228
谢飞龙	2011年2月	105	湖南省汨罗市火天乡	中部	男	58	党员，当过生产队长	高中	中上	20110229
谢飞龙	2011年2月	106	湖南省汨罗市火天乡	中部	男	65	群众	小学	一般	20110230
谢飞龙	2011年2月	107	湖南省汨罗市火天乡	中部	男	57	党员	初中	中上	20110231
谢飞龙	2011年2月	108	湖南省汨罗市火天乡	中部	男	63	党员	小学	中上	20110232
何宗德	2011年2月	109	湖南省常宁市兰江乡	中部丘陵	男	45	群众	小学	中等	20110233
熊伟	2011年2月	110	湖北省武汉市黄陂区蔡店乡	中部城郊	女	48	团员	初中	中等	20110234
熊伟	2011年2月	111	湖北省武汉市黄陂区六指街	中部城郊	男	53	团员，当过兵	初中	中等	20110235
黄曾利	2011年2月	112	湖南省耒阳市长坪乡	中部	女	69	群众	文盲	中等	20110236
黄曾利	2011年2月	113	湖南省耒阳市长坪乡	中部	男	67	党员，村民代表	小学	中等	20110237
黄曾利	2011年2月	114	湖南省耒阳市长坪乡	中部	男	45	群众	小学	中等	20110238
黄曾利	2011年2月	115	湖南省耒阳市长坪乡	中部	男	66	退休乡村教师	初中	中等	20110239
黄曾利	2011年2月	116	湖南省耒阳市长坪乡	中部	女	18	农民工	高中	中等	20110240
黄曾利	2011年2月	117	湖南省耒阳市长坪乡	中部	男	68	群众	小学	中等	20110241
周钰皓	2011年2月	118	四川省南部县店垭乡	西部山区	女	50	群众	小学	中等	20110242
周钰皓	2011年2月	119	四川省南部县店垭乡	西部山区	男	64	党员	初中	中等	20110243
周钰皓	2011年2月	120	四川省南部县店垭乡	西部山区	男	65	群众	文盲	中等	20110244
周钰皓	2011年2月	121	四川省南部县店垭乡	西部山区	男	73	党员	初中	中等	20110245

（续表）

访谈员	访谈时间	被访者编号	被访者所在地	所在地区域特征	被访者性别	被访者时年龄	被访者身份	被访者文化水平	被访者经济状况（在本村的相对阶层位置）	访谈材料编号（年+月+序号）
田凤君	2011年2月	122	重庆市石柱土家族自治县沙子镇	西部	男	47	党员，村长	初中	中上	20110246
田凤君	2011年2月	123	重庆市石柱土家族自治县沙子镇	西部	女	83	群众，低保户	文盲	中等	20110247
田凤君	2011年2月	124	重庆市石柱土家族自治县沙子镇	西部	男	73	群众，当过兵	高小	中等	20110248
田凤君	2011年2月	125	重庆市石柱土家族自治县沙子镇	西部	女	47	群众	初中	中下	20110249
田凤君	2011年2月	126	重庆市石柱土家族自治县沙子镇	西部	男	56	群众	初中	中等	20110250
田凤君	2011年2月	127	重庆市石柱土家族自治县沙子镇	西部	男	57	群众	小学	中等	20110251
任传亮	2011年2月	128	江苏省南京市江宁区东山镇	长三角城郊	男	60	党员，退休干部	初中	中等	20110252
任传亮	2011年2月	129	江苏省南京市江宁区东山镇	长三角城郊	男	55	群众	初中	中等	20110253
王银峰	2011年2月	130	江苏省南京市浦口区石桥镇	长三角城郊	男	70	群众	小学	中等	20110254
王银峰	2011年2月	131	江苏省南京市浦口区石桥镇	长三角城郊	女	40	群众	初中	中等	20110255
王银峰	2011年2月	132	江苏省南京市浦口区石桥镇	长三角城郊	男	45	群众	高中	中等	20110256
沈康亚	2011年2月	133	安徽省全椒县大墅镇	中部	男	49	党员	初中	中等	20110257
沈康亚	2011年2月	134	安徽省全椒县大墅镇	中部	男	81	党员，曾任乡农会主任	小学	中等	20110258
沈康亚	2011年2月	135	安徽省全椒县大墅镇	中部	男	66	党员，曾任生产队队长	小学	中等	20110259
沈康亚	2011年2月	136	安徽省全椒县大墅镇	中部	女	58	党员，曾任村妇联主任	小学	中上	20110260
闵璐璐	2011年2月	137	江苏省沛县朱寨镇	苏北	男	79	群众	初中	中等	20110261

(续表)

访谈员	访谈时间	被访者编号	被访者所在地	所在地区域特征	被访者性别	被访时年龄	被访者身份	被访者文化水平	被访者经济状况（在本村的相对阶层位置）	访谈材料编号（年+月+序号）
闵璐璐	2011年2月	138	江苏省沛县朱寨镇	苏北	女	51	群众	文盲	中等	20110262
闵璐璐	2011年2月	139	江苏省沛县朱寨镇	苏北	女	58	群众	文盲	中等	20110263
陈飞	2011年2月	140	江苏省泗阳县南刘集乡		男	65	退休教师	中师	中等	20110264
王佳佳	2011年2月	141	江苏省盐城市滨海县凡集乡	苏北	男	64	群众	小学	中等	20110265
王佳佳	2011年2月	142	江苏省盐城市滨海县凡集乡	苏北	男	55	群众	文盲	中下	20110266
王佳佳	2011年2月	143	江苏省盐城市滨海县凡集乡	苏北	男	55	群众	文盲	中下	20110267
王佳佳	2011年2月	144	江苏省盐城市滨海县凡集乡	苏北	男	81	党员	小学	中下	20110268
王佳佳	2011年2月	145	江苏省盐城市滨海县凡集乡	苏北	男	73	党员	高中	中等	20110269
王佳佳	2011年2月	146	江苏省盐城市滨海县凡集乡	苏北	女	70	群众	初中	中等	20110270
林园园	2011年2月	147	江苏省南京市栖霞区靖安镇	长三角城郊	女	49	群众	初中	中上	20110271
林园园	2011年2月	148	江苏省南京市栖霞区靖安镇	长三角城郊	男	69	曾任村支书	高中	中上	20110272
林园园	2011年2月	149	江苏省南京市栖霞区靖安镇	长三角城郊	男	53	群众	初中	中等	20110273
林园园	2011年2月	150	江苏省南京市栖霞区靖安镇	长三角城郊	女	43	群众	初中	中等	20110274
刘丽	2011年8月	151	湖南省株洲市攸县网岭镇	中部丘陵	男	52	党员，退伍军人	高中	中等	20110801
刘丽	2011年8月	152	湖南省株洲市攸县网岭镇	中部丘陵	男	52	群众	高中	中等	20110802
刘丽	2011年8月	153	湖南省株洲市攸县网岭镇	中部丘陵	男	54	党员，乡村教师	大专	中等	20110803
曹金龙	2011年8月	154	江西省上饶市万年县汪家乡	中部	男	75	党员	自学	中等	20110804
曹金龙	2011年8月	155	江西省上饶市万年县汪家乡	中部	男	62	乡村教师	初中	中等	20110805
曹金龙	2011年8月	156	江西省上饶市万年县汪家乡	中部	男	78	曾任村主任	小学	中等	20110806

(续表)

访谈员	访谈时间	被访者编号	被访者所在地	所在地区域特征	被访者性别	被访时年龄	被访者身份	被访者文化水平	被访者经济状况（在本村的相对阶层位置）	访谈材料编号（年+月+序号）
曹金龙	2011年8月	157	江西省上饶市万年县汪家乡	中部	男	55	村会计	小学	中等	20110807
曹金龙	2011年8月	158	江西省上饶市万年县汪家乡	中部	男	67	党员,曾任大队长	初中	中等	20110808
曹金龙	2011年8月	159	江西省上饶市万年县汪家乡	中部	男	56	村委会主任	初中	中上	20110809
吕 彪	2011年8月	160	河南省荥阳市王村镇	中部平原	男	72	群众	小学	中等	20110810
吕 彪	2011年8月	161	河南省荥阳市王村镇	中部平原	男	67	群众	小学	中等	20110811
吕 彪	2011年8月	162	河南省荥阳市王村镇	中部平原	男	61	曾任村委会主任	小学	中上	20110812
吕 彪	2011年8月	163	河南省荥阳市王村镇	中部平原	女	47	群众	小学	中等	20110813
吕 彪	2011年8月	164	河南省荥阳市王村镇	中部平原	男	82	党员	小学	中等	20110814
张 俊	2011年8月	165	河南省郸城县	中部	女	43	群众,基督徒	初中	中等	20110815
张 俊	2011年8月	166	河南省郸城县	中部	男	49	小学教师	初中	中上	20110816
张 俊	2011年8月	167	河南省郸城县	中部	男	65	群众	小学	中下	20110817
张 俊	2011年8月	168	河南省郸城县	中部	男	50	曾任村委会主任	小学	中上	20110818
张 俊	2011年8月	169	河南省郸城县	中部	男	71	基督徒	初中	中等	20110819
张敏瑞	2011年8月	170	甘肃省酒泉市金塔县三合乡	西北平原	女	74	群众	初中	中等	20110820
张敏瑞	2011年8月	171	甘肃省酒泉市金塔县三合乡	西北平原	男	49	群众	初中	中等	20110821
张敏瑞	2011年8月	172	甘肃省酒泉市金塔县三合乡	西北平原	男	47	党员	大专	中上	20110822
刘 正	2011年8月	173	湖南省湘西自治州龙山县猛必乡	中部山区	男	61	基督徒	自学	中等	20110823
亓玉昆	2011年8月	174	山东省莱芜市莱城区牛泉镇	东部	男	57	群众	初中	中等	20110824
亓玉昆	2011年8月	175	山东省莱芜市莱城区牛泉镇	东部	男	54	群众	初中	中等	20110825
亓玉昆	2011年8月	176	山东省莱芜市莱城区牛泉镇	东部	男	70	群众	小学	中等	20110826

(续表)

访谈员	访谈时间	被访者编号	被访者所在地	所在地区域特征	被访者性别	被访时年龄	被访者身份	被访者文化水平	被访者经济状况（在本村的相对阶层位置）	访谈材料编号（年+月+序号）
亓玉昆	2011年8月	177	山东省莱芜市莱城区牛泉镇	东部	女	44	群众	初中	中等	20110827
尚文宾	2011年8月	178	甘肃省陇南市徽县泥阳镇	西北	男	53	党员	小学	中上	20110828
尚文宾	2011年8月	179	甘肃省陇南市徽县泥阳镇	西北	男	61	群众	文盲	中下	20110829
陶建武	2011年8月	180	贵州省习水县温水镇	西部山区	男	68	党员,曾任村主任	小学	中等	20110830
陶建武	2011年8月	181	贵州省习水县温水镇	西部山区	男	59	曾任生产队长	小学	中等	20110831
陶建武	2011年8月	182	贵州省习水县良村镇	西部山区	男	46	村副支书	初中	中上	20110832
陶建武	2011年8月	183	贵州省习水县良村镇	西部山区	男	50	党员,村副主任	初中	中上	20110833
徐涛	2011年8月	184	湖北省巴东县金果坪	中部山区	男	62	群众	初中	中等	20110834
徐涛	2011年8月	185	湖北省巴东县金果坪	中部山区	男	75	曾任村支书	小学	中上	20110835
徐涛	2011年8月	186	湖北省巴东县金果坪	中部山区	男	64	曾任小学教师	初中	中等	20110836
薛艺	2011年8月	187	山东省东营市恳利县董集乡	东部	男	51	群众	高中	中等	20110837
薛艺	2011年8月	188	山东省东营市恳利县董集乡	东部	男	45	群众	初中	中上	20110838
薛艺	2011年8月	189	山东省东营市恳利县董集乡	东部	男	68	群众	初中	中等	20110839
薛艺	2011年8月	190	山东省东营市恳利县董集乡	东部	男	39	党员	技校	中上	20110840
薛艺	2011年8月	191	山东省东营市恳利县董集乡	东部	男	73	党员	高中	中下	20110841
雷裴丹	2011年8月	192	浙江省湖州市安吉县章村镇	长三角	男	59	群众	初中	中等	20110842
雷裴丹	2011年8月	193	浙江省湖州市安吉县章村镇	长三角	男	43	党员	初中	中等	20110843
雷裴丹	2011年8月	194	浙江省湖州市安吉县章村镇	长三角	男	49	党员,小学老师	大专	中等	20110844
雷裴丹	2011年8月	195	浙江省湖州市安吉县	长三角	女	48	党员,村主任	初中	一般	20110845

(续表)

访谈员	访谈时间	被访者编号	被访者所在地	所在地区域特征	被访者性别	被访时年龄	被访者身份	被访者文化水平	被访者经济状况（在本村的相对阶层位置）	访谈材料编号（年+月+序号）
黄 炎	2012年2月	196	湖北省浠水县白莲镇	中部丘陵	男	54	曾任小队长	初中	中等	20120201
黄 炎	2012年2月	197	湖北省浠水县白莲镇	中部丘陵	男	62	曾任村支部副书记	小学	中等	20120202
黄 炎	2012年2月	198	湖北省浠水县白莲镇	中部丘陵	男	59	群众	小学	中等	20120203
屈芳芳	2012年2月	199	湖北省武汉市东西湖区泾河街三店农场	中部城郊	男	46	群众	初中	中等	20120204
屈芳芳	2012年2月	200	湖北省武汉市东西湖区泾河街三店农场	中部城郊	男	60	群众	初中	中等	20120205
屈芳芳	2012年2月	201	湖北省武汉市东西湖区泾河街三店农场	中部城郊	男	73	群众	高中	中等	20120206
屈芳芳	2012年2月	202	湖北省武汉市东西湖区泾河街三店农场	中部城郊	男	72	群众	高中	中等	20120207
屈芳芳	2012年2月	203	湖北省武汉市东西湖区泾河街三店农场	中部城郊	女	53	群众	初中	中等	20120208
屈芳芳	2012年2月	204	湖北省武汉市东西湖区泾河街三店农场	中部城郊	女	57	群众	初中	中等	20120209
邢 健	2012年2月	205	山东省烟台市海阳区凤城镇	东部	女	63	群众	小学	中等	20120210
邢 健	2012年2月	206	湖北省十堰市丹江口市六里坪镇	中部	男	61	群众	小学	中等	20120211
邢 健	2012年2月	207	湖北省十堰市丹江口市六里坪镇	中部	女	59	群众	文盲	中下	20120212
邢 健	2012年2月	208	湖北省十堰市丹江口市六里坪镇	中部	女	59	群众	小学	中等	20120213
邢 健	2012年2月	209	湖北省十堰市丹江口市六里坪镇	中部	男	68	中共党员，曾任队长	初中	中等	20120214
邢 健	2012年2月	210	湖北省襄阳市枣阳市	中部	男	33	农民工	高中	中上	20120215
高 婷	2012年7月	211	山东省滨州市邹平县高新街	东部	女	80	群众	文盲	中等	20120701

(续表)

访谈员	访谈时间	被访者编号	被访者所在地	所在地区域特征	被访者性别	被访时年龄	被访者身份	被访者文化水平	被访者经济状况（在本村的相对阶层位置）	访谈材料编号（年+月+序号）
高 婷	2012年7月	212	山东省滨州市邹平县高新街	东部	男	80	群众	小学	中等	20120702
高 婷	2012年7月	213	山东省滨州市邹平县高新街	东部	男	48	个体户	初中	中上	20120703
高 婷	2012年7月	214	山东省滨州市邹平县高新街	东部	男	24	党员，个体户	高中	中等	20120704
高 婷	2012年7月	215	山东省滨州市邹平县高新街	东部	男	39	党员，退伍军人	初中	中等	20120705
高 婷	2012年7月	216	山东省滨州市邹平县高新街	东部	男	62	退休教师	高中	中等	20120706

三、基本问题回答简表*

访谈材料编号 \ 问题	提到政治，您想到什么？	中国需不需要清官？	更信任中央、地方还是基层政府（干部）？	您如何评价毛泽东（时代）、邓小平（时代）和胡温（时代）？	您印象最深刻的农村政策是什么？	乡村的治理和发展，靠党、政府、权威人物还是农民自己？	对今后中国的发展有无信心？
20100101	不知道	需要	中央政府	邓小平时代政策好转	联产承包	N	不知道
20100102	N	需要	都不信	N	N	N	N
20100103	政策方面	需要	中央政府	胡温时代政策好	说不出	N	会比现在好
20100104	N	需要	中央政府	胡温时代政策好	计划生育	N	会越来越差
20100201	N	需要	中央政府	胡温时代政策好	取消农业税	N	有信心
20100202	N	需要	中央政府	胡温时代政策好	N	N	N
20100203	N	需要	中央政府	N	N	N	N

* N代表访谈材料未涉及此项问题。

(续表)

访谈材料编号	提到政治,您想到什么?	中国需不需要清官?	更信任中央、地方还是基层政府(干部)?	您如何评价毛泽东(时代)、邓小平(时代)和胡温(时代)?	您印象最深刻的农村政策是什么?	乡村的治理和发展,靠党、政府、权威人物还是农民自己?	对今后中国的发展有无信心?
20100204	N	需要	中央政府	毛泽东时代风气好	联产承包	N	N
20100205	不知道	需要	中央政府	现在好	N	N	N
20100206	不知道	需要	都没用	最佩服毛泽东	联产承包	N	有信心
20100207	N	N	上级政府	邓小平之后政策就好了	改革开放	党和政府,权威人物	N
20100208	N	需要	都没用	没有毛泽东,中国就是不行	改革开放	党和政府	N
20100209	发慌	需要	上面	毛泽东最厉害	取消农业税	上面的领导	有信心
20100210	对公民有利益的事	需要	中央政府	毛泽东时是集体观念,邓小平时是私人观念	改革开放	第一靠党,第二靠农民自己,第三靠政府	有信心
20100211	行政,党性,法律方面	需要	中央政府	毛泽东是最大的政治家	"文化大革命",改革开放	党政主导,最后是农民	不晓得
20100212	体制,政策	需要	中央政府	毛泽东那时候好点	联产承包	党出政策	肯定有
20100213	国家的领导	需要	中央政府	毛泽东好	取消农业税	靠党	肯定有
20100214	路线	需要	中央政府	毛泽东秩序好	取消农业税	N	有信心
20100215	贪官乱搞	急缺	中央政府	毛主席时心情舒服些	取消农业税	高一级的政府	有信心
20100216	N	需要	中央政府	还是现在好	取消农业税	N	有信心
20100217	搞不清楚	需要	中央政府	还是现在好	取消农业税	N	有信心

（续表）

访谈材料编号	提到政治,您想到什么?	中国需不需要清官?	更信任中央、地方还是基层政府(干部)?	您如何评价毛泽东(时代)、邓小平(时代)和胡温(时代)?	您印象最深刻的农村政策是什么?	乡村的治理和发展,靠党、政府、权威人物还是农民自己?	对今后中国的发展有无信心?
20100218	不好说	需要	中央政府	还是现在好	取消农业税	N	有信心
20100219	钱	需要	中央政府	还是现在好	取消农业税	N	有信心
20100220	N	需要	中央政府	毛泽东最厉害,胡锦涛的惠农政策好	取消农业税	N	有信心
20100221	N	需要	中央政府	还是现在好	取消农业税	N	有信心
20100222	N	需要	中央政府	还是现在好	取消农业税	N	有信心
20100223	关于国家的事	需要	中央政府	还是现在好	取消农业税	N	有信心
20100224	涨价	需要	中央政府	邓小平的政策更好	联产承包	党和政府	N
20100225	政策	需要	上级政府	现在好	取消农业税	靠老百姓,但要选出好的领导	有信心
20100226	改革开放大好形势	需要	中央政府	现在风气不好	联产承包	领导	不好说
20100227	未想过	需要	中央政府	毛主席是大救星	取消农业税	既靠国家,也靠自己	有好的领导
20100228	政策	需要	中央政府	邓小平时代人自由,胡锦涛时惠农政策多	联产承包	村干部	N
20100229	官场很黑暗	需要	中央政府	不好说	新农村建设	N	在变强大

(续表)

访谈材料编号	提到政治,您想到什么?	中国需不需要清官?	更信任中央、地方还是基层政府(干部)?	您如何评价毛泽东(时代)、邓小平(时代)和胡温(时代)?	您印象最深刻的农村政策是什么?	乡村的治理和发展,靠党、政府、权威人物还是农民自己?	对今后中国的发展有无信心?
20100230	农民无所谓政治这些大问题	N	中央政府	现在好	取消农业税	党	N
20100231	很难说	需要	市级以上	现在政策好	取消农业税	本地的权威人物	N
20100232	现在的政治好	需要	中央到省才值得信任	现在政治环境好,自由	取消农业税	党和政府	会更民主
20100233	国家	需要	中央政府	现在好	联产承包	农民自己	有信心
20100234	与我无关	需要	中央政府	现在好	联产承包	靠组织	没考虑过
20100235	N	需要	中央政府	N	改革开放	党和政府	N
20100236	国家政策	需要	中央政府	毛泽东时风气好	斗地主	党和政府	N
20100237	政治理论	需要	中央政府	现在贫富差距大	改革开放	党和政府	N
20100238	上访	需要	中央政府	毛泽东时好	改革开放	党和政府	N
20100239	中央说的	需要	中央政府	现在好	斗地主	党	有信心
20100240	没学过,没想过	需要	中央政府	N	N	党	有信心
20100241	搞运动,政策	需要为老百姓办实事的官	中央政府	毛泽东打江山,邓小平开放,江泽民稳江山,胡锦涛发展江山	联产承包	党和政府,群众参与	现在农村不安宁,不行
20100242	现在主题是挣钱	需要	中央政府	毛泽东时民风好	改革开放	农民自己	那不是我们这些人讲的

(续表)

问题 访谈材料编号	提到政治,您想到什么?	中国需不需要清官?	更信任中央、地方还是基层政府(干部)?	您如何评价毛泽东(时代)、邓小平(时代)和胡温(时代)?	您印象最深刻的农村政策是什么?	乡村的治理和发展,靠党、政府、权威人物还是农民自己?	对今后中国的发展有无信心?
20100243	村民的素质不够	需要	都信任	毛泽东时大家团结一些	改革开放	党和政府,农民配合	有信心
20090701	N	需要	中央政府	现在好	联产承包,取消农业税	党和政府	有信心
20090702	N	需要	中央政府	现在好	改革开放	党和政府	有信心
20090703	N	需要	中央政府	胡锦涛政策好	改革开放	党和政府	很茫然
20090704	N	需要	中央政府	搞不清	联产承包	党和政府	有希望
20090705	N	需要	中央政府	现在社会不公平,风气不好	改革开放	党和政府	有信心
20090706	N	需要	中央政府	现在人的素质提高了	取消农业税	党和政府	有信心
20090707	N	需要	中央政府	还是现在好	能外出打工	党和政府	有信心
20090708	N	需要	中央政府	现在自由,贫富差距大	这些政策对我没什么大影响	党和政府	有信心
20090709	N	需要	中央政府	N	取消农业税	党和政府	有信心
20090710	N	需要	中央政府	邓小平改革开放好,现在社会风气不好	N	党和政府	有信心
20090711	N	需要	中央政府	胡锦涛最优秀	"文革"	党和政府	有信心
20090712	N	需要	中央政府	毛泽东时生活比较苦	N	党和政府	有信心

(续表)

访谈材料编号 \ 问题	提到政治,您想到什么?	中国需不需要清官?	更信任中央、地方还是基层政府(干部)?	您如何评价毛泽东(时代)、邓小平(时代)和胡温(时代)?	您印象最深刻的农村政策是什么?	乡村的治理和发展,靠党、政府、权威人物还是农民自己?	对今后中国的发展有无信心?
20090713	N	需要	中央政府	现在好	"文革"	党和政府	N
20090714	N	需要	中央政府	对毛泽东最有感情,任何人都比不上他	N	党和政府	N
20090715	N	需要	中央政府	胡锦涛时政策好	取消农业税	党和政府	有信心
20090716	N	需要	中央政府	胡锦涛时政策好	联产承包;取消农业税	党和政府	没什么信心
20090717	N	需要	中央政府	胡锦涛时政策好	取消农业税;允许外出打工	党和政府	有信心
20090718	N	需要	中央政府	邓小平很好;胡锦涛最好,实惠最多	联产承包	党和政府	有信心
20090719	N	需要	中央政府	毛主席当然好;胡温政策好	"文革"	党和政府	有信心
20090720	N	需要	中央政府	胡温政策好	联产承包	党和政府	有信心
20090721	N	需要	中央政府	邓、胡时代最好	联产承包	党和政府	有信心
20090722	N	需要	中央政府	胡时代最好	允许外出打工	党和政府	有信心
20090723	N	需要	中央政府	毛主席时政治运动多,但社会大环境好	改革开放	党和政府	有希望

(续表)

访谈材料编号 \ 问题	提到政治,您想到什么?	中国需不需要清官?	更信任中央、地方还是基层政府(干部)?	您如何评价毛泽东(时代)、邓小平(时代)和胡温(时代)?	您印象最深刻的农村政策是什么?	乡村的治理和发展,靠党、政府、权威人物还是农民自己?	对今后中国的发展有无信心?
20090724	N	需要	中央政府	毛主席时代人们精神状态好	取消农业税	党和政府	有信心
20090725	N	需要	中央政府	毛主席是圣贤;现在人心不如以前	取消农业税,农业补贴	党和政府	十分有信心
20090726	N	需要	中央政府	最喜欢胡锦涛	"文革"	党和政府	比较有信心
20090727	N	需要	中央政府	对毛主席感情深;胡锦涛对农民很照顾	联产承包	党和政府	有信心
20090728	N	需要	中央政府	现在社会风气不好	联产承包	党和政府	有信心
20090729	N	需要	中央政府	邓小平以后生活好,但社会风气不好	取消农业税	党和政府	有信心
20110201	当政者的手段和方法	需要	中央政府	对农民来说毛泽东功劳最大	人民公社	党和政府	N
20110202	干部用来教育人,教育老百姓	需要	中央政府	邓小平以后社会风气变差了	人民公社,联产承包	党和政府	N
20110203	紧跟形势不掉队	需要	中央政府 地方政府 基层政府	毛泽东最好;胡锦涛让农民得实惠	农业学大寨;联产承包;取消农业税	党和政府	N

(续表)

问题 访谈材料编号	提到政治,您想到什么?	中国需不需要清官?	更信任中央、地方还是基层政府(干部)?	您如何评价毛泽东(时代)、邓小平(时代)和胡温(时代)?	您印象最深刻的农村政策是什么?	乡村的治理和发展,靠党、政府、权威人物还是农民自己?	对今后中国的发展有无信心?
20110204	中央新闻和地方新闻	需要	中央政府	毛泽东是个很了不起的人	人民公社	说不清楚	说不清楚
20110205	不关心,关心了也没用	需要	中央政府	邓小平以后社会不好	取消农业税	不好说	不好说
20110206	N	需要	中央政府	毛泽东时代拼搏,邓小平时代自由	联产承包	党和政府	有信心
20110207	社会主义好,共产党好,改革开放好	需要	中央政府	邓小平改革开放好	改革开放	党	有信心
20110208	N	N	N	毛主席那时医疗做得好,现在社会秩序乱了	N	N	N
20110209	跟我也没得关系了	N	N	N	N	N	N
20110210	共产党有好的一面,也有不好的一面	需要	中央政府	毛主席时候贪官污吏少	取消农业税	村里出几个大人才	信心当然是有的
20110211	与国家政策有联系	没办法说需要	中央政府	毛、邓是政治家	改革开放	国家,好的村官	应该有
20110212	政策	需要	中央政府	现在社会治安不好	改革开放,取消农业税	靠自己	有信心

(续表)

问题 / 访谈材料编号	提到政治,您想到什么?	中国需不需要清官?	更信任中央、地方还是基层政府(干部)?	您如何评价毛泽东(时代)、邓小平(时代)和胡温(时代)?	您印象最深刻的农村政策是什么?	乡村的治理和发展,靠党、政府、权威人物还是农民自己?	对今后中国的发展有无信心?
20110213	共产党的政策	需要	中央政府	现在人心散了	取消农业税	靠党和政府的好政策	有信心
20110214	国与国的争斗,敌我矛盾	需要	中央政府	没有毛泽东就没有新中国;毛泽东时不贪污,民主一些	取消农业税	政策	有信心
20110215	运动,政策	肯定需要	中央政府	毛泽东时风气比较好,现今政策好,但比较腐败	斗地主	党,有能力的带头人	有信心
20110216	国家大事	需要	中央政府	毛泽东领导时人心齐,胡锦涛蛮体察民情	联产承包	党,能人	有信心
20110217	党,党的政策好	需要	中央政府	邓小平以后好	联产承包	能人	有信心
20110218	政策越改越好	需要	中央政府	现在是最佳时期	联产承包,取消农业税	党	很有信心
20110219	N	需要	中央政府	邓小平使老百姓生活走向富裕	联产承包	党和政府	有信心
20110220	传达政策	特别需要	中央政府,地方政府	现在最好	联产承包	政策	有信心

(续表)

访谈材料编号 \ 问题	提到政治,您想到什么?	中国需不需要清官?	更信任中央、地方还是基层政府(干部)?	您如何评价毛泽东(时代)、邓小平(时代)和胡温(时代)?	您印象最深刻的农村政策是什么?	乡村的治理和发展,靠党、政府、权威人物还是农民自己?	对今后中国的发展有无信心?
20110221	现在没有政治	需要	觉察不出	没有毛主席,也没有现在;没有邓小平,更没有现在这样的生活	土地改革,联产承包	党的好政策	有信心
20110222	对咱有益的就是好的	需要	中央政府	毛主席贡献最大;改革开放以后最好	医保	好的基层干部	有信心
20110223	政策	不需要	中央政府	毛泽东最厉害,毛泽东时代太死板,邓小平时代靠能耐吃饭	联产承包,取消农业税	有权威有能力的人	肯定有信心
20110224	国家之事,政策	没清官	中央政府	毛泽东时平等;现在最好	人民公社	农民自己	没有信心
20110225	政策	需要	中央政府	邓小平最好	改革开放	农民自己	有信心
20110226	现在生活还是挺好过的	需要	中央政府	邓小平最好,现在最好	改革开放	农民自己	不清楚
20110227	上层建筑	需要	中央政府	毛主席最厉害	取消农业税	党的政策,农民自己	有信心
20110228	现在政治还可以	需要	中央政府,村干部	毛主席建国,邓小平时候社会发展了	取消农业税	农民自己	有信心

(续表)

访谈材料编号	提到政治,您想到什么?	中国需不需要清官?	更信任中央、地方还是基层政府(干部)?	您如何评价毛泽东(时代)、邓小平(时代)和胡温(时代)?	您印象最深刻的农村政策是什么?	乡村的治理和发展,靠党、政府、权威人物还是农民自己?	对今后中国的发展有无信心?
20110229	领导核心,上层建筑	不好讲	中央政府	毛主席了不起;政治还是现在好	联产承包,取消农业税	农民自己	有信心
20110230	N	需要	中央政府	毛泽东打江山,邓小平高飞起来	联产承包	国家	看中央
20110231	政权	需要	中央政府	毛主席更厉害,现在政治好	联产承包	国家	有信心
20110232	对农民的政策	需要	中央政府	毛泽东时社会风气好,现在政治好一些	斗地主,土改	中央领导	有信心
20110233	政策	需要	中央政府	毛泽东时民风好	首先是改革开放,其次是取消农业税	有权威的领头人	有信心
20110234	党领导一切	需要	中央政府	毛泽东时民风淳朴,现在是一切向钱看	改革开放	党	有信心
20110235	国家的政策	需要	中央政府	毛泽东是开国元勋,那时民风淳朴	取消农业税	有能力的官员领导	有信心
20110236	开会、记录和采访这些事情	需要	中央政府	邓小平好	人民公社	党和政府	N

(续表)

访谈材料编号	提到政治，您想到什么？	中国需不需要清官？	更信任中央、地方还是基层政府(干部)？	您如何评价毛泽东(时代)、邓小平(时代)和胡温(时代)？	您印象最深刻的农村政策是什么？	乡村的治理和发展，靠党、政府、权威人物还是农民自己？	对今后中国的发展有无信心？
20110237	不知道怎么说	需要	中央政府	现在来说毛泽东比较正义	改革开放	下面的人遵照中央政策	当然有信心
20110238	政府治理国家	需要	中央政府	毛泽东功劳最大，其次是邓小平，胡锦涛是个好领导	改革开放，计划生育	政策	有信心
20110239	国家形势	N	N	邓小平功劳最大，现在比较好	改革开放，取消农业税	有能力的人来管	有信心
20110240	国家，邓小平	需要	关键看那些人清不清廉	最敬佩毛泽东，他最公平；邓小平让国家发展了	两免一补	有能力有权威的人带头	有信心
20110241	政府，当官的	需要	关键看这些官是否公正	毛主席最伟大，现在比较好	取消农业税	政策落实	有信心
20110242	不好说	需要	中央政府	不好说他们	改革开放	党和政府	发展得好就有信心
20110243	制定政策，治理国家	需要	中央政府	毛泽东时政治挂帅，邓小平以后经济挂帅，现在的三农政策好	拨乱反正	党和政府	有信心

(续表)

访谈材料编号	提到政治,您想到什么?	中国需不需要清官?	更信任中央、地方还是基层政府(干部)?	您如何评价毛泽东(时代)、邓小平(时代)和胡温(时代)?	您印象最深刻的农村政策是什么?	乡村的治理和发展,靠党、政府、权威人物还是农民自己?	对今后中国的发展有无信心?
20110244	不好说	需要	中央政府,地方政府	毛主席开天辟地,邓小平分田到户	"文革"	农民自己,党的政策	要看谁做政治领袖
20110245	没关注,已经不懂了	需要	中央政府	现在最好	"文革"	党的政策	有信心
20110246	学习	需要	中央政府	毛泽东时民风淳朴,现在政策好	取消农业税	党,权威人物	有信心
20110247	政策	需要	中央政府	都是政治家,现在好	取消农业税	党和政府	有信心
20110248	指示,政策	需要	中央政府	毛泽东时阶级斗争,邓小平时发展起来	联产承包,取消农业税	农民自己	当然有信心
20110249	政策	需要	中央政府	一代比一代好	没有	农民自己,党和政府	有信心
20110250	N	需要	中央政府	毛泽东是最好的领导人	改革开放,取消农业税	党和政府	有信心
20110251	政策	需要	中央政府	毛泽东打江山,邓小平改革开放	取消农业税	政策	有信心
20110252	N	需要	N	毛泽东最了不起	改革开放	N	N
20110253	N	N	N	N	土地改革	N	N
20110254	政策	N	中央政府	现在政策好	取消农业税	党	有信心

(续表)

访谈材料编号	提到政治,您想到什么?	中国需不需要清官?	更信任中央、地方还是基层政府(干部)?	您如何评价毛泽东(时代)、邓小平(时代)和胡温(时代)?	您印象最深刻的农村政策是什么?	乡村的治理和发展,靠党、政府、权威人物还是农民自己?	对今后中国的发展有无信心?
20110255	N	N	N	N	取消农业税	党	N
20110256	N	N	N	N	联产承包	党	N
20110257	N	需要	N	N	联产承包	N	N
20110258	N	N	N	N	人民公社	N	N
20110259	N	N	N	N	N	N	N
20110260	N	N	N	N	改革开放	N	N
20110261	N	N	N	毛泽东和胡锦涛最重要	"文革"	N	有信心
20110262	N	需要	N	胡锦涛领导得好	新农村建设	有能力的村干部	有信心
20110263	N	N	中央政府	现在政策好	联产承包	N	有信心
20110264	共产党的政策	不需要	中央政府	"大跃进"前和改革开放后比较好	联产承包	党和政府	有信心
20110265	学习政治理论	需要	中央政府	总的来说,都可以	取消农业税,新农村建设	党和政府	有信心
20110266	搞不懂	需要	中央政府	现在最好	说不出来	政府	不好说
20110267	不晓得	需要	中央政府	毛主席打下江山,最有皇帝气,越来越好	低保	大干部	有信心
20110268	宣传	需要	中央政府	毛主席时治安好	取消农业税,合作医疗	N	以后该怎样就怎样

(续表)

访谈材料编号	提到政治,您想到什么?	中国需不需要清官?	更信任中央、地方还是基层政府(干部)?	您如何评价毛泽东(时代)、邓小平(时代)和胡温(时代)?	您印象最深刻的农村政策是什么?	乡村的治理和发展,靠党、政府、权威人物还是农民自己?	对今后中国的发展有无信心?
20110269	国家(这几年对农民不错)	需要	中央政府	毛主席时社会风气正,胡锦涛这个时代最好	取消农业税	上面	整体形势不错,细节上不到位
20110270	不知道	需要	中央政府	毛主席时社会风气正,胡锦涛这个时代最好	老人补贴	上面	不好说
20110271	运动	N	中央政府	农业学大寨时最差,现在政治最好。敬仰毛主席,邓小平改革开放,胡锦涛为农民办实事	联产承包	N	有信心
20110272	一个国家生存的基础	需要	中央政府,地方政府	现在和以前有很大改变	新农村建设	政府和农民一起	当然有信心
20110273	政策的实施	N	N	N	改革开放	N	N
20110274	国家政策	N	N	N	取消农业税	N	N
20110801	政策	需要	中央政府	毛泽东是开国元勋,邓小平改革开放,现在就是挣钱	减免农业税	党和政府	不好说,要看领导人

(续表)

访谈材料编号	提到政治,您想到什么?	中国需不需要清官?	更信任中央、地方还是基层政府(干部)?	您如何评价毛泽东(时代)、邓小平(时代)和胡温(时代)?	您印象最深刻的农村政策是什么?	乡村的治理和发展,靠党、政府、权威人物还是农民自己?	对今后中国的发展有无信心?
20110802	政党,国家	需要	中央政府	改革开放之后最好	"文革"	办实事的领导	不好说,要看中央领导层的施政
20110803	统治阶级的工具	N	中央政府	没有毛泽东时代,也就没有邓小平时代,现在还可以	取消农业税	政府	有信心
20110804	路线	特别需要	中央政府	毛泽东建新中国,邓小平提高老百姓生活,江泽民和胡锦涛时农村政策提高了	联产承包	政府	没有信心
20110805	国家的政策	需要	中央政府	毛主席打天下,邓小平改革开放	改革开放	党和政府	有信心
20110806	政策	特别需要	中央政府	毛泽东建立了新中国,那时风气好	联产承包,取消农业税	党和政府	难说
20110807	理想	需要	中央政府	还是毛泽东威望大,胡锦涛政策好	联产承包,取消农业税	党和政府,有权威的人来管	有信心

(续表)

访谈材料编号	提到政治,您想到什么?	中国需不需要清官?	更信任中央、地方还是基层政府(干部)?	您如何评价毛泽东(时代)、邓小平(时代)和胡温(时代)?	您印象最深刻的农村政策是什么?	乡村的治理和发展,靠党、政府、权威人物还是农民自己?	对今后中国的发展有无信心?
20110808	根据权力来	特别需要	中央政府	建国初政治好;胡锦涛时政治好	取消农业税	党	当然有信心
20110809	政策	需要	中央政府	毛泽东时民风好,邓小平改革开放好,胡锦涛对农村做了好事	斗地主,土改;取消农业税	党	有信心
20110810	不了解	需要	中央政府	毛主席打江山,邓小平接班,胡锦涛干得好	取消农业税,老龄补助	N	有信心
20110811	共产党领导	没用	都相信	毛泽东时路线紧,公平;现在自由,贫富差距大	斗地主分田地,取消农业税	好干部	N
20110812	不去想那么多	N	中央政府	毛主席打江山,邓小平让老百姓生活好起来	责任承包制(联产承包)	N	看国家的决策者
20110813	太复杂,没去想	需要	中央政府	邓小平改革开放不错	计划生育	N	N

(续表)

访谈材料编号	提到政治,您想到什么?	中国需不需要清官?	更信任中央、地方还是基层政府(干部)?	您如何评价毛泽东(时代)、邓小平(时代)和胡温(时代)?	您印象最深刻的农村政策是什么?	乡村的治理和发展,靠党、政府、权威人物还是农民自己?	对今后中国的发展有无信心?
20110814	那是领导人的事	N	中央政府	毛主席改天换地,治安好,公平;邓小平改革开放;胡锦涛干得好	"文革",取消农业税,粮食补贴	政策	不好说
20110815	管理国家	需要	中央政府,地方政府	胡锦涛政策最好,毛主席也不赖	"文革",取消农业税,新农村建设	政府	有信心
20110816	没想太多,跟着党和政府政策走	需要	中央政府	现在还可以	改革开放	政策	N
20110817	言论自不自由	需要	中央政府	毛泽东时最好	人民公社,"大跃进"	政策	再看吧
20110818	国家大事	需要	中央政府	邓小平以后社会风气不好	改革开放	好村官	没信心
20110819	与国家相关的	需要	中央政府	毛泽东建立新中国,邓小平使全国大变样,胡锦涛的农村政策好	改革开放	政策执行	挺有信心

(续表)

访谈材料编号 \ 问题	提到政治，您想到什么？	中国需不需要清官？	更信任中央、地方还是基层政府（干部）？	您如何评价毛泽东（时代）、邓小平（时代）和胡温（时代）？	您印象最深刻的农村政策是什么？	乡村的治理和发展，靠党、政府、权威人物还是农民自己？	对今后中国的发展有无信心？
20110820	引导群众向好的方向走	需要	中央政府	毛主席很伟大，邓小平让一部分人先富起来，胡锦涛很好	斗地主，"大跃进"	不知道	有信心
20110821	不想提它	特别需要	中央政府	毛泽东打江山；邓小平改革开放；江、胡执行前面的政策	取消农业税	没办法	没信心
20110822	统治	需要	中央政府	毛泽东是开国元首，邓过渡，江继承，胡给了人民实惠	联产承包	政策	有信心
20110823	N	N	N	毛是领袖；邓小平改革开放；在世的不好评价	人民公社	N	N
20110824	国家统治，阶级统治	需要	中央政府	毛泽东制度严格，邓小平改革开放，胡锦涛惠农	联产承包，取消农业税	有能力的官员领导	有信心

(续表)

访谈材料编号 \ 问题	提到政治,您想到什么?	中国需不需要清官?	更信任中央、地方还是基层政府(干部)?	您如何评价毛泽东(时代)、邓小平(时代)和胡温(时代)?	您印象最深刻的农村政策是什么?	乡村的治理和发展,靠党、政府、权威人物还是农民自己?	对今后中国的发展有无信心?
20110825	社会改革	特别需要	中央政府	毛泽东打江山;邓小平改革开放之后越来越好	取消农业税	有权威的人物	有信心
20110826	N	特别需要	中央政府	毛泽东打江山,邓小平改革开放	联产承包	政府	有信心
20110827	民主集中制	需要	中央政府	毛泽东时代民风淳朴;现在政治好一些	联产承包,计划生育	干部	有信心
20110828	和谐社会,以人为本	太需要了	中央政府	建国初和现在的政治好;毛主席是伟人,邓小平是改革开放总设计师;胡锦涛也是政治家	包产到户	党和政府,有能力的官员	信心十足
20110829	国家体制,执政党的纲领	很需要	中央政府	改革开放以后政治好。毛主席和邓小平是伟人,江泽民承上启下,胡锦涛领导水平一流	改革开放	农民自己	有信心

(续表)

访谈材料编号	提到政治,您想到什么?	中国需不需要清官?	更信任中央、地方还是基层政府(干部)?	您如何评价毛泽东(时代)、邓小平(时代)和胡温(时代)?	您印象最深刻的农村政策是什么?	乡村的治理和发展,靠党、政府、权威人物还是农民自己?	对今后中国的发展有无信心?
20110830	应该是大家平等	需要	N	毛泽东政策好,邓小平让一部分人富了,胡锦涛政策好	联产承包	党和政府,好干部	有信心
20110831	N	需要	中央政府,省政府	毛泽东时代最好,邓小平改革开放,胡锦涛政策好	"大跃进",取消农业税	政策,干部与农民一起	有信心
20110832	制定政策	主要是监督出了问题	中央政府	毛泽东最有魄力,最受拥护	联产承包,取消农业税	政策	有信心
20110833	当官的管事	N	中央和最基层基本合格,中层(镇县)不行	毛泽东时代腐败少,胡锦涛政策好	取消农业税,公粮补贴,医保	政策	有信心
20110834	阴谋	N	N	毛泽东建国贡献大,但发动了"文革"	"文革"	N	有信心
20110835	基础和根本	N	N	毛泽东打江山,政治还是现在好	联产承包	N	N
20110836	政策,政法,治国	N	中央政府	毛主席贡献最大,改革开放以来政治好	"文革"	党	有信心

(续表)

访谈材料编号	提到政治,您想到什么?	中国需不需要清官?	更信任中央、地方还是基层政府(干部)?	您如何评价毛泽东(时代)、邓小平(时代)和胡温(时代)?	您印象最深刻的农村政策是什么?	乡村的治理和发展,靠党、政府、权威人物还是农民自己?	对今后中国的发展有无信心?
20110837	权力斗争,政治运动,政策法规	特别需要	中央政府	毛泽东开国领袖,建国初最正义;邓小平让经济发展了;胡锦涛很有能力	联产承包,村民自治	政策,有能力的干部带领	有信心
20110838	对老百姓有利的政策	特别需要	中央政府绝对公正	毛泽东摸索,邓小平建立了市场经济	取消农业税,新农村建设,合作医疗	人民提意见,政府和党帮着实现	有信心
20110839	党执政掌握的方针政策	需要	中央政府	各有各的使命。毛赶走"三座大山",邓让老百姓生活好了	联产承包	政策,有能力的人	有信心
20110840	农民太苦	哪有清官?	N	毛建新中国,邓让人民站起来,胡手腕很强	改革开放	农民自己	N
20110841	国家大事	需要	中央政府	毛解放老百姓,邓搞经济建设,胡让老百姓得实惠	"文革","大跃进",人民公社	党和政府	肯定有信心

(续表)

访谈材料编号 \ 问题	提到政治,您想到什么?	中国需不需要清官?	更信任中央、地方还是基层政府(干部)?	您如何评价毛泽东(时代)、邓小平(时代)和胡温(时代)?	您印象最深刻的农村政策是什么?	乡村的治理和发展,靠党、政府、权威人物还是农民自己?	对今后中国的发展有无信心?
20110842	法治国家	不好说	中央政府	毛主席创造新中国,邓小平以来政治比较好	"大跃进",减免农业税,种粮补贴	好领导	肯定有
20110843	村里的发展	需要	基层政府	毛泽东打江山;邓小平改革开放;现在社会风气不好	联产承包	农民自己	有信心
20110844	人与人,人与社会的关系	需要	中央政府	毛泽东作风硬朗,邓柔性作风,胡比较关注民生	联产承包	上层决策,上面领导	有信心
20110845	说不清楚	N	老百姓容易误解	毛勇猛,打江山;邓让农民富起来;江更注重文化;现在好	联产承包	N	肯定有
20120201	国家的事	需要	不存在相不相信政府	毛建国,邓使中国更加富强;现在生活富裕,自由。	"文革",取消农业税	领导	N
20120202	回答不了	N	不能千篇一律地说	邓小平以后老百姓受益	改革开放	好干部	有信心

(续表)

访谈材料编号	提到政治,您想到什么?	中国需不需要清官?	更信任中央、地方还是基层政府(干部)?	您如何评价毛泽东(时代)、邓小平(时代)和胡温(时代)?	您印象最深刻的农村政策是什么?	乡村的治理和发展,靠党、政府、权威人物还是农民自己?	对今后中国的发展有无信心?
20120203	想不到	需要	不好讲	越来越好	改革开放	农民自己,带头人	有信心
20120204	N	中国不可能出清官	中央政府	毛主席是伟人;邓有眼光;百姓感激胡锦涛	联产承包	N	信心说不上
20120205	N	需要	中央政府	贫下中农不能忘记毛;胡为农民办了实事,现在政策好	取消农业税	N	不好说
20120206	不关心这个	中国没清官	中央政府	胡温给了农民好处,现在政治最好	N	N	中国改不了
20120207	说不得	N	中央政府	毛泽东功绩大,那时不自由;邓改革开放;现在好	N	N	说不清
20120208	N	需要	中央政府	毛泽东时苦,平等;现在越来越好	N	N	不好说
20120209	N	需要	中央政府	毛泽东时比较平等;胡锦涛这个时候政治最好	人民公社,"大跃进",农业学大寨	政府	N

(续表)

问题 访谈材料编号	提到政治,您想到什么?	中国需不需要清官?	更信任中央、地方还是基层政府(干部)?	您如何评价毛泽东(时代)、邓小平(时代)和胡温(时代)?	您印象最深刻的农村政策是什么?	乡村的治理和发展,靠党、政府、权威人物还是农民自己?	对今后中国的发展有无信心?
20120210	国家大事	N	中央政府	最崇敬毛泽东;改革开放以后好	联产承包	带头人	N
20120211	N	N	中央政府	毛泽东时代最好,人人平等	"大跃进""文革"	党的政策	N
20120212	政策	N	N	毛主席那时平均	N	党和政府	N
20120213	国家的政策和动向	需要	中央政府	毛主席领导时平均;现在政策好	N	N	N
20120214	国家大政方针	N	中央政府,地方政府	我们不能评价人家,各有各的好处	N	难说	N
20120215	N	需要	中央政府	毛泽东解放中国,那时生活苦但平等;胡、温让老百姓得实惠	取消农业税	领头羊	不好说
20120701	不知道	需要	N	毛泽东打跑日本鬼子,邓小平让老百姓过好日子,后面的领导人我不是很清楚	包产到户	N	有信心

(续表)

访谈材料编号	提到政治,您想到什么?	中国需不需要清官?	更信任中央、地方还是基层政府(干部)?	您如何评价毛泽东(时代)、邓小平(时代)和胡温(时代)?	您印象最深刻的农村政策是什么?	乡村的治理和发展,靠党、政府、权威人物还是农民自己?	对今后中国的发展有无信心?
20120702	国家的政策	需要	中央政府	毛时候行,邓更好,胡就是跟着政策向下走	包产到户	政策,党的领导	有信心
20120703	政府	挺需要	中央政府	毛开国,不自由,精神风貌好;邓改革开放;现在政治好一些	取消农业税	党领导,农民自觉	有信心
20120704	国家,权力	不需要	N	毛建国,建国初政治好;邓改变了中国社会;胡较有作为	计划生育	权威人物	有信心
20120705	国家安全,发展形势	需要	中央政府	毛开国,民风淳朴;邓让一部分人先富起来;江时政治比较好	村民自治	好干部	有信心
20120706	国与国的问题	需要	中央政府	老百姓不能随便评论啊,那就是咱们的神,各有贡献	联产承包	党、政府、农民结合,以民主的方式治理	有信心

四、1978 年以来中国主要的涉农文件①

年·月	重要涉农文件	政策重点	政策目标
1978.12	《中共中央关于加快农业发展若干问题的决定(草案)》	恢复和加快发展农业生产	集中主要精力把农业尽快搞上去
1982.1	《全国农村工作会议纪要》	农业生产责任制	鼓励探索不同形式的农业生产责任制
1983.1	《当前农村经济政策的若干问题》	家庭联产承包责任制	改革人民公社体制,实行家庭联产承包责任制,政社分离
1984.1	《关于一九八四年农村工作的通知》	家庭联产承包责任制	提高土地承包期,鼓励农民生产积极性
1985.1	《关于进一步活跃农村经济的十项政策》	改革农产品统派购制度,实行合同订购和市场收购	农村经济部分市场化
1986.1	《关于一九八六年农村工作的部署》	发展农业商品经济	发展商品农业
1987.1	《村民委员会组织法(试行)》	农村基层组织建设、农村基层民主	村民自治,改善农村干群关系
1993.11	《关于当前农业和农村经济发展的若干政策措施》	延长耕地承包期至30年	稳定完善以家庭联产承包为主的责任制和统分结合的双层经营体制
1998.10	《中共中央关于农业和农村工作若干重大问题的决定》	"三农问题"	提出解决"三农"问题,制定了"从现在起到2010年建设有中国特色社会主义新农村的目标"
1998.11	《村民委员会组织法》	农村基层组织建设、农村基层民主	村民自治,农村干群关系和谐稳定

---

① 此表 1978—2007 的内容为陈雪莲的总结,参见陈雪莲:《从"三农问题"到"新农村建设"——中国农村政策的创新轨迹》,载《中国农村研究》2010 年卷(下),中国社会科学出版社 2010 年版。2008—2012 年的内容为我的补充,感谢我指导的硕士研究生徐向前的协助整理。关于建国后改革开放以前中国的涉农政策,本书第二章已有涉及。

(续表)

年.月	重要涉农文件	政策重点	政策目标
2000.3	《关于进行农村税费改革试点工作的通知》	农村税费改革试点	安徽省进行农村税费改革试点
2003.10	《中共中央关于完善社会主义市场经济体制若干问题的决定》	税费改革	逐步降低农业税率,切实减轻农民负担
2004.1	《中共中央国务院关于促进农民增加收入若干政策的意见》	农民增收减负	降低农业税税率,取消烟叶外的农业特产税
2005.1	《中共中央国务院关于进一步加强农村工作提高农业综合生产能力若干政策的意见》	坚持"多予少取放活"方针	增收减负,提高农民生活水平
2005.12	废止《农业税条例》	取消农业税	减轻农民负担
2006.1	《中共中央国务院关于推进社会主义新农村建设的若干意见》	新农村建设	促进农民增收,加强农村基础设施建设,发展农村公共事业,加强农村民主政治建设
2007.1	《中共中央国务院关于积极发展现代农业 扎实推进社会主义新农村建设的若干意见》	发展现代农业,推进新农村建设	巩固、完善、加强支农惠农政策,加大农业投入,推进现代农业建设,强化农村公共服务,深化农村综合改革,确保农村和谐稳定
2007.7	《国务院关于在全国建立农村最低生活保障制度的通知》	农村最低生活保障制度	将符合条件的农村贫困人口全部纳入保障范围
2008.1	《中共中央国务院关于切实加强农业基础建设 进一步促进农业发展农民增收的若干意见》	农业基础设施建设、农村民生	切实加大"三农"投入力度,保障主要农产品供给,提高农民收入和农村基本公共服务水平

(续表)

年.月	重要涉农文件	政策重点	政策目标
2008.10	《中共中央关于推进农村改革发展若干重大问题的决定》	推进农村改革和发展	形成城乡经济社会发展一体化新格局,促进农村社会全面进步
2009.1	《中共中央国务院关于2009年促进农业稳定发展农民持续增收的若干意见》	农业发展和农村制度建设	保持农业农村经济平稳较快发展,确保农村社会安定
2010.1	《中共中央国务院关于加大统筹城乡发展力度 进一步夯实农业农村发展基础的若干意见》	农业农村基础设施建设、统筹城乡发展	夯实打牢农业农村发展基础,努力形成城乡经济社会发展一体化新格局
2011.1	《中共中央国务院关于加快水利改革发展的决定》	水利工作改革	通过5年到10年努力,从根本上扭转水利建设明显滞后的局面
2012.2	《关于加快推进农业科技创新 持续增强农产品供给保障能力的若干意见》	农业科技创新	大幅度增加农业科技投入,完善农业科技创新机制,推动农业科技跨越式发展

五、对于村里的发展还有什么想说的?

2009年7月和8月,在民政部基层政权建设司的资助下,我组织了一项针对11个省共计19个村落的村民调查。回收有效问卷444份。问卷设计的主观题,一是"对于村里的发展还有什么想说的?"二是"对于中央和县乡政府还有什么想说的?"农民对这两个问题的回答非常具有分析价值,与本研究讨论的农民政治心理相关问题可作呼应,故在此附录。

[1] 提高村民和村干部的思想意识和道德观念,统一规划,修桥、修路、修坝,推广农业技术。

[2] 村里选举要人性化,要选些年轻有为、思想政治素质好、业务能力强、思想作

风正的有干劲的人当村干部。

[3] 村委会要组织村民修好水泥马路。

[4] 如今村民普遍不相信村干部，不相信乡政府，原因就在于没为老百姓做出一两件像样的事来，不能取信于民，不能帮助村里发展，所以先要对上任的村干部好好教育才行。

[5] 村干部要齐心协力修好路。

[6] 村干部要负起责来，村里要发展，村干部要真正做几件实事。

[7] 上头要多关注老年人的生活，特别是精神生活，如今许多儿女都嫌弃老人家，认为是负担，导致许多老年人的心理负担重。

[8] 要发展，教育为本。村里要重视教育，加大教育投入。目前我校资金短缺，教师工资低，吸引不了有才华有学识的年轻教师。

[9] 咱们村的发展与领导班子的好坏不无关系，村干部能否以身作则，为我们服务，这是很重要的。

[10] 没有年轻人，哪个来发展农村？我们村的年轻人都跑到外面去了，谁来搞生产发展。我们现在还能做一点，十年、二十年后，一些传统的耕作方式恐怕没人知道了。

[11] 现在村干部不管事，拿了人民的钱，却不办好事。

[12] 可以大力发展种植业，村里大部分人都出去了，许多田土都荒了，没人管，可利用这些闲置的土地种一些经济作物，像大豆、玉米。

[13] 村干部的带头作用不够。

[14] 修渠道，不要一到干旱时就为农田灌溉发愁。

[15] 在生产上，村里不能为我们提供物资供应、农机技术、农业技术推广、农田灌溉等服务，收成没保障，光靠我们自己种是根本富不起来的。

[16] 村里的发展那是干部的事。

[17] 养殖业和种植业。

[18] 要致富，先修路。我村路网不容乐观，村民凝聚力不够，乡镇应带领村民，给予村民指导和帮助，修好本村马路，共奔致富路。

[19] 其他村都修好路了，就我村还没修，没有足够的资金。

[20] 村里发展需要上面的政策，哪个不想发展？

[21] 村干部要加强教育，增强党的观念、群众观念和组织观念，提高政治和业务素质。只有拥有一个好的带头人，我们才能走向发展，走向富裕。

[22] 希望大家齐心协力，将村里的道路修好，以利于村里水果运输，打开销路。希望政府多拨资金，支持村里各方面建设，多对农民进行技术培训，将培训信息公开，广泛传播，让村民知晓。

[23] 本镇应该学习其他乡镇，统一规划调整村里的经济发展，对村里种植的水

果进行统一销售。希望政府多派人下村,关心村里发展,指导农业产品销售,打通销路。

[24] 村里能发展的经济项目太少,希望有更多的经济项目。希望政府能认真做事,真正做到为人民服务。

[25] 村领导应该起积极领导作用,要团结。非常感谢政府的领导与指引。

[26] 感谢党中央给我们带来的幸福生活,使以前的苦日子一去不复返,使劳动人民当家做主,不再受剥削。

[27] 村干部不负责,村里收入并不用于村里急需(如修路、修桥);村干部不公平,只修本人所在组的道路。村里推广农业技术的活动,应该直接下到村里,面对村民进行。乡镇不负责,应该出面主持村里修路问题,直接下到村民中间推广农业技术。

[28] 基层政府只是按照中央指示办事,照政策来,并没有真心实意为农民服务,促进农村建设发展。

[29] 应注重教育(比如有些村对考上大学的学生均有奖励,但本村,别说奖励,还打击你咧);教育投入太少。我没有想过要带领全村发展,如果我是带头人,我至少不会贪污,也会想办法带动大家发展,现在的人心不好凝聚。村子当然会越来越富,但这种富是以个人的富为基础的,共同富裕是不可能的。

[30] 想都不敢想。

[31] 农民也没啥想法,有吃有喝就行了,你提也没用。

[32] 都没啥发展,还倒退呢!

[33] 干部群众一条心。

[34] 带领群众盖大棚,发展养殖;盖学校,盖一所小学;肯定能成为集体小区,统一规划,利用郑开优势快速发展,甚至可能超过县城。

[35] 多开发经济区,把市场完善起来,共同受益。应该建个学校。咱耕地没有了,大蒜市场也没有了,郑汴一体化,如有力度,发展还可以。不可能会超过县城,但差距会缩小。

[36] 办学校,建水利。

[37] 要想村致富,全靠党支部。

[38] 推广农业技术,提高产量;村干部带头发展,到村外吸取经验。

[39] 希望乡村干部给农民创造致富条件,干部不要贪污。

[40] 希望把咱村的经济搞上去,让农民的生活水平更加提高。

[41] 找个有能力的带头人,带领群众走发家致富的道路。

[42] 让村里能有更好的发展,农民的生活水平提高。

[43] 希望村干部能以身作则,多为群众着想,更多地带来致富门路。

[44] 村里必须有一个有能力、心系群众的带头人,这样才能把村子带好。
[45] 积极带领群众发展养殖业,改良种植结构,早日过上小康生活。
[46] 有个好干部,但好干部在乡里吃不开。
[47] 不要干扰我养猪就行了,叫我多干几年,不给我找困难。
[48] 村里应该找带头人发展,现在缺的是带头人。
[49] 希望干部带动群众致富,帮助群众脱贫。
[50] 把集体的山分给个人管理。
[51] 希望村里发展能够保持。
[52] 村里如有资金,要解决老年人的养老问题。
[53] 能够加大基础设施方面的建设,关注贫困家庭。
[54] 缩小城乡差距,加大对农业的投资,改善基础设施,改善民生条件。
[55] 大多数人只关注经济发展,不注重自身素质的提高,不愿接受新事物。
[56] 多出几个能够带动群众致富的人,多给几个上级的项目。
[57] 政府指路引导,重点扶持资助,开拓市场。
[58] 建议各级政府统一规划,直接补贴农民,取消政府的一些环节。
[59] 多修路,多修渠。
[60] 加大投资力度,缩小城乡差别,改善基础设施:路、水渠、农村住宅。
[61] 加大国家投入,缩小城乡差距。
[62] 村里发展有很多、很多,但没有资金来源,怎么谈发展呢?
[63] 村里没变化。
[64] 发展经济,推广农业技术。
[65] 希望村干部能多为群众服务,做一些有益于民众的事。
[66] 不想说。
[67] 存在问题很多,自己没有建议。
[68] 比山区好得多,搞得好。
[69] 致富门路。
[70] 国土部门对农民建房要有规划,现在东一户西一户的,怎样发展新农村建设?
[71] 在制订村级发展规划时,充分发扬民主时,往往一些公益事业得不到落实,都不愿出钱出力。
[72] 希望银行能够积极支持村民发展养殖业和各种企事业发展。
[73] 因地制宜,随地而发,民生为重,共同发展。
[74] 要求领导搞好科学发展,提高人民思想素质。
[75] 提倡和帮助村民进一步提高科学技术。
[76] 让村民富起来。

[77] 道路畅通方面不满意。
[78] 带领村民发家致富。
[79] 官官相卫。
[80] 推广农业技术和发展文体活动。
[81] 村里建设不完整。
[82] 推广农业技术,让农民也能办社保。
[83] 推广农业技术,搞好农民福利。
[84] 希望村里尽快解决住房问题。
[85] 提高农业技术推广,加强其他职业技术培训。
[86] 村是中国最下级单位。
[87] 发家致富。
[88] 村里发展要打破原有的旧套路,更加大胆、更加有魄力一些。
[89] 大力发展农业技术,为农民服务,提高农田的经济效益。
[90] 充分尊重村民权利,发展民主。
[91] 不要过多地干涉农民的自主创新,帮助农民发展。
[92] 村民的文化水平较低,应适当地多开展一些文化教育,提高村民文化程度。
[93] 加大对农业的发展。
[94] 发展壮大集体经济,把村上产业做大做强。
[95] 引人才、引技术,让能带领群众致富的人担任村主要负责人。
[96] 村干部怕得罪人,工作办法少,怕干群矛盾。
[97] 引进增收明显的产业,统一群众思想,集约发展。
[98] 选好致富项目,做好新技术推广,加强技术服务。
[99] 村庄整体规划,综合整治,发展随宅养殖,搞好农村沼气利用,改水、改厕。定点绿化,文化娱乐设施配套,基础建设完善。
[100] 盼望能形成统一的产业。
[101] 村委会成员的发展注重文化水平、素质的提高。
[102] 希望镇、村把国家政策落实到村里。
[103] 希望选举更加民主,形成权力有人监督,村主任为人民办事(的局面)。
[104] 希望经济继续发展。
[105] 小村,他们也没有办法。
[106] 没有,干部不管事。
[107] 有能力的人能带带头。
[108] 交通、账务。
[109] 选好带头人。
[110] 改造自来水工程。

[111] 改善饮水工程。

[112] 改善人畜饮水工程。

[113] 修缮人畜饮水工程。

[114] 修建坪伦墩(地名)大桥。

[115] 修桥、人畜饮水改造工程。

[116] 近几年村里发展很好,但我觉得更重要的是发展村里人精神方面的东西。

[117] 建设农业基地,维修大坝。

[118] 维修大坝。

[119] 建立蔬菜基地,维修大坝。

[120] 感谢党中央、国务院的政策。

[121] 顺其自然,经济开发把好环境这一关,尽量为村民着想,民主协商。

[122] 村委应设一个像样的办公地址和红白事情文体活动场所。

[123] 村里40岁以下的青壮年都外出打工了,对村里的发展状况比较担忧。

[124] 希望年轻人能留下来,特别是有能力的精英。

[125] 村民需要普法教育,希望多开展此类活动。

[126] 加强协作,发展农村民主政治。

[127] 现在通过换届选举还没有把真正有能力、热心为群众办实事的人选举上来,往往是口是心非的人居多。

[128] 没期望。

[129] 希望村里经济有所发展,年轻人放弃打工,回到村里享受天伦之乐。

[130] 建立工业园区征地时一定要谈附加条件,多为村民着想。

[131] 说了没用。

[132] 希望村里能够"和谐"发展。

[133] 选出好的带头人,团结村民发展村经济。

[134] 征地时要开村民大会讨论。

[135] 推广农业技术。

[136] 大家多多团结,有事能共同解决。

[137] 多引进外资、投资商。

[138] 多为农民着想。

[139] 推广农业技术,发展经济合作,富裕的家庭帮助贫困的家庭共同发展。

[140] 建立工业园,一亩地三万元,觉得少,建议考虑后追加。

[141] 加强发展经济,提高农民生活水平,保一方平安。

[142] 发展农业,加强农民收入,合作社员团结起来共同致富,达到小康水平。对目前生活比较满意。

[143] 希望村干部多为村民办实事。

[144] 村领导要带领村民致富。
[145] 落实惠农政策。
[146] 需要科学技术带头人,需要上级精神和经济支援,来建设我们美好的新农村。
[147] 政府除了补贴外平时也没怎么管我们的发展,农民指望不上政府,还得靠自己,靠不住别人。
[148] 加大农业补贴力度;中央政策执行不到位,干部服务差。
[149] 农村条件差,活儿累,年轻人都不想在家,村里就这样了,不退步就算好的了。
[150] 村里全是老人和小孩,年轻人自己跑了。这样下去,村里可能发展不起来。
[151] 自己靠自己,政策好坏都是空的;自己不勤快,邻里不团结,一切都是空的。
[152] 把路修好,多养猪,少种粮食,多种烟叶等经济作物。
[153] 村民团结一心,打工的打工,在家的相互支持。
[154] 自己靠自己,靠官靠政府都靠不住。
[155] 镇里把路修好,给我们拨点钱,把路修通,在政策上多点优惠。
[156] 希望上级领导多少关注一下各个乡镇的发展。
[157] 现在农民生活还可以,老人在家种地,年轻人在外打工挣钱,农村没什么好发展的,年轻人最好在城里发展。
[158] 求神不如求己,靠自己的双手发展。
[159] 人与人之间不如从前,斤斤计较个人得失;看见他人有难,不愿出手相助,人情冷漠。
[160] 村里发展很慢,年轻人都出去了,剩下老人和小孩,不可能有太大的进步。
[161] 村民要团结,有利益大家一起分享,有负担大家一起承担,尽快把公路修通,不要怕多吃一点亏。
[162] 村里发展不起来,整个国家也不可能富裕,要加大对农民的补贴和对农业的投入,真正重视农村发展。
[163] 政府给点钱,让我们把路修起来,村干部带头发展,鼓励和引导农民,不要什么事都不做,白拿工资。
[164] 村子发展没有带头人,农民都是各顾各的。
[165] 村里发展好像越来越落后,发展经济效益好的作物,提高农民经济收入,进行农业技术指导。
[166] 为了农村的发展,要把公路(428公里)修好,借着我村新开发龙泉庙,每年的游客很多,发展的希望很大。

［167］镇里应该深入到基层来指导发展,不能光坐在办公室。拿出一套有用的措施来,不能光说不做。

［168］公平公正地对待每位村民,反对村干部以权谋私。

［169］多做实事。

［170］村委会不好,买官现象比较普遍;村里现在经济搞不上去,想达到小康水平,带头人不行。

［171］有一个好的致富带头人,让农民赶快富起来,让村里有一个休闲娱乐的地方。让农民更好地种庄稼,提高农业技术,村里对大学生要有一定的补助。

［172］村里的集体资产已经用完,村干部无心竞选,不知道怎么发展村。村里没有企业,孩子们上学不方便,花费很高。

［173］党的政策很好,可是人民不知道好,有个别人破坏社会秩序。我希望国家多培养些好干部。

［174］宣传毛泽东思想,人与人之间的关系不好,人的素质较低,要支持村里编写好人好事好干部(的故事),加大宣传力度,净化农村风气。

［175］希望村干部对村民负点责任。

［176］希望领导发展经济。

［177］为村里的剩余劳力找出路,指导农民科学发展。

［178］希望出现一部分致富户,带领大家共同致富,发展农村的经济,给你一些致富的人才,帮助农民致富,指导农民的经济发展。

［179］希望提高村里的生活条件,希望农民致富。

［180］上面应该拨钱拨到位,能切实救济到穷人;再者,为村里建一个休闲娱乐的场所。应该派一些有技术的人才帮助村里发展;各村都应该建立自己的小学,方便村里的孩子上学。

［181］近几年,村里的发展取得了翻天覆地的变化,总体上人民的生活水平还是提高了,但是还没有达到致富的目的,村里有头脑有知识的人较少,无法带动村民全体致富,村里的各项设施还有待于完善。

［182］村里这几年的发展还不错,只搞村里的建设,不带领群众致富,村里的面貌发生了一些变化,但是村里的人还是无法致富;村干部不以身作则,贪图钱财。

［183］越有钱的越有钱,越没钱的越没钱,村里的集体意识低,做不到统一规划,村里缺钱,村里人都是各顾各的,村里没有大学生回来指导。受经济危机的影响,村里的发展受阻,村干部有些政策不是很好,不能让村民受益。老一辈看不惯现在村里的一些行为,赶不上形势。

［184］希望村里人都和睦相处,过着现实的生活;村里应引进一些企业,投资,发

展,带领人民致富。

[185] 村委会对于村里的占地要采取正确的方式,要让村民受益;村干部应一视同仁,对村民要平等对待;村里没有致富带头人,不能带领农民普遍致富。

[186] 与村民协商,发展农村经济,提高公民人均收入。

[187] 在村里建小学,发展种植业、养殖业。

[188] 多建基础设施,汇聚水资源,合理利用政府发放的资源。

[189] 不论做什么事情,村干部应该得到村民的同意;村民满意后再做,不应该强制村民!

[190] 提高种植业(核桃)的技术支持,长期发展。

[191] 希望通过共同努力,发展得更好。

[192] 希望孩子多念书,学习技术,使本村更快地发展。

[193] 我认为对于项目的安排,政府应该考虑多倾向于贫困山区。

[194] 发展生态旅游业、养殖业,发展农家乐。

[195] 多进行基础建设,改善住房条件,改善农民生活。

[196] 基本满意。

[197] 尽可能为提高农民收入着想。

[198] 实事实办,公开账务,和谐发展。

[199] 继续发展种植业和养殖业。

[200] 希望村子修建大水池,解决村子的用水问题,多修农合路,改善农村经济发展的交通状况。

[201] 管理民主,不要任何事情都一个人说了算,经常开会讨论问题,与群众商量解决问题。

[202] 我们村委会村民生活水平普遍偏低,合作医疗换汤不换药,医疗设备比较差,连吃水都比较困难。

[203] 本村委会村民生活比较差,希望政府多引导群众发展,加大科技方面的投资力度。

[204] 我们的村干部太不行了,农村里根本没有人(才),所以村里要发展,必须引进人才啊;其次嘛,我们这些农村老人太孤单了,精神空虚,也希望村里可以解决。

[205] 其实我们村有很多的铁矿资源,而且如今已经在开发,我想这个可以成为我们村以后发展的重点啊;村里的干部不能太贪了。

[206] 我们女人要在家看门,不能像男人一样出门打工,但农闲时,我们妇女根本没有事可以做,所以希望村里多关注一下我们的就业和生活;村里的集体财产很多,近年来由于开矿,分了不少,但很多都被村里的干部吞了,我们村民根本没有享受到,这点村民们的怨气很大。

[207] 老人们的精神太空虚了,我们在家还好,一旦出去打工,老人便一个人在家,所以村里可以采取一些措施,使老人们的生活不再孤单,也免了我们的后顾之忧。

[208] 希望村里的干部多干点事,不能整天只知道接待干部;村里的确大部分人都富了,但仍有一些比较穷的,村里要多给他们一点照顾;村里的干部要多到村民中间走走,不能整天待在办公室;农业是没有出路的,村里要带领村民找新的出路,打工和开矿都不是事(注:指不是什么长远打算)。

六、对于中央和县乡政府还有什么想说的?

[1] 中央应该加大力度保护农民的切身利益,现在真正为民办实事的干部没有几个。

[2] 加大支农力度,全方面提高农民生活水平。

[3] 同在一个县,为什么有的村比我们要富,他们的水泥马路修好了,新屋也比我们的气派,市政府偏心吗?凭什么我们村显得这么穷?

[4] 身为农民,农业是生存之本,粮食产量很重要,但农民往往文化水平不高,只知道种田,不知道怎么种好田,上面应该有专门的人来教我们相关技术的。

[5] 要多几个像温总理这样的好干部,关心民生,体察民情,哪个不拥护和爱戴?

[6] 中央要重视农村基础教育事业,高素质的教师队伍、高质量的教学设备和设施是高质量的教育的保障。

[7] 农民的生活不容易,要切实提高农民的生活水平,需要中央和县乡政府的统一规划和村民的积极配合。

[8] 社会主义新农村理应与科学挂钩的。可现在我们种田都是传统的耕作方式,没有什么技术可讲,我们农民没有多少文化知识,可政府也不向我们提供专门的农业技术指导。光靠我们这些老农民,农村谈什么发展?

[9] 首先整顿干部作风和道德素质。

[10] 科教兴农,政府从来没和我们村民讲怎样科学种田,光靠我们这些文盲农民是种不好田的。

[11] 要建设社会主义新农村,中央也应该照顾一下我们,老是在电视上看见某某农村经济怎么发展,怎么就没我们的份儿?

[12] 多拨些款给我们。

[13] 农业是农民的饭碗,是收入的主要来源。如果中央真想提高我们农民的生活水平,就先关注我们的农业生产,帮助我们实现增收。

[14] 积极举办一些农村社会福利和社会保障事业,在我们村这些方面几乎是零头。特别是老年人的待遇要有所提高,许多老人辛苦一生,老来遭子女嫌

弃,生活孤单凄苦。
[15] 就我村而言,现需安装一台变压器。说我村有两台,不能加,我村有其他小村三个大,小村有 100 千瓦,我村只有 80 千瓦。
[16] 中央下达的惠农政策到达县乡时总是延迟或变相,政府内部需要整治。
[17] 合作医疗要到指定医院才报销,其他医院没有。
[18] 中央政策是好,下面实施过程有点问题。
[19] 其他地方都发展的,为什么我们这儿却迟迟发展不起来?
[20] 中央政策是好的,但下面的政府并不考虑民众的呼声。对县乡政府没有什么期望,没有想过他们会给我们创造什么好的致富环境。
[21] 中央政策是好的,但是在落实的过程中走了样。
[22] 好政策为什么到下面就变了?
[23] 中央政策好,就是下面不执行。
[24] 中央政策好得很,下面都被歪嘴和尚念歪了。要是有温家宝的电话,我立马给他打电话反映。
[25] 政策好,不落实。
[26] 中央政策是好的,县乡政府手腕不够硬,遇到问题、困难不能解决。
[27] 县乡政府都不办事,现在都是拿钱办事。希望加大发展力度,为群众办实事。
[28] 中央政策是好的,但就是落实不了。
[29] 中央政策好,减轻农民负担。
[30] 当官不为民做主,不如回家卖红薯。
[31] 中央政策到下面就跑调了,中央唱的是豫剧,到下面变成了京剧。这是中国的癌症。
[32] 希望中央和县乡政府经常到农村调查看看。
[33] 中央政策是好的,但下面执行起来是歪曲的,希望多走出几个像焦裕禄一样的干部。
[34] 提倡农业技术更好地发展。
[35] 希望上级领导多下乡调查实际情况。
[36] 中央政策太好,真好!县乡干部都是开后门上去的,希望有能力的人上去,能真正执行中央政策。
[37] 对政府工作比较满意,特别是现在的合作医疗、粮食补贴、农机补贴、种子补贴、家电补贴等惠农政策对群众很实惠。
[38] 中央的政策可以,但老百姓得不到多大利益。
[39] 党的政策好,到农民手里落实不了。
[40] 地方政府太黑了。

［41］ 中央到地方的政策不一样,不好。
［42］ 努力构建和谐社会,解决"三农"问题,扩大民主。
［43］ 希望中央加大对西部的投资,切实改变农村的基础设施,改善民生条件。
［44］ 政策很好,但有些政策的落实效果不太好。
［45］ 尽快出台老百姓养老保险政策。
［46］ 建议中央人民政府对农民更加扶助,出台对农民补贴金的严管政策。建议县乡政府不能欺下瞒上,不能上有政策,下有对策。
［47］ 希望中央对农业综合开发大力支持,并且再加大力度。
［48］ 希望加大对农村的支持力度,比如农业补贴等。
［49］ 关于农民的养老保证金的问题以后怎样解决?
［50］ 希望中央政策能够得到落实。
［51］ 了解人民疾苦,推出有益于人民的制度。
［52］ 没有建议,还不是靠自己的双手?
［53］ 中央好,县乡政府也可以。
［54］ 中央的政策是好的,过去就不行了。
［55］ 中央政策好,县乡政府都好。
［56］ 中央好,补贴,县乡政府就不行了。
［57］ 中央政策与乡镇政策有差距。
［58］ 从严从重从快打击黑恶势力,反腐倡廉,村干部任职一届时间太短,选举不规矩,很多村的选举由黑恶势力操纵把持。
［59］ 政策落实不到位。
［60］ 多一些富民政策。
［61］ 社会福利方面需加强,家里有残疾人。
［62］ 实事求是,因地制宜。
［63］ 群众需要解决医疗、教育、养老。
［64］ 中央政策是好的,但到基层不是那么回事。
［65］ 上面说得好,下面做不到。
［66］ 提高征地补偿费用。
［67］ 希望市政府的领导和农民在一起谈心、解决问题。
［68］ 党的政策是好的,到下面具体实施就欺上瞒下。
［69］ 发展集体经济,快速让群众富裕起来。
［70］ 为了政绩,弄虚作假,推房占地不得民心。宁夏属于山高皇帝远。
［71］ 中央的大政策都是好的,可到了县乡政府就有所变味,形式主义多,政绩观太强,不顾农民是否能承受。
［72］ 将领导型政府向服务型政府改进。

[73] 中央政策是好的,县乡政府执行有些差距。这是我自己的看法。
[74] 让每个人的公民权得到充分的体现,让每个干部更廉洁。
[75] 中央的政策到地方后就变味了。
[76] 做得很好,比较满意。
[77] 加大对农民的粮价补贴。
[78] 加大对农村基础设施投入。
[79] 应加大对农业配套设施的资金投入。
[80] 加大对农村的投入力度,提高基层干部工作待遇。
[81] 解决农村基层政府、国家企业单位工作人员年交养老保险费问题。
[82] 加大扶持农民力度。
[83] 撤乡并镇对多数撤掉的乡镇经济发展不显著,有区域差别。
[84] 国家的政策对农民还是好的,希望中央对下面进行监督,使政策更好地落实。
[85] 温家宝是好总理,中央政策应保持,乡政府领导应该经常到村里了解情况。
[86] 农民小额贷款不要利息。
[87] 对于农民,各项政策都好。
[88] 说了也没用。
[89] 孩子上学是最重要的问题,学校合并有许多不足之处,师资力量不够好,希望政府解决一下。
[90] 务工子女上学难。
[91] 保持政策稳定,不要恢复农业税。
[92] 国家一些惠农政策希望能贯彻实行。
[93] 对农村政策不变。
[94] 上大学难。
[95] 念大学费用高,毕业就业难。
[96] 考大学困难,就业更困难。
[97] 农村大学生就业很难。
[98] 培养大学生很困难。
[99] 培养农村孩子上大学难,就业更难。
[100] 就业难。
[101] 感谢共产党。
[102] 感谢政府的关心。
[103] 感谢党的好政策。
[104] 应跟踪落实中央的各项政策。
[105] 党的政策好。

[106] 满意,多走群众路线。
[107] 多为农业、农村、农民着想,多办实事好事。
[108] 希望工业园区早日入驻,使村里的年轻人在家门口找到工作。
[109] 希望流入村里的流动人口能得到统一管理。
[110] 剧团下乡演出每年一次,节目不新鲜,老掉牙,不喜欢看。
[111] 不要一哄而上,要因地制宜。
[112] 中央措施传到县乡就变调了,县乡领导热衷于搞形象工程,不实事求是,伤害群众感情。
[113] 希望政府规划工业园区,早日变成现实。
[114] 说了没用。
[115] 希望领导大力积极无私支持村民发展。
[116] 多下乡了解问题,走民主路线,听群众意见。
[117] 多关心人民群众。
[118] 多为农民着想,以农民的利益为主。
[119] 多办实事,少浮说。
[120] 大力资助村委的经济实体建设,推动农牧业科学发展。
[121] 征地时多想农民的利益,希望用地后每年给一定的口粮。
[122] 加强政策教育,多关心农民生活。
[123] 带领广大人民群众走致富道路,建设社会主义。
[124] 中央的政策很多都是好的,可是到下面以后就不是那么回事了。希望政府、村委会多为老百姓想一想。
[125] 对农民政策放宽。
[126] 中央政策好,下面执行力度不够。
[127] 服务态度、服务意识差;医疗合作的力度不够。
[128] 中央政策很好,农民条件大大改善,感谢中央的好政策。
[129] 中央政策好,最近的合作医疗让农民受益不少。下面应该按照中央政策去执行。
[130] 中央政策很好,要是能真正执行好,农村肯定比现在要好,就是贪官太多,政府不作为。
[131] 多给农民政策支持,不能只输血不造血。
[132] 好口号喊的多,雷声大雨点小。
[133] 政策好,执行力度不够;有政策出台,应真正落实。
[134] 中央政策好,就是贪污太严重。
[135] 觉得中央的各种关于农民的政策好,对于我们农民,产生了很大的利益。
[136] 中央政策很好,下面执行不好;贪污严重,是个官都贪。

[137] 贪污太严重,做官的都不管农民。
[138] 政策虽好,但应更重执行。
[139] 贪污腐败严重,应杜绝这种贪污行为;要不然,中国不可能有太大的发展。
[140] 中央政府对农民很优惠,给了那么多好的政策,农民应该珍惜。
[141] 中央应该更重视农村,现有政策虽然比以前好很多,但也只是表象,政府永远都是把精力放在城市上面。
[142] 政策好是好,但是要切实执行才行。
[143] 中央政策很好,县镇政府执行力度不够,贪官多,有钱也被他们贪玩了。
[144] 中央的政策是好的,(地方政府)欺上压下,官官相护,民不聊生,(老百姓)敢怒不敢言。
[145] 中央政策很好,到了下面县乡执行力度不够,贪污严重。
[146] 群众对中央的政策满意,感觉国家形势良好,对县乡政府感觉不乐观。
[147] 多投入资金,搞好农村经济建设,快步入小康。
[148] 中央政策很好,给了农民们很多实惠,下面的政府贪污太严重。
[149] 加强对村干部的管理,直接让农民感受到中央对农民的关怀。
[150] 要深入农村。
[151] 中央政策好,下级不执行,县级还可以,到乡村更不好。
[152] 中央的政策非常好,县政府不一定按照中央的政策做,农民的生活并无多大的变化,比如一些粮食补助不能及时、公平地到位。上下不一致,县政府对中央的政策执行不到位,农民的素质不能提高,走不出贫困。
[153] 中央的政策很好,但是上有政策,下有对策,政策落实不到实处,不能让村民切实受益(例如家电下乡中存在补贴回扣,合作医疗中存在着医院乱开药、乱收药费的现象)。
[154] 中央的政策非常好,电视台播放的电视剧对儿童有害。
[155] 多拨钱。
[156] 政策好,但没执行好。
[157] 帮助农民找方向。
[158] 县乡政府的领导常下来看一看。
[159] 希望中央和县乡政府多帮助农民提高农民的素质。
[160] 中央和县乡政府应切实为人民着想,(县乡)政府应落实中央的政策(比如救济款发放不到真正的穷人;对于有病者,予以适当的照顾)。对老人应另外发放一些资金,给予帮助。
[161] 中央政策的出发点无疑是正确的,但是乡政府的所作所为与中央的政策不符,给村民带不来实质性的好处,中央的拨款到达不了农民的手里,落不到实处。

[162] 党的政策很好,乡镇干部不按上面的政策办。

[163] 中央的政策很好,低保合作医疗都是很好的政策。但是镇政府做不到位,钱发不到位,存在一些舞弊行为。镇政府应清廉为民,以人民的利益为出发点,做人民的政府。毛主席的思想有时还是需要学习的。医院花费高,老百姓看不起病。

[164] 中央的钱落实不到实处,不能全部用在村民身上;乡政府应办一些实事,培养一些好干部。

[165] 应该建立完善的农村贷款机制,方便农民贷款,让村民尽快致富。

[166] 希望村子办学校,学生小小年纪到外地上学,很不方便。

[167] 村长比较厉害,相信村长。

[168] 多走访,多出技术指导,合理利用政府提供的资源。

[169] 当村民向他们反映情况后,应及时调查清楚并用最合法的方式去解决,不应该说话不算数。

[170] 社会治安要加强。

[171] 应向有困难,需要帮助的农户提供更好的帮助及支持。

[172] 在落实解决三农问题方面,特别是各项扶贫专用财政贴息贷款,为减轻人民负担,地方政府在办理此项目时只指定农村信用社发放高利息贷款是不合理的,应该由农行等几家银行共同办理。

[173] 对农村老百姓看病难这一块工作能够做点实事,为老百姓减免医药费。

[174] 多为人民利益考虑。

[175] 督查下层,为民办实事,共同奔小康生活。

[176] 资助农村发展经济行业,如种植业、养殖业。

[177] 中央政策很好,但是基层执行得不好。

[178] 上面说的比较好,但不能落到实处,等于没说。

[179] 国家政策比较好,但是落实到群众中较差。

[180] 希望中央和县乡政府能够给农村更多的好政策,农村还是比较苦的。

[181] 中央的政策还是挺不错的,希望能够把农村和农民记在心里,别把我们给忘了;希望县乡政府可以多做点事,平时几乎见不了他们的踪影;希望上面查一查村里干部的腐败情况。

[182] 中央还可以啦,没什么要说的。

[183] 要给村子的发展统一规划一下,让底下的干部能真正干起事来;给农民的优惠政策可以进一步加大。

七、时代评价的影响因素分析

自变量							
变量名称	变量赋值	样本数量	比例(%)	变量名称	变量赋值	样本数量	比例(%)
性别	男 = 1	168	77.4	是否党员或体制内工作者	是 = 1	84	38.7
	女 = 2	48	22.1		否 = 2	132	60.8
学历	文盲 = 0	19	8.8	地区	东部 = 1	51	23.5
	小学 = 1	104	47.9		中部 = 2	141	65.5
	初中 = 2	65	30.0		西部 = 3	24	11.1
	高中 = 3	28	12.9				
自评经济地位	中下 = 1	20	9.2	年龄	四分之一位数		25
	中等 = 2	155	71.4		中位数		50
	中上 = 3	41	18.9		四分之三位数		75

因变量			
变量名称	变量赋值	样本数量	比例(%)
你认为最好的时代是?	建国后,改革开放前 = 1	64	29.5
	改革开放以来 = 2	29	13.4
	新世纪以来 = 3	76	35.5

本研究采用主因子分析法评估农村居民特别是经历过建国初期、改革开放时期的中老年居民对不同时代的评价。

1. 因子分析

因子分析是研究如何以最少的信息丢失将众多原有变量浓缩成几个少数因子,如何使因子具有一定命名解释性的多元统计分析方法。因子分析模型可以用矩阵表示为:

$$X_i = \mu + a_{i1}F_1 + a_{i2}F_2 + \cdots + a_{ik}F_k + \varepsilon_i \quad (i = 1,2,\cdots,j)$$

公式中,X_i 为原有的观测变量,F_m 为第 m 个公共因子,是不可观测的变量,$a_{ik}(K = 1,2,\cdots k)$ 是因子载荷,ε_i 是原有变量不能被因子解释的部分。

因子旋转载荷阵与共同度

	主因子 F1	主因子 F2	主因子 F3	共同度
地区	-0.037	-0.355	0.807	0.779
性别	-0.402	0.564	0.407	0.646
是否党员或精英	-0.539	0.563	-0.101	0.617
学历	0.776	0.270	-0.278	0.752
经济地位	0.692	0.030	0.374	0.619
年龄	-0.393	-0.728	-0.244	0.744
公共因子命名	旧精英	非体制内	趋向中西部	

因子旋转载荷阵与共同度

	旧精英	非体制内	趋向中西部
地区	-0.022	-0.260	0.731
性别	-0.238	0.413	0.369
是否党员或精英	-0.319	0.412	-0.092
学历	0.460	0.198	-0.251
经济地位	0.410	0.022	0.339
年龄	-0.233	-0.533	-0.221

2. 建立多元回归模型

研究不同影响因素对多变量的效应，可以采用多项逻辑回归分析的方法分析被解释变量所属类别与参照类别的对比情况。例如，被解释变量有 A、B、C 三个类别，以 A 类作为参照类别，可以建立多元回归模型。

模型估计结果

对时代的偏好态度 a		系数估计值	标准差	Wald 观测值	显著性
改革开放以来	Intercept	-0.717	0.230	9.723	0.00
	旧精英	-0.175	0.230	4.924	0.042
	非体制内	0.401	0.248	2.611	0.01
	趋向中西部	-0.078	0.233	4.111	0.07

(续表)

对时代的偏好态度 a		系数估计值	标准差	Wald 观测值	显著性
进入新世纪以来	Intercept	0.194	0.181	1.147	0.02
	旧精英	-0.335	0.181	3.412	0.06
	非体制内	0.648	0.198	10.685	0.01
	趋向中西部	-0.094	0.184	3.265	0.07

注:参照类别是建国后、改革开放以前。

相对于喜欢建国后、改革开放前的人,喜欢改革开放以来时代的中老年人在年轻的时候受教育程度相对较低,经济状况也相对较差;更多的是非体制内的人(特别是女性)。从区域的角度看,东部地区的人对改革开放以来的评价更高。

参考文献

中文部分

著作类

1. 〔美〕阿尔蒙德、维巴:《公民文化:五个国家的政治态度和民主制》,徐湘林 等译,东方出版社 2008 年版。
2. 〔美〕艾历克斯·英格尔斯:《国民性:心理—社会的视角》,王今一译,社会科学文献出版社 2012 年版。
3. 蔡定剑:《民主是一种现代生活》,社会科学文献出版社 2010 年版。
4. 曹锦清:《黄河边的中国——一个学者对乡村社会的观察与思考》,上海文艺出版社 2000 年版。
5. 〔美〕陈捷:《中国民众政治支持的测量与分析》,安佳译,中山大学出版社 2011 年版。
6. 陈弱水:《公共意识与中国文化》,新星出版社 2006 年版。
7. 程瑞山、贾建友:《村民自治制度运行研究》,中国社会科学出版社 2013 年版。
8. 楚成亚、徐艳玲:《变迁、分化与整合:当代中国政治文化实证研究》,山东大学出版社 2010 年版。
9. 〔美〕戴维·伊斯顿:《政治生活的系统分析》,王浦劬译,华夏出版社 1999 年版。
10. 邓大才:《小农政治》,中国社会科学出版社 2013 年版。
11. 杜润生:《杜润生自述:中国农村体制变革重大决策纪实》,人民出版社 2005 年版。
12. 〔美〕杜赞奇:《文化、权力与国家:1900—1942 年的华北农村》,王福明译,江苏人民出版社 2003 年版。
13. 樊星:《当代文学与国民性研究》,中国社会科学出版社 2012 年版。
14. 方江山:《非制度政治参与——以转型期中国农民为分析对象》,人民出版社 2000 年版。

15. 费孝通:《乡土中国 生育制度》,北京大学出版社 1998 年版。
16. 〔美〕费正清,罗德里克·麦克法夸尔:《剑桥中华人民共和国史(1966—1982)》,北京:中国社会科学出版社 1998 年版。
17. 〔美〕费正清,罗德里克·麦克法夸尔:《剑桥中华人民共和国史(1949—1965)》,上海人民出版社 1991 年版。
18. 〔美〕弗朗西斯·福山:《信任——社会道德与繁荣的创造》,李宛蓉译,远方出版社 1998 年版。
19. 郭于华:《倾听底层》,广西师范大学出版社 2011 年版。
20. 何高潮:《地主·农民·共产党》,牛津大学出版社 1997 年版。
21. 贺雪峰:《村治的逻辑》,中国社会科学出版社 2009 年版。
22. 贺雪峰:《乡村治理的社会基础——转型期乡村社会性质研究》,中国社会科学出版社 2003 年版。
23. 贺雪峰:《新乡土中国:转型期乡村社会调查笔记》,广西师范大学出版社 2003 年版。
24. 侯永禄:《农民家史》,人民文学出版社 2012 年版。
25. 侯永禄:《农民日记——一个农民的生存实录》,中国青年出版社 2006 年版。
26. 黄光国:《中国人的权力游戏》,巨流图书公司 1988 年版。
27. 黄建钢:《政治民主与群体心态》,中信出版社 2003 年版。
28. 黄树民:《林村的故事:1949 年后的中国农村变革》,三联书店 2002 年版。
29. 〔美〕李丹:《理解农民中国:社会科学哲学的案例研究》,张天虹 等译,江苏人民出版社 2009 年版。
30. 李海金:《身份政治:国家整合中的身份建构》,中国社会科学出版社 2011 年版。
31. 李茂岚:《中国农民负担问题研究》,山西经济出版社 1996 年版。
32. 李强 等:《生命的历程——重大社会事件与中国人的生命轨迹》,浙江人民出版社 1999 年版。
33. 李艳丽:《政治亚文化:影响当代中国政治发展的特殊因素分析》,武汉大学出版社 2008 年版。
34. 梁鸿:《中国在梁庄》,江苏人民出版社 2010 年版。
35. 梁启超:《饮冰室合集》,中华书局 1989 年版。
36. 梁漱溟:《中国文化要义》,学林出版社 1987 年版。
37. 林毅夫:《制度、技术与中国农业发展》,上海三联书店、上海人民出版社 2008 年版。

38. 林语堂:《中国人》,学林出版社1994年版。

39. 刘伟:《难以产出的村落政治——对村民群体性活动的中观透视》,中国社会科学出版社2009年版。

40. 刘再复、林岗:《传统与中国人》,安徽文艺出版社1999年版。

41. 〔美〕露丝·本尼迪克特:《文化模式》,王炜译,社会科学文献出版社2009年版。

42. 卢福营:《能人政治:私营企业主治村现象研究》,中国社会科学出版社2010年版。

43. 〔美〕鲁思·本尼迪克特:《菊与刀》,吕万和 等译,商务印书馆1990年版。

44. 陆益龙:《农民中国——后乡土社会与新农村建设》,中国人民大学出版社2010年版。

45. 〔英〕罗伯特·D.帕特南:《使民主运转起来》,王列、赖海榕译,江西人民出版社2001年版。

46. 罗兴佐:《治水:国家介入与农民合作——荆门五村农田水利研究》,湖北人民出版社2006年版。

47. 〔法〕马克·夸克:《合法性与政治》,佟心平、王远飞译,中央编译出版社2002年版。

48. 〔美〕迈尔斯、休伯曼:《质性资料的分析:分析与实践》,张芬芬译,重庆大学出版社2008年版。

49. 〔法〕孟德拉斯:《农民的终结》,李培林译,社会科学文献出版社2010年版。

50. 闵琦:《中国政治文化——民主政治难产的社会心理因素》,云南人民出版社1989年版。

51. 〔美〕明恩溥:《中国人的素质》,林欣译,京华出版社2002年版。

52. 牟成文:《大变迁:转型期我国农村建构社会主义意识形态研究》,中国社会科学出版社2012年版。

53. 牟成文:《中国农民意识形态的变迁——以鄂东A村为个案》,湖北人民出版社2008年版。

54. 潘维、廉思:《中国社会价值观变迁30年》,中国社会科学2008年版。

55. 〔英〕乔纳森·波特、玛格丽特·韦斯雷尔:《话语和社会心理学》,肖文明 等译,中国人民大学出版社2006年版。

56. 秦晖、金雁:《田园诗与狂想曲:关中模式与前近代社会的再认识》,语文出版社2010年版。

57. 〔爱尔兰〕瑞雪·墨菲:《农民工改变中国农村》,黄涛、王静译,浙江人民出版社 2009 年版。

58. 〔美〕塞缪尔·P. 亨廷顿:《变化社会中的政治秩序》,王冠华 等译,上海人民出版社 2008 年版。

59. 孙永芬:《中国社会各阶层政治心态研究——以广东调查为例》,中央编译出版社 2007 年版。

60. 孙中山:《孙中山选集》,人民出版社 1981 年版。

61. 〔美〕唐(Tang, W. F.):《中国民意与公民社会》,胡赣栋、张东锋译,中山大学出版社 2008 年版。

62. 王红生:《乡场、市场、官场:徐村精英与变动中的世界》,上海辞书出版社 2011 年版。

63. 王沪宁:《当代中国村落家族文化——对中国社会现代化的一项探索》,上海人民出版社 1991 年版。

64. 王俊秀、杨宜音:《2011 年中国社会心态研究报告》,社会科学文献出版社 2011 年版。

65. 王铭铭、王斯福:《乡土社会的秩序、公正与权威》,中国政法大学出版社 1997 年版。

66. 王铭铭:《溪村家族——社区史、仪式与地方政治》,贵州人民出版社 2004 年版。

67. 王亚南:《中国官僚政治研究》,中国社会科学出版社 1981 年版。

68. 吴思:《我想重新解释历史:吴思访谈录》,复旦大学出版社 2011 年版。

69. 吴毅:《村治变迁中的权威与秩序》,中国社会科学出版社 2002 年版。

70. 萧红:《呼兰河传》,山东画报出版社 2003 年版。

71. 肖唐镖:《宗族政治》,商务印书馆 2010 年版。

72. 徐勇、徐增阳:《乡土民主的成长——村民自治 20 年研究集萃》,华中师范大学出版社 2007 年版。

73. 徐勇:《非均衡的中国政治:城市与乡村比较》,中国广播电视大学出版社 1992 年版。

74. 徐勇:《中国农村村民自治》,华中师范大学出版社 1997 年版。

75. 严洁 等:《公民文化与和谐社会调查数据报告》,社会科学文献出版社 2010 年版。

76. 阎连科:《丁庄梦》,上海文艺出版社 2006 年版。

77. 阎连科:《受活》,春风文艺出版社 2004 年版。

78. 阎云翔:《私人生活的变革:一个中国村庄里的爱情、家庭与亲密关系(1949—1999)》,上海书店出版社 2006 年版。

79. 燕继荣:《发展政治学:政治发展研究的概念与理论》,北京大学出版社

2006年版。

80. 杨国枢、陆洛：《中国人的自我：心理学的分析》，重庆大学出版社2009年版。

81. 杨中芳：《如何理解中国人：文化与个人论文集》，重庆大学出版社2009年版。

82. 杨中芳：《如何研究中国人：心理学研究本土化论文集》，重庆大学出版社2009年版。

83. 应星：《"气"与抗争政治——当代中国乡村社会稳定问题研究》，社会科学文献出版社2011年版。

84. 于建嵘：《抗争性政治：中国政治社会学基本问题》，人民出版社2010年版。

85. 于建嵘：《岳村政治：转型期中国乡村政治结构的变迁》，商务印书馆2001年版。

86. 于毓蓝：《农村基层民主的政治文化分析——苏南模式》，社会科学文献出版社2006年版。

87. 袁银传：《小农意识与中国现代化》，武汉出版社2008年版。

88. 曾维康：《农民中国：江汉平原一个村落26位乡民的口述史》，高等教育出版社2012年版。

89. 翟学伟：《人情、面子与权力的再生产》，北京大学出版社2005年版。

90. 张光芒：《启蒙论》，上海三联书店2002年版。

91. 张厚安、徐勇、项继权等：《中国农村村级治理》，华中师范大学出版社2000年版。

92. 张静：《身份认同研究》，上海人民出版社2006年版。

93. 张静：《现代公共规则与乡村社会》，上海书店出版社2006年版。

94. 张静：《转型中国：社会公正观研究》，中国人民大学出版社2008年版。

95. 张乐天：《告别理想——人民公社制度研究》，上海人民出版社2005年版。

96. 张明澍：《中国"政治人"——中国公民政治素质调查报告》，中国社会科学出版社1994年版。

97. 张明澍：《中国人想要什么样民主》，社会科学文献出版社2013年版。

98. 张鸣：《乡土心路八十年——中国近代化过程中农民意识的变迁》，上海三联书店1997年版。

99. 张旭东、王安忆：《对话启蒙时代》，三联书店2008年版。

100. 赵树凯：《农民的新命》，商务印书馆2012年版。

101. 赵树凯：《农民的政治》，商务印书馆2011年版。

102. 赵树凯：《乡镇治理与政府制度化》，商务印书馆2010年版。

103. 赵旭东：《权力与公正——乡土社会的纠纷解决与权威多元》，天津古籍出版社2003年版。

104. 章荣君:《财政困境与乡镇治理》,中国社会科学出版社2012年版。

105. 周晓虹:《传统与变迁:江浙农民的社会心理及其近代以来的嬗变》,三联书店1998年版。

论文类

1. 〔美〕彼得·穆迪:《政治文化与中国政治研究》,郭虹霞译,载《国外理论动态》2010年第11期。

2. 陈雪莲:《从"三农问题"到"新农村建设"——中国农村政策的创新轨迹》,载《中国农村研究》下卷,中国社会科学出版社2010年版。

3. 程平源:《青天·村霸·能人:农民上访与抗争中的三个关键词》,载《青年研究》2012年第2期。

4. 丁福兴:《中国农民现代性的自觉与培育》,载《农村经济》2011年第3期。

5. 符平:《中国农民工的信任结构:基本现状与影响因素》,载《华中师范大学学报》2013年2期。

6. 郭于华、孙立平:《诉苦:一种农民国家观念形成的中介机制》,载《中国学术》2002年第4辑。

7. 郭于华:《心灵的集体化:陕北骥村农业合作化的女性记忆》,载《中国社会科学》2003年第4期。

8. 郭正林:《农民政治认知与参与的定量研究》,载《浙江师范大学学报(社科版)》2004年第5期。

9. 胡荣:《农民上访与政治信任的流失》,载《社会学研究》2007年第3期。

10. 胡荣:《社会资本与中国农村居民的地域性自主参与——影响村民在村级选举中参与的各因素分析》,载《社会学研究》2006年第2期。

11. 黄宗智:《集权的简约治理:中国以准官员和纠纷解决为主的半正式基层行政》,载《中国乡村研究》第五辑,福建教育出版社2007年版。

12. 孔凡义:《从政治边缘人到集体行动者:农民工行为的演变逻辑》,载《科学决策》2011年第7期。

13. 郎友兴、郎友根:《从经济精英到村主任:中国村民选举与村级领导的继替》,载《浙江社会科学》2003年第1期。

14. 李立志:《土地改革与农民社会心理变迁》,载《中共党史研究》2002年第4期。

15. 李蓉蓉:《农民政治效能感对政治参与影响的实证研究》,载《深圳大学学报(人文社会科学版)》2013年第5期。

16. 李伟民、梁玉成:《特殊信任与普遍信任:中国人的信任结构与特征》,载《社会学研究》2002年第3期。

17. 刘伟、黄炎:《论建国以来我国农村政治合法性基础的变迁》,载《中共杭州市委党校学报》2013年第4期。

18. 刘伟、徐向前:《论城镇化背景下新农村建设的合理定位——基于中央文件的初步探讨》,载《中共杭州市委党校学报》2015年第3期。

19. 刘伟:《"三农"问题的旧与新》,载《南风窗》2012年第2期。

20. 刘伟:《不同的村庄,同一种选择》,载《南风窗》2009年第14期。

21. 刘伟:《村落解体与中国乡镇治理的路径选择》,载《中国行政管理》2014年第5期。

22. 刘伟:《村民介入公共产品供给的实践方式》,载《社会学评论》第二辑,湖北人民出版社2012年版。

23. 刘伟:《村民自治的运行难题与重构路径》,载《江汉论坛》2015年第2期。

24. 刘伟:《国家建构视角下的村落转型》,载《中国社会科学报》2010年10月21日。

25. 刘伟:《惠农资金"惠"了谁?》(访谈),载《财政监督》2013年第3期。

26. 刘伟:《利益、精英和信任:村民群体性活动的分析框架》,载《南京农业大学学报》2014年第2期。

27. 刘伟:《论村落自主性的形成机制与演变逻辑》,载《复旦学报(社会科学版)》2009年第5期。

28. 刘伟:《论深化村落政治研究的可取路径》,载《江汉论坛》2010年第9期。

29. 刘伟:《农民政治认知在传统与现代中交错》,载《中国社会科学报》2014年4月18日。

30. 刘伟:《农民政治心理研究需要深化》,载《中国社会科学报》2010年8月26日。

31. 刘伟:《农民自组织程度低的成因分析》,载《中共宁波市委党校学报》2004年第5期。

32. 刘伟:《浅析经济因素对村级民主建设的影响》,载《中国农村观察》1999年第4期。

33. 刘伟:《群体性活动视角下的村民信任结构研究》,载《中国农村观察》2009年第4期。

34. 刘伟:《上下左右全景透视基层干部》,载于《人民论坛》2013年6月(上)。

35. 刘伟:《寻求村落与国家之间的有效衔接——基于相关文献的初步反思》,载《甘肃行政学院学报》2008年第3期。

36. 刘伟：《阎连科的乡土批判——对〈受活〉与〈丁庄梦〉的比较阅读》，载《社会学家茶座》2008年第1期。

37. 刘伟：《在政治建设中解决农民问题》，载《中国社会科学报》2012年2月24日。

38. 刘伟：《政策变革与差序政府信任再生产》，载《复旦学报》2015年第3期。

39. 刘伟：《政治社会化》，载尹继武、刘训练：《政治心理学》，高等教育出版社2011年版。

40. 刘伟：《中国乡村政治问题：缘自何处？走向何方？》，载《中国农村研究》上卷，中国社会科学出版社2012年版。

41. 刘亚秋：《从集体记忆到个体记忆——对社会记忆研究的一个反思》，载《社会》2010年第5期。

42. 刘瑜：《当我们谈论文化时，是在谈什么？》，载《读书》2013年第9期。

43. 马得勇：《选举实验与民主价值的扩散——对乡镇直选政治效应的比较分析》，"首届世界农村和农民学论坛"，华中师范大学，2013年5月25日至27日。

44. 裴宜理：《中国人的"权利"概念——从孟子到毛泽东延至现在》（下），余锏译，载《国外理论动态》2008年第3期。

45. 石英：《质性研究与社会学的中国化》，载《人文杂志》2013第4期。

46. 石勇：《今天中国人的社会性格》，载《南风窗》2013年第15期。

47. 陶振：《农村基层政权组织合法性资源的变化及其分析》，载《中南大学学报（社会科学版）》2010年第5期。

48. 仝志辉：《权利诉求中的实用道义意识——从理解农民选举上访信开始》，载《中国乡村研究》第十辑，福建教育出版社2013年版。

49. 王丽萍、方然：《参与还是不参与：中国公民政治参与的社会心理分析》，载《政治学研究》2010年第2期。

50. 吴理财、张良：《农民的精神信仰：缺失抑或转化？——对农村基督教文化盛行的反思》，载《人文杂志》2010年第2期。

51. 吴毅：《"权力—利益的结构之网"与农民群体性利益的表达困境》，载《社会学研究》2007年第5期。

52. 项飚：《普通人的国家理论》，载《开放时代》2010年第10期。

53. 肖唐镖、王欣：《中国农民政治信任的变迁——对五省份60个村的跟踪研究（1999—2008）》，载《管理世界》2010年第9期。

54. 肖唐镖、余泓波：《农民政治价值观的变迁及其影响因素——五省（市）60村的跟踪研究（1999—2011）》，载《华中师范大学学报（人文社会科学版）》2014年第1期。

55. 熊易寒:《新生代农民工的权利意识》,载《文化纵横》2012年第2期。

56. 徐勇:《权力重组:能人权威的崛起与转换》,载《政治学研究》1999年第1期。

57. 徐勇:《由能人到法治:中国农村基层治理模式转换——以若干个案为例并兼析能人政治现象》,载《华中师范大学学报》1996年第4期。

58. 徐勇:《中国家户制传统与农村发展道路——以俄国、印度的村社传统为参照》,载《中国社会科学》2013年第8期。

59. 杨华:《重塑农村基层组织的治理责任——理解税费改革后乡村治理困境的一个框架》,载《南京农业大学学报(社科版)》2011年第2期。

60. 杨善华、孙飞宇:《作为意义探究的深度访谈》,载《社会学研究》2005年第5期。

61. 杨善华:《家族政治与农村基层政治精英的选拔、角色定位和精英更替——一个分析框架》,载《社会学研究》2000年第3期。

62. 杨善华:《田野调查中被访人叙述的意义诠释之前提》,社会学视野网,http://www.sociologyol.org/,访问时间:2010年7月5日。

63. 杨宜音:《当代中国人公民意识的测量初探》,载《社会学研究》2008年第2期。

64. 姚礼明:《从"政治"与"politics"的差异看中国特色》,载《中国国情国力》1999年第8期。

65. 应星:《草根动员与农民群体性利益的表达机制》,载《社会学研究》2007年第2期。

66. 张新光:《新中国农民生活方式变迁60年回顾与反思》,中国农村研究网,http://ccrs.ccnu.edu.cn/,访问时间:2009年10月13日。

67. 张新光:《中国近30年来的农村改革发展历程回顾与展望》,载《中国农业大学学报(社会科学版)》2006年第4期。

68. 张佑宗、吴振嘉:《经济发展、基层选举、传统文化与中国农村民主价值的发展》,"首届世界农村和农民学论坛",华中师范大学,2013年5月25日至27日。

69. 中组部党建所课题组:《新形势下党群关系存在的新问题及原因分析》,载《当代世界与社会主义》2005年第1期。

70. 周长城、赵亮员:《新农村建设中的农民自觉问题》,载《当代社会发展研究》第2辑,山东人民出版社2007年版。

71. 张杨波:《民间社会意识:概念辨析与分析进路》,载《现代哲学》2013年第3期。

英文部分

1. Bernstein, Thomas P. and Xiaobo Lü, "Taxation without Representation: Peas-

ants, the Central and the Local States in Reform China", *The China Quarterly*, Vol. 163, no. 3, 2000.

2. Fernando Landini, "Peasant identity: contributions towards a rural psychology from an Argentinean case study", *Journal of Community Psychology*, Vol. 40, no. 5, 2012.

3. Jie Chen, "Popular Support for Village Self-Government in China: Intensity and Sources", *Asian Survey*, Vol. 45, No. 6, 2005.

4. Jie Lu and Tianjian Shi, "Political Experience: A Missing Variable in the Study of Political Transformation", *Comparative Politics*, Vol. 42, No. 1, 2009.

5. Li, Lianjiang and Kevin J. O'Brien, "Villagers and Popular Resistance in Contemporary China", *Modern China*, vol. 22, no. 1, 1996.

6. Lianjiang Li, "Political Trust and Petitioning in the Chinese Countryside", *Comparative Politics*, Vol. 40, No. 2, 2008.

7. Lianjiang Li, "Political Trust and Petitioning in the Chinese Countryside", *Comparative Politics*, Vol. 40, No. 2, 2008.

8. Lianjiang Li, "Political Trust in Rural China", *Modern China*, vol. 30, no. 2, 2004.

9. Lianjiang Li, "The Empowering Effect of Village Elections in China", *Asian Survey*, Vol. 43, No. 4, 2003.

10. Michael Brint, *A Genealogy of Political Culture*, Boulder, CO: Westview, 1991.

11. Nick Hopkins, Steve Reicher, "Identity, Culture and Contestation: Social Identity as Cross-Cultural Theory", *Psychological Studies*, Vol. 56, no. 1, 2011.

12. Oi, Jean C. & Scott Rozelle, "Elections and Power: The Locus of Decision Making in Chinese Village", *The China Quarterly*, Vol. 162, no. 2, 2000.

13. Shi, Tianjian, "Cultural Values and Political Trust: A Comparison of the People's Republic of China and Taiwan", *Comparative Politics*, Vol. 33, No. 4, 2001.

14. Shi, Tianjian, "Economic Development and Village Elections in Rural China", *Journal of Contemporary China*, Vol. 8, no. 22, 1999.

15. Yang Zhong, "Political Culture and Participation in the Chinese Countryside: Some Empirical Evidence", *Political Science and Politics*, Vol. 37, No. 3, 2004.

16. Yang, Zhong, *Political Culture and Participation in Rural China*, Routledge, 2012.

17. Zhengxu, Wang, "Before the Emergence of Critical Citizens: Economic Development and Regime Legitimacy in China", *International Review of Sociology*, Vol. 15, No. 1, 2005.

后 记

关于政治的话题好像是达官贵人或是知识分子才感兴趣的。但是,我一直认为,不是乡村中没有政治,更不是农民没有政治思维,而是乡村中存在独特的政治过程。一般意义上的国家政治同样会波及农民,农民也以他们独特的方式理解着政治,实践着政治。关键是,首先要立足于他们的处境理解政治,以他们的话语和思维呈现政治,我们作为研究者再深入反思这一切,从而实现政治思考与政治研究的适切化。

当我们的访谈员向普通农民就诸多政治话题提问时,我们能明显地感受到,虽然有些农民觉得自己不能说出什么,甚至还有些不敢说,但他们还是有很多话想说。能倾听他们,了解他们,理解他们的人实在是太少了。而部分受访者对政治的敬畏和恐惧更是让人感慨,毕竟已经是21世纪,毕竟中国的政治和社会早已走向开放。

有一天,某受访者喝酒喝多了,拦住某访谈员的车不让走,访谈员不知道他要干什么,最后他竟然说:"丫头,我这大岁数的人哒,跟你告个醒:不管你写的是搞嘛的,一定要写好点儿,写圆滑点儿,才能有个好前景。你又是个读书的,一定要挂心里!"(访谈编号:20100220)对于这种话语,相信作过农民访谈的研究者都不会感到陌生,而这正说明政治的去魅在中国基层社会还有很长的路要走。同样,于学者而言,对政治研究的去魅同样任重而道远。在我看来,政治研究去魅的最大突破口就是去呈现普通人真实的政治心理,让他们直面现实的政治问题,并让他们的心理与行为有机会参与到公共讨论中来。

本研究源自本人长期以来的一个夙愿,即认识转型社会中作为普通政治人的农民群体。当然,从学术上讲,也是本人深化乡村政治研究自然而然的一个结果。2009年我将关于村民群体性活动的博士论文送交出版社,随后即花了大半年时间研究村落解体问题。村落解体的调查研究基本结束后,我就将农民政治心理作为之后五年的研究主题。在此自主研究的过程中,我先后有幸得到教育部人文社会科学研究青年项目"乡村治理转型中的农民政治心理嬗变"(编号:10YJC810028)和第51批中国博士后科学基金面上资助(编号:2012M511228)的支持。

为使研究设想真正落地,从2009年开始我就多次组织并培训相应的访谈员,收集一手的访谈材料。显然,没有这些优秀学生的积极配合,本研究将无从谈起。所以,首先需要感谢的就是参与调查并提供访谈材料的这些同学,以及那些向我们的访谈员袒露心声的216位受访农民。

在学术鼓励和指导方面,最应该感谢的就是徐勇教授。徐老师是我国著名的政治学家和基层政治研究权威,作为我博士后在站期间的指导老师,他一直给予我充分的信任和自由。自我入站以来,徐老师除了鼓励我坚持自己的研究,不时提出指导意见外,并没有给我安排任何其他的学术任务。每念及此,我也深感愧疚,因为我的博士后报告一直拖了三年才初步完成。华中师范大学政治学研究院的唐鸣教授、程又中教授和俞思念教授在我开题报告时提出了宝贵意见;中南民族大学的雷振扬教授,华中师范大学的邓大才教授、贺东航教授和丁文教授在我答辩过程中对此研究给予充分肯定,并提出了修改意见。在此研究过程中,我也曾就相关问题与张星久教授、袁银传教授、王正绪教授、储建国教授、唐皇凤教授、熊易寒博士、吕德文博士、万绍红博士、李艳丽博士、狄金华博士、吕普生博士、刘义强博士、孔凡义博士和尹继武博士等诸位师友请教或交流。在此一并致谢!

同时需要感谢的人还有很多。现在华中师范大学公共管理学院任教的徐芳博士帮助我完成了相应的统计分析。刘抒曼同学利用2013年的暑假,帮我搜集并出色地整理了近十年来英语文献中有关农民政治心理的相关研究,这对我的帮助比较大。王飞同学就我主持的村落解体调查问卷的主观题目,进行了初步的归纳整理,这对本研究构成一定的辅助和参照作用。本书责任编辑高桂芳先生认真负责,对书稿的最终完善也提出了诸多修改意见。特此致谢!

本研究从酝酿到搜集材料再到分析材料和写作,直至最后的修改定稿,经历了五年多的时间。全面投入写作开始于 2013 年 6 月下旬,8 月底完成草稿,之后又经过多次修改。2015 年上半年,我利用在诺丁汉大学访学的宝贵时间,再次全面修改了书稿。个中甘苦自知。即使我还算努力,但限于本人方法训练的不足和部分访谈材料的质量,研究看上去还是比较粗糙。值得欣慰的是,在研究过程特别是阅读访谈材料的过程中,我自信深化了对农民内心世界的理解。

初步的研究暂时结束了,倒记起梁鸿女士在《中国在梁庄》中表达的她在研究和表达中国乡村时的困惑:"我所讲述的乡村故事,一个个生命,他们的矛盾、痛苦,所面临的问题究竟反映了什么?是这个社会的不公平赋予他们的苦难,还是其他的什么?不知道为什么,我不愿意轻易把这些人生、这些生命样态归结为社会的问题,我总以为,这里面蕴涵着更为复杂、多义的东西,它不仅仅与政府相关,也与传统、文化、道德,与这块土地、这片天空、这片原野相关,它与已经深深扎根于土壤中的几千年的民族生活息息相关。它是一种久远的密码,它是一种民族无意识,而时代政治、政策及由此带来的变迁则只是一个横截面,是暂时的影响,一旦这种强大的外力消失,一切可能又恢复到过去。"

但是,真的会如此吗?

2013 年 8 月初稿于武汉
2014 年 5 月底改稿于武汉
2015 年 5 月底定稿于诺丁汉